职业教育新能源汽车类专业"岗""课""赛""证"综合育人教材

新能源汽车电力电子基础

主　编　林振昺　林俊标

副主编　张江涛　王　亮　余茂生

参　编　周金良　陈秋琨　蔡杜娟　刘钟翔

　　　　高　辉　俞海金

机械工业出版社

本书是以职业能力为本位开发的模块化教材，体现"岗课赛证"综合育人和中高本贯通培养理念。书中内容包括新能源汽车高、低压电气供用电系统，前照灯控制电路，转向灯控制电路，动力蓄电池充电电路，驱动电机系统控制电路和车门控制电路6个模块，共18个任务，构建出"模块设计、任务驱动、多元评价"的教材结构。书中的知识链接部分紧密围绕任务实施，启发学生的求知探索欲，培养学生掌握知识和应用知识的能力。

本书由校企人员合作开发，根据任务内容有机融入了素养教育元素，提高了教材的育人实效。依托信息技术，编者为本书配套开发了丰富的数字化教学资源，如高清图片、微课、动画演示和习题库等，通过二维码链接形式嵌入书中，丰富了教材的呈现形式，提升了教材使用的灵活性和实效性。同时，本书还配备了电子课件、电子教案及习题答案等资源，凡选用本书作为教材的教师，均可登录机械工业出版社教育服务网（www.cmpedu.com），以教师身份注册后免费下载，或联系编辑索取（010-88379756）。

本书可作为中、高职院校新能源汽车相关专业"新能源汽车电力电子基础"课程及其实训实验的教材，也可供相关工程技术人员参考或培训使用。

图书在版编目（CIP）数据

新能源汽车电力电子基础 / 林振昴，林俊标主编.
北京：机械工业出版社，2025.6. -- (职业教育新能源
汽车类专业"岗""课""赛""证"综合育人系列教材
). -- ISBN 978-7-111-78439-5

Ⅰ. U469.7
中国国家版本馆CIP数据核字第2025SK8330号

机械工业出版社（北京市百万庄大街22号　邮政编码100037）
策划编辑：谢熠萌　　　　　　责任编辑：谢熠萌
责任校对：龚思文　李　杉　　封面设计：王　旭
责任印制：任维东
北京宝隆世纪印刷有限公司印刷
2025年8月第1版第1次印刷
184mm×260mm · 13.5印张 · 374千字
标准书号：ISBN 978-7-111-78439-5
定价：55.00元

电话服务　　　　　　　　　网络服务
客服电话：010-88361066　　机　工　官　网：www.cmpbook.com
　　　　　010-88379833　　机　工　官　博：weibo.com/cmp1952
　　　　　010-68326294　　金　书　网：www.golden-book.com
封底无防伪标均为盗版　　机工教育服务网：www.cmpedu.com

前 言

伴随着新能源汽车产业的不断发展和优化升级，社会急需大量掌握新能源汽车电力电子知识的高素质技术技能人才。本书遵循《职业院校教材管理办法》、立足教育部颁布的职业教育专业目录（2021 年）和职业教育专业教学标准，深入贯彻落实党的二十大精神，以社会主义核心价值观为指导，致力于培养德技并修的人才。本书在强调培养学生专业能力的同时，也关注学生的身心健康，加强爱国主义和职业道德教育，帮助学生厚植家国情怀，引导学生确立为汽车强国建设而努力提升技能、不懈奋斗的人生目标。

本书为校企合作开发，以新能源汽车中的纯电动汽车为研究主体，运用创新的开发理念，突出职业教育特色，确保内容严谨且编写精细，主要特点如下。

1. 模块设计，突出职业性

本书基于"岗课赛证"综合育人理念，选取的模块内容紧扣相关标准和职业能力需求，按照由浅入深、从单一能力到多级整合能力，再到综合应用能力提升的规律设计教学模块。

2. 任务驱动，突出实践性

本书采用任务驱动的编排结构，学生实施具体工作任务后，再进行相关知识和理论学习，逐步引导学生掌握相关的岗位操作技能、与之匹配的理论知识和职业素养，实现"做中学、做中教"的教学目标。

3. 形式生动，突出易用性

本书配备大量图表、器件清单、具体任务实施和知识拓展等内容，实操任务紧贴职业岗位，具有很强的可操作性；知识链接内容针对性强，简洁明了，增强了教材的科学性和可读性。

4. 紧随前沿，突出先进性

本书符合职业教育改革和教材管理要求，反映新能源汽车领域的行业性、实用性和科学性；采用融媒体模块化新形态教材开发理念，对接新能源汽车新技术、新工艺、新规范、新标准，通过二维码链接的形式呈现数字资源，实现实时更新，突出先进性。

5. 衔接贯通，突出匹配性

本书的开发遵循中高本衔接思路，可作为中职学校、高职院校交通运输大类、装备制造大类和能源动力与材料大类等专业的教学用书，也可作为职业本科、应用型本科、开放大学、成人教育、自学考试和培训班的教材，以及新能源汽车技术人员的参考工具书。

本书由福建工业学校林振晁和福建农业职业技术学院林俊标任主编，福建工业学校张江涛、王亮和余茂生任副主编，周金良、陈秋琨、蔡杜娟、刘钟翔和高辉，以及福勤智能科技（昆山）有限公司俞海金参与编写。本书具体编写分工：林振晁、蔡杜娟编写模块三、模块四的任务一、任务二和课后测评，挖掘并融入契合教材内容的素养教育元素；林俊标指导全书的编写、统稿，并和陈秋琨一起编写模块二的任务二、模块五、模块六的任务一；张江涛、刘钟翔编写模块二的任务一、模块六的任务二；王亮编写模块一、模块四的任务三和模块一的课后测评；余茂生、周金良、高辉、俞海金协助统稿和审核工作，并参与了课后测评的编写。

　　本书配套的教学资源已上传机械工业出版社教育服务网和超星学习通课程平台，读者可以登录机械工业出版社教育服务网（www.cmpedu.com）以教师身份注册后免费下载，也可联系编者（电话：0591-63187531；电子邮箱：245754651@qq.com），进入超星学习通平台，开展线上线下融媒体混合式教学。

　　在本书编写过程中，编者检索了大量的新能源汽车电气控制方面的论文资料，参考了多位同行编写的相关教材及资料，并得到宝马、上汽大众等合作企业工程技术人员的建议与指导，在此一并表示感谢。

　　由于编者水平有限，书中难免存在错漏或不妥之处，恳请读者批评指正！

编　者

二维码索引

（续）

名称	二维码	页码	名称	二维码	页码
并联电路的特性		37	电磁感应现象		79
并联电路的支路电流特性		39	利用示波器测量低压交流电波形		93
观察基尔霍夫电压定律、电流定律		40	动力蓄电池上电和下电操作		114
电容器通电特性		48	PN 结的形成		126
电容器的认识及应用		52	二极管的检测		132
电感线圈通电特性		59	半波整流电路		137
磁场对通电矩形线圈的作用		74	单相桥式整流电路		138
直流电动机工作原理		75	三相整流原理		140

（续）

目 录

模块一

新能源汽车高、低压电气供用电系统

任务　辨识高、低压电气供用电系统各部件

任务目标

◆ **知识目标**：
1）了解新能源汽车低压系统组成、各部件名称及作用。
2）了解新能源汽车高压系统组成、各部件名称及作用。

◆ **核心素养**：
1）培养仔细观察、归纳总结的学习态度。
2）养成爱护车辆和规范操作的行为习惯。

◆ **技能目标**：
1）具备正确识别及记录车辆高、低压部件名称及作用的能力。
2）具备正确打开电动机盖的能力。

◆ **建议课时**：2 课时。

任务描述

　　新能源汽车电气系统分为低压系统和高压系统。低压系统工作电压常见为 12V、24V 或 48V；高压系统工作电压常见为 400V。为缓解"里程焦虑"，越来越多国内外主流车企开始深度布局 800V 高压平台。本任务通过辨识新能源汽车（下面以纯电动汽车为例）车辆外部、车辆内部、电动机舱 3 个部位的电源及用电设备分布情况来介绍低压系统和高压系统的组成及作用，帮助学习者建立起对纯电动汽车各用电部件的认知，为后续学习电力电子各模块内容做铺垫。

任务实施

一、器材

　　辨识高、低压电气供用电系统各部件所需器材见表 1-1。

表 1-1　辨识高、低压电气供用电系统各部件所需器材

序号	器材	示意图
1	纯电动汽车	
2	车辆用户手册	
3	车辆维修手册	

二、辨识高、低压电气供用电系统各部件

辨识高、低压电气供用电系统各部件

1）辨识高、低压电气供用电系统各部件，见表 1-2。

表 1-2　辨识高、低压电气供用电系统各部件

序号	任务实施描述	实施示意图
1	辨识外部低压部件： 观察右侧示意图中①~⑫标号所指的纯电动汽车外部部件，结合用户手册和维修手册辨识这些部件并记录	
2	辨识车身内部低压部件： 观察右侧示意图中①~⑩标号所指的纯电动汽车车身内部部件，结合用户手册和维修手册辨识这些部件并记录	
3	辨识前机舱内低压部件： 观察右侧示意图中①~⑤标号所指的纯电动汽车前机舱内部件，结合用户手册和维修手册辨识这些部件并记录	
4	辨识高压系统部件： 观察右侧示意图中①~⑧标号所指的纯电动汽车部件，结合用户手册和维修手册辨识这些部件并记录	

（续）

序号	任务实施描述	实施示意图
5	辨识前机舱内高压部件： 观察右侧示意图中①～⑤标号所指的纯电动汽车前机舱内部件，结合用户手册和维修手册辨识这些部件并记录	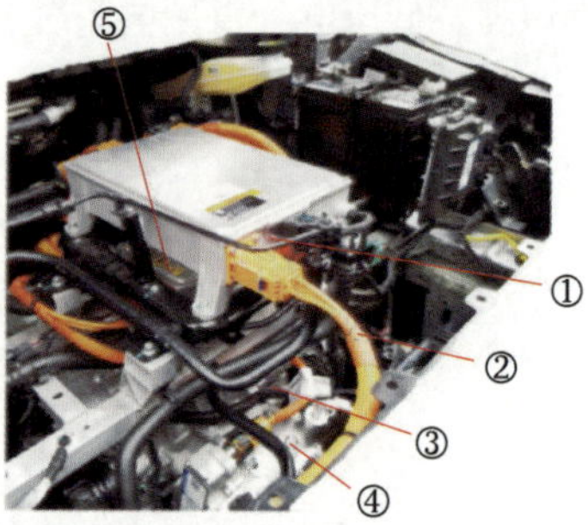

注意事项：打开前机舱盖后，严禁用手触摸前机舱内任何贴有高压标识的高压部件及橙色线束等，防止意外触电。

2）将任务实施辨识的部件名称记录到表 1-3 中。

表 1-3　任务实施辨识的部件名称记录表

班级：	姓名：	日期：
1. 作业前准备		
1）纯电动汽车整车外观		□完好　□损伤
2）车门打开		□正常　□异常
3）打开前机舱盖		□正常　□异常
2. 部件名称		
1）表 1-2 中序号 1 各部件名称：_____、_____、_____、_____、_____、 _____、_____、_____、_____、_____		
2）表 1-2 中序号 2 各部件名称：_____、_____、_____、_____、_____、 _____、_____、_____		
3）表 1-2 中序号 3 各部件名称：_____、_____、_____、_____		
4）表 1-2 中序号 4 各部件名称：_____、_____、_____、_____、_____、 _____、_____		
5）表 1-2 中序号 5 各部件名称：_____、_____、_____		

📠 **知识链接**

一、纯电动汽车外部低压电气部件

纯电动汽车外部低压电气部件同燃油汽车一样，可分为外部灯光和电动部件两大类，如图 1-1 和图 1-2 所示。

图1-1　外部低压电气部件（车前及右侧）　　　　图1-2　外部低压电气部件（车后）

1. 纯电动汽车外部灯光

汽车外部灯光是汽车上不可或缺的一部分，它们不仅是驾驶人在夜间或视线不佳时驾驶车辆的重要照明工具，还是与道路上其他车辆驾驶人进行信息交流的重要工具。常见的汽车灯光及其功能见表1-4。

表1-4　常见的汽车灯光及其功能

序号	名称	作用
1	前照灯	前照灯是汽车主要的照明设备，包括近光灯和远光灯，用于在夜间或视线不佳的情况下照亮前方道路
2	雾灯	雾灯在雾天或雨天等能见度低的情况下使用，它能发出较强的穿透性光线，帮助驾驶人更好地观察前方道路，并提醒其他车辆注意
3	转向信号灯	转向信号灯是用来向其他道路使用者表示车辆将要左转或右转的信号灯。它们一般发出黄色且规律闪烁的灯光，以提醒其他车辆和行人注意安全
4	示廓灯	示廓灯也称为示宽灯，主要用于标识车辆的宽度和轮廓，使道路上其他驾驶人能够清楚地识别车辆的位置和行驶方向，减少交通事故的发生
5	日间行车灯	日间行车灯可在白天行驶时增加车辆的可见性，提高行车安全性。当电驱动系统旋转时，日间行车灯应该自动亮起，在前照灯打开时自动熄灭
6	后组合灯	后组合灯包括后示廓灯、制动灯和转向信号灯，以及后雾灯和倒车灯、中央高位制动灯
7	牌照灯	牌照灯在前照灯或位置灯亮时亮起，用于照亮车辆牌照，方便道路上其他驾驶人或执法机构识别
8	充电口照明灯	充电口照明灯位于充电口，在车辆充电口盖打开时提供照明，方便进行充电操作

2. 纯电动汽车外部电动部件

汽车外部电动部件主要包括刮水器/洗涤器系统、电动车窗、电动后视镜、电动门锁等。这些部件的电动化不仅提高了汽车的便捷性和舒适性，也体现了现代汽车技术的智能化和电动化趋势。常见的外部电动部件及其功能见表1-5。

二、纯电动汽车车身内部低压电气部件

汽车内部电气设备是汽车中不可或缺的一部分，它们为驾驶人和乘员提供了舒适、安全的驾驶和乘坐环境，如图1-3所示。常见的内部电气设备及其功能见表1-6。

表 1-5　常见的外部电动部件及其功能

序号	名称	作用
1	刮水器 / 洗涤器系统	刮水器 / 洗涤器系统用于清除风窗玻璃上的灰尘、雨水或雪水，保证驾驶人视线清晰
2	电动车窗	电动车窗通过电动机驱动实现车窗的开闭，为车内提供更好的通风和采光效果
3	电动后视镜	电动后视镜通过电动机驱动实现镜片的角度调节，方便驾驶人观察车辆周围的情况
4	电动门锁	电动门锁通过电动机驱动实现车门的锁止和解锁，提供了更为便捷的上、下车体验

图 1-3　车身内部低压电气部件

表 1-6　常见的内部电气设备及其功能

序号	名称	作用
1	组合仪表	组合仪表主要为驾驶人提供车辆信息，如车速、档位显示、驾驶模式、电量、车外温度、行车信息（平均电耗、瞬时电耗、轮胎状态）、里程信息、灯光状态指示、车辆故障信息等
2	车载多媒体信息娱乐系统	车载多媒体信息娱乐系统主要由前中控显示屏总成、收音天线、GPS 天线、蓝牙天线、扬声器、传声器、多功能转向盘按键组成。它主要实现手机映射、收音、USB 音频和视频播放、时钟显示、蓝牙电话、GPS 导航、信息显示、整车设置、语音控制、倒车影像显示等功能
3	汽车空调系统	汽车空调系统负责调节车内温度和湿度，确保乘员的舒适度
4	车内照明系统	车内照明系统包括车内的各种照明灯，如顶灯、阅读灯等，为乘员提供充足的照明
5	电动座椅	电动座椅通过电动机转动实现座椅的位置和角度调节，提高便利和舒适性
6	安全系统	安全系统包括安全气囊、安全带预紧器等，这些设备在车辆发生碰撞时能够迅速响应，保护乘员的安全

三、纯电动汽车前机舱内低压电气部件

汽车前机舱内有许多重要的低压电气部件，它们虽然不直接参与车辆的驱动，但对于车辆的正常运行和安全同样至关重要，如图 1-4 所示。

制动控制模块　辅助蓄电池　熔丝与继电器盒
整车控制器
维修开关

图 1-4　前机舱内低压电气部件

熔丝与继电器盒

常见的前机舱内低压电气部件及其功能见表 1-7。

表 1-7　常见的前机舱内低压电气部件及其功能

序号	名称	作用
1	辅助蓄电池	辅助蓄电池也称低压蓄电池，是纯电动汽车低压电气系统的核心部件，它为车辆的起动、照明和其他电器设备提供电力
2	熔丝与继电器盒	熔丝与继电器盒内装有多个熔丝和继电器，熔丝用于保护汽车电路免受过载和短路造成的损坏。继电器是用于控制电路中较高电流的开关，保护电路中的其他部件
3	冷却系统部件	冷却系统中如冷却风扇、冷却水泵等，是维持动力蓄电池、电动机正常温度的关键部件
4	制动控制模块	制动控制模块可将驾驶人施加的制动需求通过电动机转动转换为放大的制动压力，从而达到制动助力的作用
5	整车控制器	整车控制器（VCU）是整个车辆的核心控制部件，它采集或接收加速踏板信号、制动踏板信号、其他动力系统部件信号，做出相应判断（例如驾驶人的意图识别）后，控制系统中各子部件控制器的动作，驱动汽车动力输出。同时，它还作为整车的能量管理中心，控制动力蓄电池包的荷电状态（SOC）平衡和 12V 辅助蓄电池系统的电源输出

四、纯电动汽车高压电气系统

纯电动汽车高压电气系统一般包含"大三电"和"小五电"。"大三电"包括动力蓄电池、驱动电机、电机控制器；"小五电"包括高压盒、车载充电机（OBC）、DC/DC 变换器、电动压缩机、PTC 加热器。吉利几何 G6 车型的电机控制器与驱动电机集成为一体，同时高压盒、车载充电机、DC/DC 变换器统一集成在车载充电机（OBC）内。纯电动汽车前机舱内高压电气部件及整体高压电气部件安装情况如图 1-5 和图 1-6 所示。

高压安全防护

1. 动力蓄电池

动力蓄电池是纯电动汽车最重要的高压部件，也是成本最高的高压部件。吉利几何 G6 车型的动力蓄电池内部结构如图 1-7 所示，铭牌信息如图 1-8 所示。

动力蓄电池存储电能，为所有高压系统部件提供电力，电压一般为 100~400V，现在已经推出了 800V 的高压动力蓄电池。其容量的大小直接影响着整车的续驶里程，同时直接影响充电时间和充电效率。

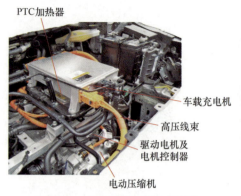

图 1-5　前机舱内高压电气部件

图 1-6　整体高压电气部件安装情况

为确保动力蓄电池的安全、使用性能及使用寿命，蓄电池管理系统（Battery Management System，BMS）通过传感器采集到动力蓄电池电压、电流、温度等数据，对动力蓄电池总电压、总电流、每个监测点温度和蓄电池单体的电压参数进行实时监控，进行过电压、欠电压、过高温和过低温保护，实现 SOC（剩余电量比）值估算、均衡充放电、绝缘监测、热管理控制、故障报警及处理、与其他控制系统通信等功能。蓄电池管理系统（BMS）集成于动力蓄电池总成内部。

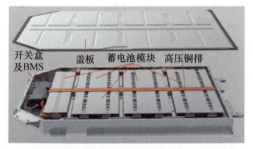

图 1-7　吉利几何 G6 车型的动力蓄电池及内部结构

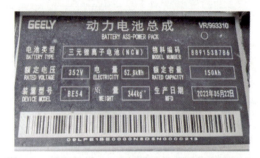

图 1-8　吉利几何 G6 车型的动力蓄电池铭牌信息

2. 驱动电机及电机控制器

驱动电机是将动力蓄电池内部电能转化为机械能驱动车辆行驶的高压部件，作用如同燃油汽车的发动机，但驱动电机具有动能回收功能，大多采用三相交流同步电动机。驱动电机装有旋变传感器和温度传感器来监测驱动电机的旋转方向、转速和工作温度。

电机控制器将动力蓄电池提供的直流电转换为交流电，然后输出给驱动电机；通过驱动电机的正转来实现整车加速或减速；通过驱动电机的反转来实现倒车；通过有效的控制策略，控制动力总成以最佳方式协调工作。现在驱动电机及电机控制器通常集成在一起，如图 1-9 所示。

3. 车载充电机

车载充电机（On Board Charger，OBC）的

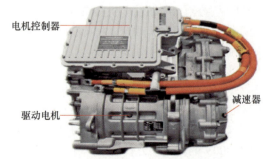

图 1-9　驱动电机及电机控制器

主要功能是将交流充电接口（慢充接口）输入的 220V 交流电，经过滤波整流后，通过升压电路转换为 380V 或 800V 直流电输出给动力蓄电池进行充电。吉利几何车型车载充电机与其他高压部件的连接关系如图 1-10 所示。

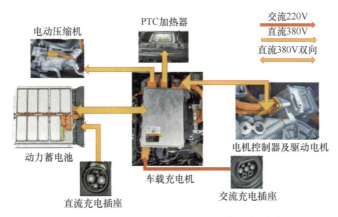

图 1-10　吉利几何车型车载充电机与其他高压部件的连接关系

吉利几何车型车载充电机中还集成了高压配电盒（Power Distribution Unit，PDU）和 DC/DC 变换器。

4. 高压配电盒

高压配电盒是新能源汽车高压系统解决方案中的高压电源分配单元，如图 1-11 所示，其功能是完成动力蓄电池电源的输入、输出及分配，实现对支路用电器的保护及切断。有些纯电动汽车将高压配电盒的功能集成到电机控制器或车载充电机中。高压配电盒中一般装有保护高压部件的熔丝，如空调压缩机、DC/DC 变换器或 PTC 的熔丝。

5. DC/DC 变换器

DC/DC 变换器的主要功能是在车辆起动后，将动力蓄电池的高压直流电转变成 14V 左右的低压直流电，为车身电器供电，并对辅助蓄电池充电，以保证行车时低压用电设备正常工作。由于 DC/DC 变换器相对功率较小，常与其他高压电器部件集成布置。吉利几何车型的 DC/DC 变换器集成在车载充电机中。DC/DC 变换器如图 1-12 所示。

图 1-11　高压配电盒　　　　　　　　　　　　　　图 1-12　DC/DC 变换器

6. 电动压缩机

电动压缩机是一种将低压气体提升为高压气体的从动的流体机械，是制冷系统的"心脏"，如图 1-13 所示。它从吸气管吸入低温低压的制冷剂气体，通过电动机运转带动活塞对其进行压缩后，向排气管排出高温高压的制冷剂气体，为制冷循环提供动力，从而实现压缩→冷凝（放热)→膨胀→蒸发(吸热)的制冷循环。

7. PTC 加热器

正温度系数(Positive Temperature Coefficient,PTC)加热器简称 PTC 加热器,如图 1-14 所示。其作用是把动力蓄电池中储存的电能转化为热能,为空调系统提供暖风,同时可以在气温很低时对动力蓄电池进行预热。

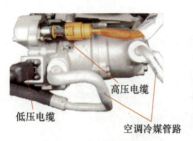

低压电缆
高压电缆
空调冷媒管路

图 1-13　电动压缩机

图 1-14　PTC 加热器

除了以上"大三电"和"小五电"外,纯电动汽车还有其他部件也属于高压部件,如负责传输高压电的高压电缆、交流充电插座、直流充电插座等。

8. 高压电缆

高压电缆是连接各高压部件的导线,在各高压部件间传输电力,可分为单线制和双线制两种,如图 1-15 所示。单线制高压电缆用于大功率高压设备,双线制高压电缆用于小功率及辅助高压设备,如电动压缩机、PTC 加热器。

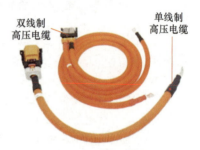

双线制
高压电缆
单线制
高压电缆

图 1-15　高压电缆

9. 交流充电插座、直流充电插座

符合国家标准规定的交流充电插座和直流充电插座如图 1-16 和图 1-17 所示。交流充电插座用于连接交流充电枪,其输入电压为交流 220V,充电功率小于 7kW,充电速度较慢,所以又称慢充接口。直流充电插座用于直流充电枪,其输入直流电压通常为 200~750V,充电功率可达 40kW,充电速度快,所以又称快充接口。不同车型其安装位置有所不同,以吉利几何车型为例,其交流充电插座安装于右前翼子板处,直流充电插座安装于左后翼子板处(同燃油车加油口)。

图 1-16　交流充电插座

图 1-17　直流充电插座

知识拓展

　　随着电子技术的发展和制造工艺的不断优化，新能源汽车正逐步向智能化、轻量化和高安全性方向发展，如比亚迪汽车在前期推出"五合一"电驱总成的基础上，又推出"八合一"电驱总成。其"八合一"电驱总成如图 1-18 所示，主要包含高压配电盒（PDU）、DC/DC 变换器、车载充电机（OBC）、驱动电机、电机控制器（MCU）、减速器、整车控制器（VCU）和蓄电池管理系统（BMS）8 个模块。

　　"八合一"电驱总成可以在提高系统综合效率的同时减小整机质量、减小体积、缩短系统的响应时间以及减少高压线束的使用，从而使整车的成本下降。

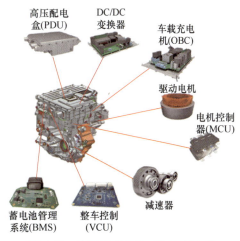

图 1-18　比亚迪"八合一"电驱总成

课后测评

一、选择题

1. 新能源汽车电气系统中低压系统和高压系统电压分别约为（　　）。

A. 5V 和 12V
B. 12V 和 220V
C. 12V 和 400V 或 800V
D. 300V 和 800V

2. 下列项不属于新能源汽车车外低压电气设备的是（　　）。

A. 充电口照明灯
B. 电动后视镜
C. 日间行车灯
D. 阅读灯

3. 下列项不属于新能源汽车车内低压电气设备的是（　　）。

A. 汽车空调系统
B. 收音机
C. 电动座椅
D. 刮水器

4. 下列项不属于新能源汽车高压电气设备的是（　　）。

A. 电动压缩机
B. 鼓风机
C. 车载充电机
D. 驱动电机

5. DC/DC 变换器在车辆起动后，将动力蓄电池高压（　　）电转变成 14V 左右低压（　　）电，为车身电器供电，并对辅助蓄电池进行充电。

A. 直流、交流
B. 直流、直流
C. 交流、直流
D. 交流、交流

6. 新能源汽车的"大三电"是指（　　）。

A. 驱动电机、电动压缩机、动力蓄电池
B. 动力蓄电池、驱动电机、电机控制器
C. 动力蓄电池、驱动电机、车载充电机
D. 动力蓄电池、车载充电机、蓄电池管理系统

7. 新能源汽车的日间行车灯的主要作用是（　　）。

A. 提供夜间照明
B. 提高白天车辆的可见性

C. 作为转向信号灯使用　　　　　　　　　　D. 照亮车辆牌照

8. 新能源汽车的电动压缩机的主要功能是（　　　　）。

A. 将低压气体提升为高压气体，为制冷循环提供动力

B. 为空调系统提供暖风

C. 为车辆提供起动电力

D. 将动力蓄电池的电能转换为机械能

9. 新能源汽车的高压电缆是（　　　　）。

A. 连接低压系统各部件　　　　　　　　　　B. 作为车辆的照明设备

C. 连接高压部件并传输电力　　　　　　　　D. 作为车辆的制动系统

10. 新能源汽车的PTC加热器的主要作用是（　　　　）。

A. 作为车辆的照明设备

B. 将动力蓄电池的电能转换为机械能

C. 为车辆提供起动电力

D. 将电能转化为热能，为空调系统提供暖风

二、填空题

1. 转向信号灯是用来向其他道路使用者表示车辆将要左转或右转的信号灯。它们一般发出_____色且规律闪烁的灯光，以提醒其他车辆和行人注意安全。

2. 充电口照明灯位于_____，在车辆充电口盖打开时提供照明，方便进行充电操作。

3. 车内照明系统包括车内的各种照明灯，如_____、_____等，为乘员提供充足的照明。

4. 熔丝盒内装有多个熔丝及继电器，熔丝用于保护汽车电路免受_____和_____造成的损坏；继电器是用于控制电路中较高电流的开关，保护电路中的其他部件。

5. _____是新能源汽车存储电能的主要部件，为所有高压系统部件提供电力，其容量的大小直接影响着整车的_____，同时直接影响充电时间和充电效率。

6. 蓄电池管理系统_____对动力蓄电池总电压、总电流、每个监测点_____和蓄电池单体的_____参数进行实时监控，并进行故障诊断、_____计算、短路保护、漏电监测、报警显示、充放电模式选择等。

7. 驱动电机是将动力蓄电池内部_____转化为_____驱动车辆行驶的高压部件，其作用如同燃油汽车的发动机，但驱动电机具有_____功能，大多采用三相交流同步电动机。驱动电机装有_____和_____来监测驱动电机的旋转方向、转速和工作温度。

8. 电机控制器将动力蓄电池提供的_____转换为_____，然后输出给驱动电机；通过驱动电机的正转来实现整车_____；通过电机的反转来实现_____；通过有效的控制策略，控制动力总成以最佳方式协调工作。

9. 车载充电机（_____）的主要功能是将交流充电口（慢充口）输入的_____交流电，经过滤波整流后，通过升压电路和降压电路转换为_____直流电输出给动力蓄电池进行充电。

10. 纯电动汽车的慢充接口、快充接口，不同车型安装位置有所不同。慢充接口设有7个插孔，中间3个插孔分别连接_____；快充接口设有9个插孔，中间2个插孔为_____，下方中间插孔连接_____。

模块二

新能源汽车前照灯控制电路

模块描述

　　新能源汽车的前照灯根据照射距离的不同，分为近光灯和远光灯两种。这两种灯光安装在汽车头部两侧前照灯组件之中，并受汽车内部开关控制，如图 2-1 所示。前照灯除了在天气状况不好或夜间行驶时在道路上为驾驶人提供照明外，还可以为

a) 前照灯位置

b) 控制开关

图 2-1　前照灯安装位置

前方行驶车辆或过路行人提供警示作用。前照灯的控制电路如图 2-2 所示。新能源汽车的前照灯有卤素灯、氙气灯、LED 灯（普及率较高）、激光灯（成本高、目前普及率低）。本模块以卤素灯

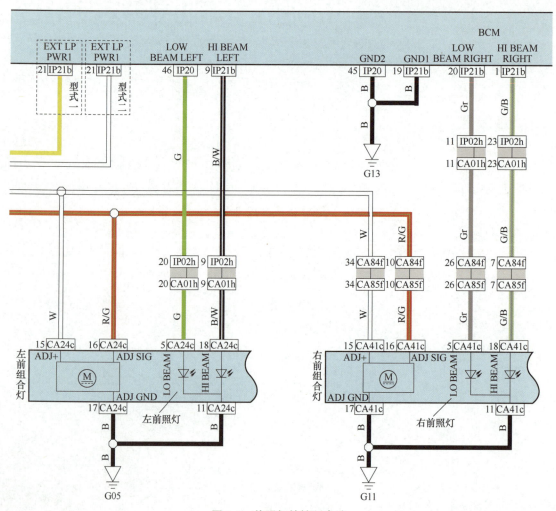

图 2-2　前照灯的控制电路

为例，遵循由浅入深、由单一技能训练到综合应用能力的提升规律，通过两个任务，让学习者在真实的任务实践或仿真工作情境中进行操作与认知，从而获得常用仪器、仪表的使用能力以及掌握电学基本知识。

任务一　测量前照灯电阻

任务目标

◆ **知识目标：**

1）熟知 DY2201A 汽车检修数字万用表的结构和各档位功能。

2）牢记数字万用表使用的注意事项。

3）辨析新能源汽车上常见电阻的种类与作用，掌握其表示方法。

4）了解电阻、电阻率的概念，掌握电阻的计算公式。

5）了解新能源汽车常见的特殊电阻类型和特性。

◆ **核心素养：**

1）培养规范使用仪表的意识。

2）培养掌握比较、研究、举一反三的思维方式。

3）养成爱护仪器仪表和认真负责的工作习惯。

◆ **技能目标：**

1）具备熟练选择数字万用表测量项目和量程档位检查器件或测量物理量的能力。

2）具备熟练读取数字万用表显示数字的能力。

3）具备熟练读取色环电阻器和贴片电阻器阻值的能力。

4）具备利用数字万用表测量新能源汽车上所用电阻器阻值的能力。

◆ **建议课时：** 4 课时。

任务描述

万用表是新能源汽车电力电子设备调试、检测及维护不可或缺的工具。常用的万用表有模拟式（习惯称其为指针式）和数字式两大类。本任务通过利用 DY2201A 数字万用表测量新能源汽车前照灯的电阻值，来介绍 DY2201A（B、C、D 可参考）数字万用表的使用方法和注意事项，同时使学生掌握电阻和电阻率的概念、电阻的计算公式以及新能源汽车上常见特殊电阻器及其检测方法。

任务实施

一、器材

测量前照灯电阻值所需器材见表 2-1。

表 2-1　测量前照灯电阻值所需器材

序号	器材	示例外形图	序号	器材	示例外形图
1	数字万用表		2	前照灯	

二、用数字万用表测量前照灯电阻值

1）用数字万用表测量前照灯电阻值，步骤见表 2-2。

汽车数字万用表的认识与使用

表 2-2　用数字万用表测量前照灯电阻值

步骤	任务实施描述	任务实施示意图
1	插入表笔：把红表笔插入数字万用表的 VΩHzC 插孔，黑表笔插入 COM 插孔	
2	1）选择档位：旋转档位选择旋钮至指示点指向测量电阻 20Ω 位置 2）打开电源：按下 Power 键，显示屏显示"1"的字样，如右图所示	
3	测量前准备：把两支表笔短接，观察数字万用表显示屏显示的数值，正常时应为 0，如果不为 0，要记录下数值，如右图所示。如果显示屏显示的数值还是"1"，可能是数字万用表的表笔损坏或数字万用表自身有故障，需检查确认	
4	测量：数字万用表的红、黑表笔分别与前照灯的两个引脚并接，如右图所示，观察万用表显示屏显示的数值并记录	
5	数字万用表及元件归位：检测完毕，按下 Power 键，关断数字万用表电源，并把档位选择旋钮旋转至交流电压档的最大档位，收好表笔，把前照灯和数字万用表放到指定位置	

2）记录任务实施产生的数据或现象到表 2-3 中。

表 2-3　任务实施产生的数据或现象记录表

班级：	姓名：	日期：
1. 作业前准备		
1）检查仪表和元件是否齐全		□是　□否
2）检查数字万用表通电是否正常		□是　□否
2. 记录数据或现象		
1）表 2-2 步骤 3 中数字万用表两表笔短接时，显示屏显示的数值：$R_0 = $ _____Ω		
2）表 2-2 步骤 4 中测量前照灯电阻值时，数字万用表显示屏显示的数值：$R = $ _____Ω		
3）根据表 2-2 步骤 3、4 中数字万用显示屏显示的数值，计算前照灯电阻 $R_L = $ _____Ω		

4）如果数字万用表两表笔短接或测量前照灯电阻值时，数字万用表的显示屏一直显示"1"，其可能的原因是什么？

知识链接

一、DY2201A 数字万用表

1. DY2201A 数字万用表结构

DY2201A 数字万用表的结构如图 2-3 所示。

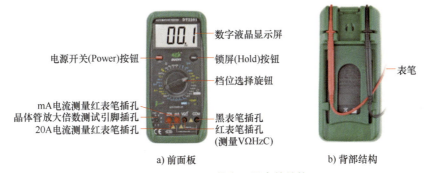

电源开关(Power)按钮　　　数字液晶显示屏
锁屏(Hold)按钮
档位选择旋钮
表笔
mA电流测量红表笔插孔
晶体管放大倍数测试引脚插孔
20A电流测量红表笔插孔
黑表笔插孔
红表笔插孔
(测量VΩHzC)

a) 前面板　　　　　b) 背部结构

图 2-3　DY2201A 数字万用表的结构

2. DY2201A数字万用表各测量档位名称介绍

DY2201A数字万用表各测量档位名称如图2-4所示。

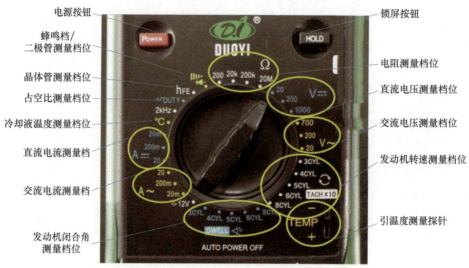

图2-4 DY2201A数字万用表各测量档位名称

3. DY2201A数字万用表使用注意事项

1）在使用数字万用表前，一定要先仔细阅读使用说明书，了解数字万用表面板的各档功能。

2）数字万用表开机后，若液晶显示屏不显示，则应检查数字万用表所使用的电池是否正常、内部熔丝有无熔断。

3）测量前，一定要根据要求把表笔插入数字万用表上的对应孔位，并选择正确的档位。测量电路电流时，数字万用表要串接至待测电路中，红表笔是电流流入、黑表笔是电流流出（如果是钳形自动量程数字万用表，则无此功能，它是用钳头夹取待测导体进行测量）；测量电压时，数字万用表要并接在待测电路或元件两端。不能误用电阻档或电流档去测电压，否则极易烧坏万用表。

4）如果不知道被测电压值或电流值的大小，应先用最高量程档进行估测，再选用合适的量程档来测试。所选用的量程档越靠近被测元件电压或电流的真实值，测量的数值越准确。对自动量程的万用表，本步不作要求。

5）测量电阻时，要先切断电路的供电电压，从电路中取出待测电阻，测量时不要双手同时触及元件裸露的两端（或两支表笔的金属部分），以免人体电阻与被测电阻并联，造成测量结果不准确。

6）测量高电压时，应单手操作，即把黑表笔预先固定，再用一只手持红表笔去触试另一端。若输入插口旁边有数字和警告符号显示，表明输入电压超过规定值，可能危及人身与仪表安全，应立刻停止操作。

7）为保持测量精度，应定期对数字万用表进行校准，特别是在精密测量中或长时间未使用后。

8）数字万用表使用完毕后，应将档位拨至交流电压最高量程档后再关闭电源开关，以防下次使用时因错误操作而损坏仪表。

二、电阻及电阻率

1. 电阻

日常生活中常见的电器（新能源汽车前照灯、灯泡、电炉等）都存在电阻，用于连接电路的导线、辅助蓄电池内部也存在电阻（这也是辅助蓄电池即使没用，但在放置一段时间后，其电量也会下降的原因）。带电粒子在导体中运动会遇到阻碍作用，这种导体对电流通过时的阻碍作用称为电阻，用符号"R"或"r"表示。电阻的单位是欧姆，用字母"Ω"来表示，常用单位还有千欧（$K\Omega$）、兆欧（$M\Omega$）和毫欧（$m\Omega$）。电阻的单位换算：$1M\Omega = 10^3 k\Omega$，$1k\Omega = 10^3 \Omega$，$1m\Omega = 10^{-3}\Omega$。

> **实验证明**：当温度一定时，导体的电阻值跟导体的长度 L 成正比，跟导体的横截面面积 S 成反比，并且与导体的材料性质有关，即
>
> $$R = \frac{\rho L}{S}$$
>
> **注意**：电阻是任何一种导体都客观存在的属性，它不随导体两端的电压变化而变化，即使导体两端没有电压（即没有接入电路），导体中的电阻仍然存在。

2. 电阻率

物体导电性能的优劣一般用电阻率（ρ）来衡量，其常用单位为欧姆·米（$\Omega \cdot m$）。通常将电阻率小（导电性能好）的物体称为导体，电阻率很大（导电性能差）的物体称为绝缘体，电阻率介于导体和绝缘体之间的物体称为半导体（将在后面的模块专门介绍）。贵重金属的电阻率小，导电性能都比较好。几种常见的金属在常温（20℃）下的电阻率见表 2-4。

表 2-4　几种常见的金属在常温（20℃）下的电阻率

物质	电阻率 /$\Omega \cdot m$	物质	电阻率 /$\Omega \cdot m$
银	1.65×10^{-8}	铜	1.75×10^{-8}
金	2.40×10^{-8}	铝	2.83×10^{-8}
镁	4.47×10^{-8}	钨	5.48×10^{-8}
锌	5.91×10^{-8}	钴	6.34×10^{-8}
镍	6.840×10^{-8}	铁	9.78×10^{-8}

各种材料的电阻率都随温度的变化而变化。通常来说，金属的电阻率随温度升高而增大；碳、电解液和绝缘体相反；有些合金的电阻率几乎不变化。

三、电阻阻值的读法

在实际的生产应用中，广泛采用在电阻上标颜色的方法来注明其阻值。这种标有颜色的电阻称为色环电阻。色环电阻常见的有 4 色环和 5 色环，色环电阻阻值的读取是根据颜色所代表的数值直接读取，颜色代表的数值如图 2-5 所示。对于 4 色环，前 2 环的颜色为有效数字，第 3 环

为乘数环，用 10 的 n 次方（其中，n 为颜色代表的数值）表示，第 4 环为误差环。对于 5 色环，前 3 环的颜色为有效数字，第 4 环为乘数环，用 10 的 n 次方（其中，n 为颜色代表的数值）表示，第 5 环为误差环。

对于图 2-5 所示的 4 色环电阻，第 1 环为红色，其数值为 2，第 2 环为红色，其数值为 2，第 3 环为黑色，其数值为 0，所以其阻值为 $22 \times 10^0 \Omega = 22\Omega$。

对于图 2-5 所示的 5 色环电阻，第 1 环为黄色，其数值为 4，第 2 环为紫色，其数值为 7，第 3 环为黑色，其数值为 0，第 4 环为橙色，其数值为 3，所以其阻值为 $470 \times 10^3 \Omega$。

贴片电阻具有体积小、质量小、安装密度高、抗振性强、抗干扰能力强等优点，已广泛应用于新能源汽车的控制电路和各种电子设备上。常见贴片电阻的形状及电阻值的读法见表 2-5。

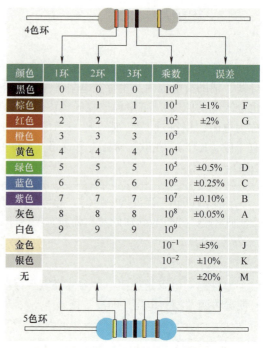

颜色	1环	2环	3环	乘数	误差	
黑色	0	0	0	10^0		
棕色	1	1	1	10^1	±1%	F
红色	2	2	2	10^2	±2%	G
橙色	3	3	3	10^3		
黄色	4	4	4	10^4		
绿色	5	5	5	10^5	±0.5%	D
蓝色	6	6	6	10^6	±0.25%	C
紫色	7	7	7	10^7	±0.10%	B
灰色	8	8	8	10^8	±0.05%	A
白色	9	9	9	10^9		
金色				10^{-1}	±5%	J
银色				10^{-2}	±10%	K
无					±20%	M

图 2-5　色环电阻对应数值和阻值读取法

表 2-5　常见贴片电阻的形状及电阻值的读法

序号	贴片电阻形状	阻值读法
1		数字索位标称法：是指在电阻体上用 3 位数字来标明其阻值。它的第 1 位和第 2 位为有效数字，第 3 位表示在有效数字后面所加 "0" 的个数，例如：473 表示 47000Ω；391 表示 390Ω 如果是小数，则用 "R" 表示小数点，并占用 1 位有效数字，其余 2 位是有效数字，例如：5R60 表示 5.6Ω；R100 表示 0.10Ω
2		色环标称法：是指贴片电阻与一般色环电阻一样，大多采用 4 环（有时 3 环）标明其阻值。第 1 环和第 2 环是有效数字，第 3 环是倍率。例如："棕绿银银" 表示 1.5Ω 误差 ±10%
3		数字代码与字母混合标称法：是指采用 2 位数字加 1 位字母来表示电阻器阻值；其中 2 位数字表示的是 E96 系列电阻器代码（具体见表 2-6），它的第 3 位是用字母代码表示的倍率（具体见表 2-7），例如：01C 表示 $100 \times 10^2 \Omega$

E96 系列电阻器代码与电阻值对应表和 E96 倍率代码对应表分别见表 2-6 和表 2-7。

表 2-6　E96 系列电阻器代码与电阻值对应表

代码	01	02	03	04	05	06	07	08	09	10	11	12
阻值	100	102	105	107	110	113	115	118	121	124	127	130
代码	13	14	15	16	17	18	19	20	21	22	23	24
阻值	133	137	140	143	147	150	154	158	162	165	169	174
代码	25	26	27	28	29	30	31	32	33	34	35	36
阻值	178	182	187	191	196	200	205	210	215	221	226	232
代码	37	38	39	40	41	42	43	44	45	46	47	48
阻值	237	243	249	255	261	267	274	280	287	294	301	309
代码	49	50	51	52	53	54	55	56	57	58	59	60
阻值	316	324	332	340	348	357	365	374	383	392	402	412
代码	61	62	63	64	65	66	67	68	69	70	71	72
阻值	422	432	442	453	464	475	487	499	511	523	536	549
代码	73	74	75	76	77	78	79	80	81	82	83	84
阻值	562	576	590	604	619	634	649	665	681	698	715	732
代码	85	86	87	88	89	90	91	92	93	94	95	96
阻值	750	768	787	806	825	845	866	887	909	931	953	976

表 2-7　E96 倍率代码对应表

代码字母	A	B	C	D	E	F	G	H	X	Y	Z
代表倍率	10^0	10^1	10^2	10^3	10^4	10^5	10^6	10^7	10^{-1}	10^{-2}	10^{-3}

四、新能源汽车上常用的特殊电阻器

新能源汽车上通常会用一些特殊的电阻器来执行一些控制功能，如电量检测、动力蓄电池工作温度和湿度检测等。下面介绍这些特殊电阻器的特性及检测方法。

1. 可调电阻器

当调节汽车上的空调风速旋钮或冷暖调节旋钮（图 2-6）时，空调的风速或车内的温度会发生变化。这种变化，实际上是通过旋转来改变电阻值，进而控制风速或车内设定温度的变化。电阻值可以调整的电阻器，称为可调电阻器，其外观和内部结构如图 2-7 所示。

冷暖调节旋钮　　风速调节旋钮

图 2-6　汽车上空调风速和冷暖调节旋钮

旋钮　　电阻体

可旋转动片　　定片　动片　定片

a) 外观　　b) 内部结构

图 2-7　可调电阻器的外观和内部结构

特殊电阻
阻值测量

可调电阻器的电阻值可以利用数字万用表的电阻档测量。测量方法同汽车前照灯电阻值的测量类似，只不过，因可调电阻器有 3 个引脚，测量时，表笔要与可调电阻器的动片、定片引脚并接，如图 2-8 所示。在此状态下，旋转可调电阻器上的旋钮，观察数字万用表显示屏显示的数字是否会随旋钮的旋转而变化，会变化则表示可调电阻器正常，不会变化则表示其已损坏。

图 2-8　测量示意图

2. 热敏电阻器

热敏电阻器也称为温度传感器，分为正温度系数（Positive Temperature Coefficient，PTC）热敏电阻器和负温度系数（Negative Temperature Coefficient，NTC）热敏电阻器两种。热敏电阻器在新能源汽车上的应用主要包括检测动力蓄电池温度、监测驱动电机和充电枪的工作温度、用于动力蓄电池冷却系统和空调系统控制温度等，如图 2-9 所示。NTC 温度传感器主要由 Mn 等高纯度金属元素的氧化物运用陶瓷技术和半导体技术结合制成，其工作原理为这些材料载流子数目少，电阻值较大，当温度升高时，载流子数目相应增加，电阻值对应减小。电阻值会随着温度的变化而变化的电阻器，称为热敏电阻器。

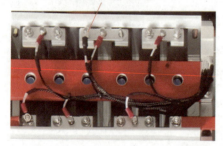
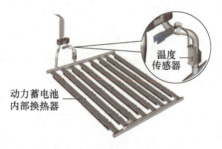

a) 动力蓄电池温度传感器　　　　　　　　b) 换热器上的温度传感器

图 2-9　热敏电阻器在新能源汽车上的应用

正温度系数热敏电阻器是一种阻值随着温度的升高而增大，随温度的降低而减小的电阻器。正温度系数热敏电阻器的实物和符号如图 2-10 所示。

负温度系数热敏电阻器是一种电阻值随着温度的升高而减小，随温度的降低而增大的电阻器，如动力蓄电池温度传感器等。负温度系数热敏电阻器的实物和符号如图 2-11 所示。

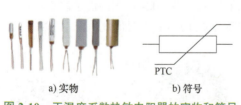
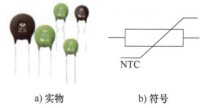

a) 实物　　　　b) 符号　　　　　　　　　a) 实物　　　　b) 符号

图 2-10　正温度系数热敏电阻器的实物和符号　　　图 2-11　负温度系数热敏电阻器的实物和符号

热敏电阻器的电阻值检测方法：检测时，一是在常温下测量电阻值，数字万用表选择电阻档，红、黑表笔分别与待测热敏电阻器两个引脚并接后，读出数字万用表显示屏上显示的电阻值并记录；二是对热敏电阻器进行加热，待热敏电阻器温度上升后，再次测量其电阻值并记录，对比两次记录的电阻值，如果电阻值不相同，表明热敏电阻器正常；如果电阻值相同，则表明热敏电阻器损坏。

3. 光敏电阻器

图 2-12　光敏电阻器的实物和符号

新能源汽车的日间行车灯由安装在风窗玻璃下面的光敏电阻器接收外部光线来实现自动亮、灭控制。光敏电阻器是一种电阻值随光线的强弱变化而发生变化的电阻器。在无光时，其电阻值很大，达到兆欧级别，有光照射时其电阻值迅速减小。其实物和符号如图 2-12 所示。

光敏电阻器的检测方法：检测时，一是在器件不接收光线的条件下，把数字万用表红、黑表笔分别与待测光敏电阻器 2 个引脚并接后，读出数字万用表显示屏显示的阻值并记录；二是让器件接收光线，再次测量其电阻值并记录，对比两次记录的电阻值，若电阻值不相同，表明光敏电阻器正常；若电阻值相同，则表明光敏电阻器损坏。

4. 压敏电阻器

压敏电阻器是无源半导体器件，用于保护精密电子电路免受开关峰值和浪涌瞬态值的影响。其形状、符号和伏安特性曲线如图 2-13 所示。压敏电阻器是一种电阻值对电压敏感的电阻器，其电阻值的大小随着加在两端电压的变化而变化。当压敏电阻器处于图 2-13c 漏电区域工作时，压敏电阻器两端的电压较低，对外部具有较大的阻抗，通常处于 MΩ 水平，此时，压敏电阻器本身不工作；当压敏电阻器处于正常工作电压下，流过压敏电阻器的电流在大范围内变化，但是压敏电阻器两端的电压没有显著变化，表现出良好的钳位特性（图 2-13c），这是压敏电阻器发挥作用的区间；当流过压敏电阻器的电流继续增大，即进入图 2-13c 中的转向区，电压限制特性消失，电阻值急剧减小，阻抗变得非常小，功耗变大，会产生过高的热量，最终导致压敏电阻器燃烧甚至发生爆炸现象。

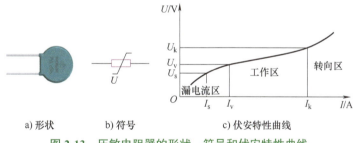

a) 形状　　　　　b) 符号　　　　　　c) 伏安特性曲线

图 2-13　压敏电阻器的形状、符号和伏安特性曲线

压敏电阻器的检测方法：可以通过测量压敏电阻器内部的电容值来判别其好坏。把万用表调至测电容档，红、黑表笔分别与待测压敏电阻器两个引脚并接后，观察数字万用表显示的电容值并记录。如果数字万用表显示的电容值为 0.2~0.3μF，或略微大些，表明压敏电阻器正常；如果测得的电容值很小，或没有电容值，表明压敏电阻器被击穿短路或开路。

5. 湿敏电阻器

湿敏电阻器也称为湿敏传感器，是一种把环境湿度量转变成能够被电信号标记的设备或者装置。其实物和符号如图 2-14 所示。它是对环境湿度敏感的电阻器，分为正湿度系数湿敏电阻器和负湿度系数湿敏电阻器两种。若湿度越大，其电阻值越大，反之越小，则称为正湿度系数湿敏电阻器；若湿度越小，其电阻值越大，反之越小，则称为负湿度湿敏电阻器。部分新能源汽车蓄电池管理

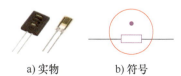

a) 实物　　　　b) 符号

图 2-14　湿敏电阻器的实物和符号

系统（BMS）是通过装在动力蓄电池内部或外部的湿敏传感器来检测动力蓄电池所处的工作环境，以保证动力蓄电池在可靠的环境下运行。

湿敏电阻器的检测方法：检测时，一是在正常条件下，把数字万用表红、黑表笔分别与待测湿敏电阻器两个引脚并接后，读出数字万用表显示屏显示的电阻值并记录；二是给器件加湿后，再次测量其电阻值并记录，对比两次记录的电阻值，如果电阻值不相同并符合一定规律，表明湿敏电阻器正常；若电阻值相同，则表明湿敏电阻器损坏。

6. 压阻式压力传感器

压阻式压力传感器是一种把环境压力量转变成能够被电信号标记的设备或者装置。它具有极低的价格、较高的精度和较好的线性特性，分为半导体应变片和金属电阻应变片两种。

（1）半导体应变片压力传感器　半导体（将在后续模块介绍）具有一种与外力有关的特性，即电阻率 ρ 随所承受的应力而改变，该特性称为压阻效应。单位应力作用下产生的电阻率的相对变化，称为压阻系数，以符号 π 表示。其电阻率的相对变化 $=\pi\sigma$，σ 表示应力。电阻率变化会引起电阻值变化。半导体应变片压力传感器的实物和电路符号如图 2-15 所示。

（2）金属电阻应变片压力传感器　其工作原理是吸附在基体材料上的应变电阻随机械形变而产生电阻值变化的现象，俗称为电阻应变效应。当金属丝受外力作用时，其长度和截面积都会发生变化，导致电阻值发生改变。当金属丝受外力作用而伸长时，将导致长度增加，而截面积减小，造成电阻值增大；反之，电阻值减小。只要在电路上测出加在电阻两端电压的变化量，即可获得金属电阻应变片的应变情况。金属电阻应变片压力传感器实物如图 2-16 所示。

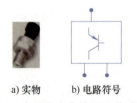

a) 实物　　b) 电路符号

图 2-15　半导体应变片压力传感器

图 2-16　金属电阻应变片压力传感器实物

任务二　连接左、右前照灯电路

🎯 任务目标

◆ **知识目标：**

1）熟悉左、右前照灯控制电路的结构，学会画控制电路原理图。

2）掌握电路、电流、电压、电动势、电位、电功率、负载额定值等的基本定义。

3）掌握电路 3 种不同工作状态的特点。

4）掌握欧姆定律的定义和欧姆定律在实际电路中的应用和计算。

5）掌握串、并联电路的分析方法和电路特点。

6）掌握混联电路的特点，并掌握简单混联电路参数的计算方法。

7）掌握基尔霍夫电流定律（KCL）和基尔霍夫电压定律（KVL）。

8）掌握利用 KCL 和 KVL 分析和计算复杂电路支路电流和电压的方法。

◆ **核心素养：**

1）养成爱护器材、仪器、仪表、工具、量具等的工作习惯。

2）养成手脑并用、主动探究的"做中学，学中做"的学习习惯，树立精益求精的工匠精神。

3）养成勤俭节约的生活习惯。

◆ **技能目标：**

1）具备用万用表检测熔丝、断电器（开关）和前照灯好坏的能力。

2）具备使用剥线钳剥电缆线的能力。

3）具备连接左、右前照灯控制电路的能力。

4）具备排除简单电路故障的能力。

5）具备熟练运用数字万用表测量串/并联电路的电压、电流、电阻等物理量的能力。

6）具备熟练运用 Multisim 仿真软件验证串/并联电路特点和计算混联电路电阻值的能力。

7）具备熟练运用 Multisim 仿真软件验证基尔霍夫电流定律（KCL）和基尔霍夫电压定律（KVL）的能力。

◆ **建议课时：** 8 课时。

任务描述

本任务通过连接左、右前照灯（卤素近光灯，下同）控制电路和观察流过左、右前照灯的电流及施加在左、右前照灯上的电压，来学习电路、电流、电压、电动势、电位、电功率、负载额定值等基本概念并分析电路 3 种工作状态，串/并联电路的特点及其应用，从而建立起对电路中各节点流入和流出电流关系以及电路中各用电设备电压关系的感性认知。在此基础上，进一步借助 Multisim 仿真软件，开展对复杂电路中各支路电流和电压的测量，来分析基尔霍夫电流定律和基尔霍夫电压定律的特点及支路电流和电路电压的计算方法。在具体实施时，为了便于操作和保护师生的视力及安全，所用的左前照灯用小功率灯泡替代、灯控制开关用常规的开关替代。

任务实施

一、器材

连接左、右前照灯控制电路所需器材见表 2-8。

二、连接左、右前照灯控制电路

1）连接左、右前照灯控制电路，步骤见表 2-9。

表 2-8　连接左、右前照灯控制电路所需器材

序号	名称	实物图	序号	名称	实物图
1	导线		7	灯控制开关	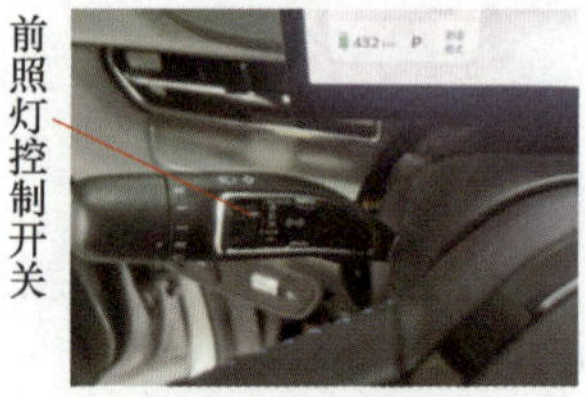 （实车使用灯控制开关）  （任务实施代替开关）前照灯控制开关
2	斜口钳				
3	剥线钳				
4	熔丝		8	辅助蓄电池	
5	前照灯灯泡				
6	数字万用表		9	安装 Multisim 仿真软件的计算机	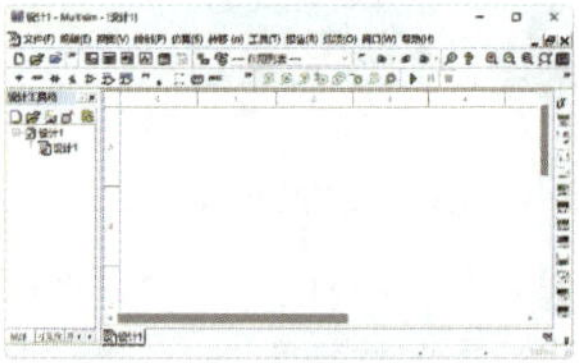

表 2-9　连接左、右前照灯控制电路

步骤	任务实施描述	实施示意图
1	裁剪适当长度的导线（①～③）、剥离相关导线线头的绝缘皮，如右上示意图所示，依次连接相关器件，如右下示意图所示	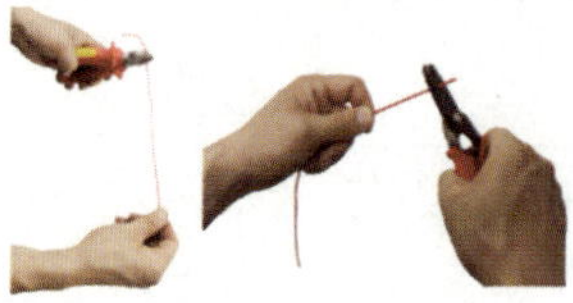 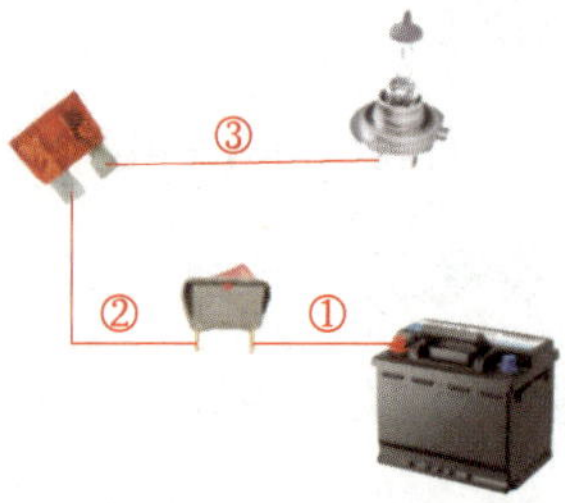

（续）

步骤	任务实施描述	实施示意图
2	准备6只数字万用表，1、2、3作为电流表，把黑表笔插入COM插孔，红表笔插入20A插孔，档位选择直流20A档；4、5、6作为电压表，红、黑表笔分别插入数字万用表的VΩHzC和COM插孔，档位选择测量直流电压20V档	
3	在步骤1的基础上，裁剪适当长度的导线（④~⑨）、剥离相关导线线头的绝缘皮，并依次连接相关器件。连接完毕，确认数字万用表1的档位处于直流电流20A档，数字万用表4、6的档位处于直流电压20V档后，打开数字万用表1、4、6开关，观察各数字万用表显示屏显示的数值并记录	
4	在步骤3的基础上，接通灯控制开关，观察左前照灯现象和数字万用表1、4、6显示屏显示的数值并记录	
5	在步骤4的基础上，断开灯控制开关，对调数字万用表1、4的红、黑表笔位置，再次接通万用表电源和灯控制开关，观察前照灯现象和数字万用表1、4、6显示屏显示的数值并记录	

（续）

步骤	任务实施描述	实施示意图
6	在步骤 5 的基础上，断开灯控制开关，按右示意图裁剪适当长度的导线（⑩~⑯）、剥离相关导线线头的绝缘皮，并依次连接相关器件	
7	确认数字万用表 1、2 的档位处于直流电流 20A 档，数字万用表 4、5、6 的档位处于直流电压 20V 档后，依次接通数字万用表 1、2、4、5、6 电源，接通灯控制开关，观察左前照灯现象和数字万用表 1、2、4、5、6 显示屏显示的数值并记录	
8	在步骤 7 的基础上，断开灯控制开关，按右示意图裁剪适当长度的导线、剥离相关导线线头的绝缘皮，连接相关器件。注意，数字万用表 1、2、3 处于测量直流 20A 档；数字万用表 4、5、6 处于测量直流电压 20V 档	
9	在步骤 8 的基础上，依次接通 6 只万用表的电源和灯控制开关，观察左、右前照灯现象和 6 只数字万用表显示屏显示的数值并记录	

（续）

步骤	任务实施描述	实施示意图
10	实训完毕，断开灯控制开关，关断数字万用表电源，按要求断开连接导线，收好器件和仪表	
11	借助 Multisim 仿真软件进一步分析复杂电路的节点和电路电压特性，运行计算机上的 Multisim 仿真软件，出现如右图所示界面	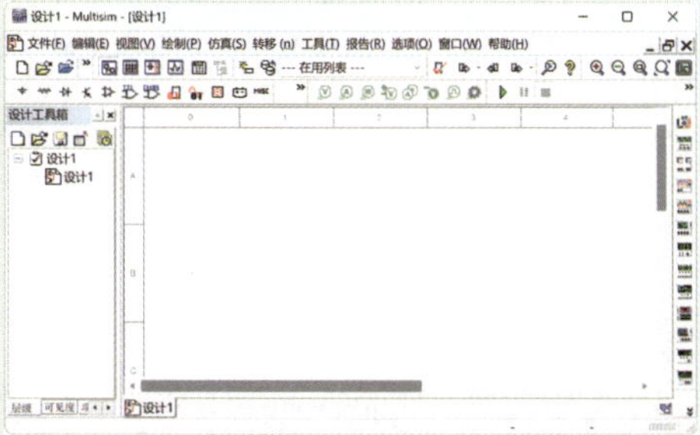
12	单击 Multisim 仿真软件界面上的器件选择菜单，依次选出电源、熔丝、电阻、仿真电压表、仿真电流表等器件，并按顺序连接各器件，如右示意图所示	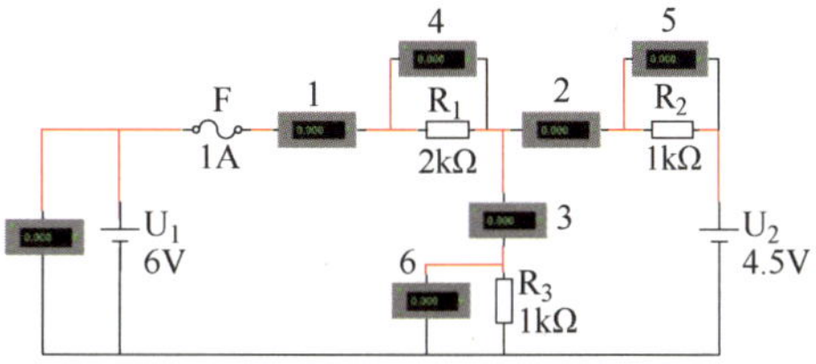
13	在步骤 12 的基础上，单击 Multisim 仿真软件界面的运行按钮"▶"，观察各仿真电压表和电流表显示屏显示的数值并记录	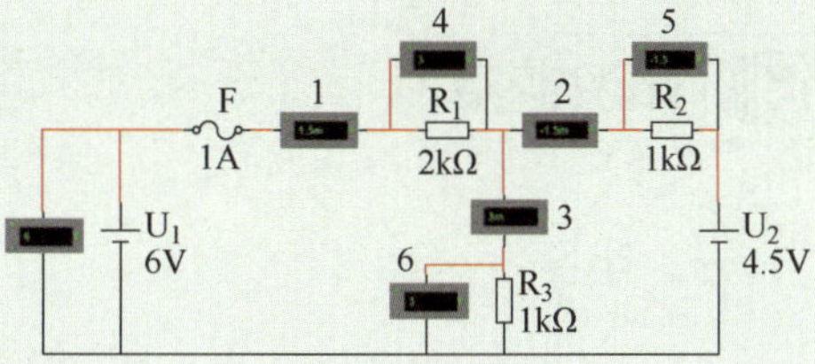
14	实训完毕，保存实训项目，退出 Multisim 仿真软件运行环境	

2）记录任务实施产生的数据或现象到表 2-10 中。

表 2-10　任务实施产生的数据或现象记录表

班级：	姓名：	日期：
1. 作业前准备		
1）检查仪表和元件是否齐全		□是　□否
2）检查数字万用表通电是否正常		□是　□否
3）检查 Multisim 仿真软件运行是否正常		□是　□否
2. 记录数据或现象		
1）表 2-9 步骤 3 中数字万用表 1 显示屏显示的数值：$A_1 = $＿＿＿＿＿＿＿A；数字万用表 4 显示屏显示的数值：$V_4 = $＿＿＿＿＿＿＿V；数字万用表 6 显示屏显示的数值：$V_6 = $＿＿＿＿＿＿＿V；前照灯：□亮　□不亮		
2）表 2-9 步骤 4 中数字万用表 1 显示屏显示的数值：$A_1 = $＿＿＿＿＿＿＿A；数字万用表 4 显示屏显示的数值：$V_4 = $＿＿＿＿＿＿＿V；数字万用表 6 显示屏显示的数值：$V_6 = $＿＿＿＿＿＿＿V；前照灯：□亮　□不亮		

（续）

3）表 2-9 步骤 5 中数字万用表 1 显示屏显示的数值：A_1 = ＿＿＿＿＿＿A；数字万用表 4 显示屏显示的数值：V_4 = ＿＿＿＿＿＿V；数字万用表 6 显示屏显示的数值：V_6 = ＿＿＿＿＿＿V；前照灯：□亮　□不亮

4）表 2-9 步骤 7 中数字万用表 1 显示屏显示的数值：A_1 = ＿＿＿＿＿＿A；数字万用表 2 显示屏显示的数值：A_2 = ＿＿＿＿＿＿A；数字万用表 4 显示屏显示的数值：V_4 = ＿＿＿＿＿＿V；数字万用表 5 显示屏显示的数值：V_5 = ＿＿＿＿＿＿V；数字万用表 6 显示屏显示的数值：V_6 = ＿＿＿＿＿＿V；前照灯 1、2：□都亮　□都不亮　□1 个亮，1 个不亮

5）表 2-9 步骤 9 中数字万用表 1 显示屏显示的数值：A_1 = ＿＿＿＿＿＿A；数字万用表 2 显示屏显示的数值：A_2 = ＿＿＿＿＿＿A；数字万用表 3 显示屏显示的数值：A_3 = ＿＿＿＿＿＿A；数字万用表 4 显示屏显示的数值：V_4 = ＿＿＿＿＿＿V；数字万用表 5 显示屏显示的数值：V_5 = ＿＿＿＿＿＿V；数字万用表 6 显示屏显示的数值：V_6 = ＿＿＿＿＿＿V；前照灯 1、2：□都亮　□都不亮　□1 个亮，1 个不亮

6）表 2-9 步骤 13 中 Multisim 仿真软件中电流表 1 显示屏显示的数值：A_1 = ＿＿＿＿＿＿A；电流表 2 显示屏显示的数值：A_2 = ＿＿＿＿＿＿A；电流表 3 显示屏显示的数值：A_3 = ＿＿＿＿＿＿A；电压表 4 显示屏显示的数值：V_4 = ＿＿＿＿＿＿V；电压表 5 显示屏显示的数值：V_5 = ＿＿＿＿＿＿V；电压表 6 显示屏显示的数值：V_6 = ＿＿＿＿＿＿V

3. 通过观察表 2-9 步骤 4、5、7、9 中各数字万用表显示的数值，你发现了什么？

＿＿＿

＿＿＿

📰 知识链接

汽车基本
电路连接

一、电路

由表 2-9 步骤 3 中的辅助蓄电池、前照灯控制开关、熔丝、左前照灯、数字万用表 1（在新能源汽车实车上没用）、连接导线就构成一个完整的电路（汽车实车电路的表示方式见图 2-2）。电路是电流流经的路径，表 2-9 步骤 4 的实施示意图中，数字万用表 1 显示屏显示的数值为 1.51A，表示汽车左前照灯工作时，流过该电路的电流为 1.51A。一个完整的电路通常是由供电设备（如辅助蓄电池）、负载（如左前照灯）和中间环节（如导线，开关、熔丝等控制器件）3 部分组成。

供电设备俗称电源，它是为电路提供电能的设备或器件，一般分为直流和交流两种供电设备。由交流电源供电的电路称为交流电路；由直流电源供电的电路称为直流电路。本任务主要介绍直流供电电路。

负载也称为用电器，是消耗电能的装置。新能源汽车上的前照灯就是一种将电能转换成为光能的负载。

连接电源和负载的部分统称为中间环节，起传输和调节电能的作用。中间环节包括连接导线和电气控制器件等。导线是连接电源、负载和其他电器元件的金属线，常用的有铜导线和铝导线等。导线应用在新能源汽车上时，一般是呈线束结构，如图 2-17 所示。电气控制器件是对电路进行控制的元器件，汽车前照灯供电电路常用的器件有车灯组合开关、继电器或熔丝。

图 2-17　汽车上的电路连接线束

二、电路原理图

表 2-9 中各步骤的实施示意图是用导线把各元件、仪表的实物连接起来，称为电路实物图。在实际应用中，由于一些器件实物尺寸大、画法繁琐，不利于电路图制作和分析，故要用一些简单的电气符号来替代描述实际的器件。用电气符号替代实物描述电路连接的图，称为电路原理图，简称电路图。左前照灯控制电路各器件对应的电气符号见表 2-11。

表 2-11　左前照灯控制电路各器件对应的电气符号

序号	元件实物图	电气符号	序号	元件实物图	电气符号
1		—┤⊢—	4		—▭—
2		⊗	5		—Ⓐ—
3		OFF ON	6		—Ⓥ—

根据表 2-11 中的符号，可以把表 2-9 步骤 3 和步骤 4 的实施示意连接图转化成如图 2-18 所示的电路图。

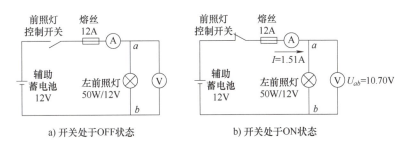

a) 开关处于OFF状态　　　　　　b) 开关处于ON状态

图 2-18　汽车前照灯电路原理图

电工学中，常见各种器件对应的电气符号见表 2-12。

表 2-12　常见各种器件对应的电气符号

名称	电气符号	名称	电气符号	名称	电气符号
蓄电池	—┤⊢—	电阻器	—▭—	电容	—┤⊢—
理想电压源	—Ⓥ—	可调电阻器	—⬟—	可调电容器	—⧧—
理想电流源	—Ⓖ—	带滑动触点的电位器		线圈式电感器	⌒⌒⌒
交流发电机	—Ⓖ—	开关	——/ ——	带磁心的电感器	⌒⌒⌒

三、直流电路的基本物理量

1. 电流

表 2-9 步骤 4 中，当灯开关接通时，左前照灯亮，数字万用表 1 显示屏显示的数值为 1.51A，表明电路中有电流流过。电流既有大小，又有方向。

电学的基本物理量

表 2-9 步骤 4 中，数字万用表 1 显示屏显示的 1.51A 表示流经该电路的电流大小。电流大小是表示带电粒子定向运动强弱的物理量，是指在单位时间（一定时间）通过导体横截面的电荷量的多少，用 I 表示。

$$I = \frac{Q}{t}$$

电流的单位为安培，简称安，用符号 A 表示，单位换算：$1A = 10^3 mA = 10^6 \mu A$。

电荷量的符号是 Q，单位是库伦，简称库，用符号 C 表示。

电流的方向：表 2-9 步骤 4、5 中数字万用表 1 显示屏显示的数值，可以直观说明电流方向的存在，步骤 4、5 中数字万用表 1 显示屏显示的数值大小相等，均为 1.51A，但它们却有正、负之分，步骤 5 中的数值前有显示 "–"，即两表的电流方向相反。习惯上把正电荷定向移动的方向规定为电流的方向，因此，自由电子和负离子移动的方向与电流方向相反。

大小和方向都不随时间变化的电流称之为稳衡电流，简称直流；大小和方向都随时间作相应变化的电流，称为交变电流，简称交流。直流电与正弦交流电波形如图 2-19 所示。

2. 电压

电压产生的机理如图 2-20 所示。两种不同极性的分离电荷之间可产生电场，在电场力的作用下把单位正电荷从 a 点移到 b 点所做的功，称为 a、b 两点之间的电压（a、b 是电场中的任意两点），记为 U_{ab}。表 2-9 步骤 4 中的数字万用表 4 显示屏显示的数值 10.70V 就是指加在左前照灯两端的电压。图 2-18b 中的 U_{ab} 表示 a、b 两点间的电压，方向是从 a 点指向 b 点。电压的单位为伏特，简称伏（V）。比伏（V）更大的单位有千伏（kV）、兆伏（MV），其换算关系为 $1kV = 10^3 V$，$1MV = 10^6 V$。

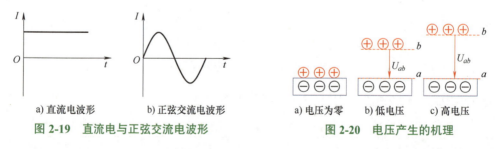

图 2-19　直流电与正弦交流电波形　　　　图 2-20　电压产生的机理

电压的方向：正方向是由 "+" 极性（高电位）指向 "–" 极性（低电位），即表示电位降落的方向。表 2-9 中的步骤 4、步骤 5 中数字万用表 4 显示屏显示的数值，可以形象说明电压方向的存在，虽然两图中的数字万用表 4 的显示屏显示的数值大小相等、均为 10.70V，但有正负之分；步骤 5 中的数值前有显示 "–"，表示数字万用表红表笔连接的顺序与电压的指向相反。

3. 电位

物理学中的电位又称为电势，电路中每一点都有一定的电位。衡量电位高低必须有一个计算电位的起点，即参考点，称为零电位点，该点电位为

参考电位

0V，即 $V_0 = 0V$。不同点的电位用字母 V 加下标表示。图 2-18b 中电压 $U_{ab} = V_a - V_b$，即 a、b 两点间的电压等于 a、b 间的电位差。

电路中的零参考点可以任意选取，计算某点的电位就可得到该点到零参考点之间的电压。一般取大地或电子电路公共点（车架、机壳）为参考点。汽车电路中通常将辅助蓄电池负极作为零电位点，也称为搭铁点，用符号"⊥"表示。图 2-21 所示为汽车上的搭铁点。

图 2-21　汽车上的搭铁点

4. 电动势

电动势是指在电源内部，非静电力（电源力）将正电荷从负极移到正极所做的功 W 与其电荷量 Q 之比，用 E 表示。电动势只存在于电源内部。

$$E = \frac{W}{Q}$$

电动势的单位为伏特，简称伏，用符号 V 表示。电动势方向：在电源内部由负极指向正极。一般情况下，电源的端电压总是低于电源内部的电动势，只有当电源开路时，电源的端电压才与电源的电动势相等。

电动势

5. 电功率

电功率是电流在单位时间内所做的功，其物理意义是衡量电路组件或设备在单位时间内吸收或发出的电能。电功率用字母 P 表示，单位为瓦特（W），计算公式为

$$P = \frac{W}{t} = UI = I^2R = \frac{U^2}{R}$$

请根据表 2-9 步骤 4 中数字万用表 1、4 显示屏显示的数值，利用上式计算出左前照灯的功率。

> **注意**：上述电功率计算公式为纯电阻电路，因为后两个式子是由欧姆定律推导出的，而欧姆定律是针对纯电阻而言的。欧姆定律将在后面介绍。

6. 负载额定值

电气设备的额定值一般包含额定电压、额定电流和额定功率。额定电压是指电气设备长时间正常工作时的最佳电压，额定电压也称为标称电压；额定电流是指用电设备在额定电压下，按照额定功率运行时的电流；额定功率是指电气设备长时间稳定工作而不会损坏的功率。一般元件和设备的额定值都标在明显位置，如汽车前照灯上标识其额定功率和额定电压等，如图 2-22 所示，该前照灯的额定工作电压为 12V，额定功率为 90W（近光灯）或 100W（远光灯）。

额定参数

图 2-22　前照灯的额定参数标注示意

四、电路的 3 种工作状态

1. 通路（也称闭路）

表 2-9 步骤 4 中，前照灯控制开关处于接通状态，辅助蓄电池、前照灯控制开关、熔丝、左前照灯、数字万用表 1 构成闭合回路，左前照灯亮，电路中有电流通过，数字万用表 1 显示屏有显示数值，这种电路工作状态称为通路。通路状态下，各用电设备可正常工作。

电路的三种状态

2. 断路（也称开路）

断路可分为控制性断路和故障性断路。表 2-9 步骤 3 中的实施示意图就是控制性断路。电路中的左前照灯控制开关处于关断状态，使得辅助蓄电池、前照灯控制开关、熔丝、左前照灯、数字万用表 1 未能构成闭合回路，造成电路中无电流通过，左前照灯不亮，数字万用表 1 显示屏显示的数值为 0。控制性断路是人们根据需要利用开关将处于通路状态的电路切断，使其停止工作。故障性断路是一种突发性的、故障情况下的断路状态，例如，电源与负载之间导线意外断线或松脱，如图 2-23 所示；或负载损坏，如左前照灯灯丝烧断或供电电路的熔丝熔断等。

图 2-23　电源与负载之间导线松脱

3. 短路

短路通常分为电路短路状态（事故状态）和检修过程中常用的"跨接"状态。

通常把电源输出的电流不经过负载，只经过连接导线直接流回电源，或电源输出的电流经过被击穿的负载直接流回电源的状态，或汽车的连接束线因绝缘皮破损而与接地或其他器件形成短接状态，称为短路状态，这是一种事故状态。电路出现这种短路可能会导致灾难性事故，如汽车自燃、火灾等，故这种状态是必须避免发生的。在实际应用场合，当出现电路短路时，一定要先查找到引起短路的故障点后再重新连接电路。

在电路检修过程中经常用到一种跨接方法来检查某个元件是否损坏。如前照灯电路中出现某一前照灯不亮的故障，检查前照灯完好，为了检查是否开关故障，可以用导线跨接开关两端，若前照灯亮则说明是开关故障。这是检修电工电子电路故障常用的一种简单方法。

五、部分和全电路欧姆定律

1. 欧姆定律

欧姆定律是指电路中的电流大小与所加的电压成正比，而与电路的电阻成反比，其数学表达式为

$$I = \frac{U}{R}$$

由公式可知，1V 的电压通过 1Ω 的电阻，其电流大小为 1A。在公式中，符号 I 代表流过电阻的电流，单位为 A（安培）；U 代表加在电阻（负载）两端的电压（电位差），单位为伏特（V）；R 代表电路中的电阻，单位为欧姆（Ω）。

2. 部分电路欧姆定律

部分电路欧姆定律是在计算外电路的物理参数时将电源看作理想电源，忽略其内阻，如图 2-24 所示，流过汽车左前照灯上的电流与加在左前照灯两端的电压成正比，与左前照灯的电阻成反比。

例 2-1：已知某品牌汽车左前照灯的端电压为 12V，通过灯丝的电流为 5A，利用部分电路欧姆定律计算灯丝的电阻约为多少欧姆。

解：本题中已知电压和电阻，直接应用部分电路欧姆定律求得：

$$R = U/I = 12/5\,\Omega = 2.4\,\Omega$$

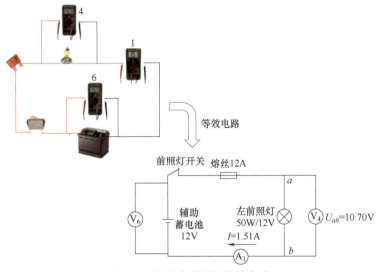

部分电路
欧姆定律

图 2-24　部分电路欧姆定律电路

> **想一想**：在任务一表 2-2 中，曾用数字万用表测量过左前照灯的电阻值，表 2-9 步骤 4 中测过左前照灯电压值，根据欧姆定律 $I=\dfrac{U}{R}$，请你计算电流值。将计算出的结果与表 2-9 步骤 4 中的数字万用表 1 显示的数值进行比较。通过比较你发现了什么？知道其中原因吗？

当温度升高时，物体内部原子核的热振动加强，振动的幅度加大，于是，做定向移动的电子与原子核相碰的机会增多，碰撞次数也增加，所以，金属导体的电阻值就增大了。对于纯金属来说，电阻值随温度的变化比较规则；在温度变化范围不大时，电阻值与温度之间的关系为

$$R = R_0 \times (1+\alpha t)$$

式中，R_0 为 0℃时金属导体的电阻，α 为该金属导体的电阻温度系数。不同金属材料的电阻温度系数 α 也不相同。

由此可以得知为什么实际测量的前照灯电阻值与铭牌上计算出的电阻值相差甚远。

3. 全电路欧姆定律

分别观察表 2-9 步骤 3、4 中数字万用表 6 显示屏显示的数值，发现两者数值不同，步骤 3 中数字万用表 6 的数值为 11.08V，步骤 4 中数字万用表 6 的数值为 10.70V，为什么会存在这种现象？可以利用全电路欧姆定律来解释。全电路欧姆定律是指在分析电路时，要计算电源内部电阻。电源内部的电路称为内电路，电源内部电阻称为内阻；电源外部的电路称为外电路，外电路的电阻称为外阻。全电路欧姆定律电路，如图 2-25 所示，其中 r 代表辅助蓄电池内阻，R 代表前照灯电阻。

在全电路中，电流强度与电源的电动势成正比，与整个电路内、外电阻之和成反比。即全电路欧姆定律：

$$I = \frac{E}{R+r}$$

几个重要的公式：

① 在闭合电路中电源电动势等于 $U_内$ 与 $U_外$ 之和：$E = U_内 + U_外$。

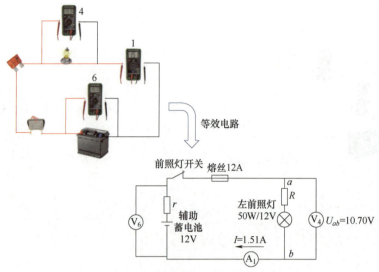

图 2-25　全电路欧姆定律电路

② 电源端电压与电源电动势的关系为 $U=E-Ir$。

> **例 2-2：** 在例 2-1 中，若辅助蓄电池电动势 E 为 12.5V，内阻 r 为 0.1Ω，通过前照灯的电流仍为 5A，利用全电路欧姆定律求电源端电压 U 和灯泡电阻值 R。
>
> **解：** 本题中已知电压和电阻，应用全电路欧姆定律得
> $$U=E-Ir=(12.5-5\times0.1)V=12.0V$$

六、串联电路

串联电路的特性

汽车左前照灯串联连接电路如图 2-26 所示。图中电路路径：辅助蓄电池正极→灯组合开关→熔丝→左前照灯→数字万用表 1→蓄电池负极，依顺序首尾通过导线相接。这种由两个或两个以上电气元件首尾依次顺序连接起来构成无分支的电路称为串联电路。

借助 Multism 仿真软件来直观分析串联电路特点。先利用 Multism 仿真软件绘制 3 个电阻串联的电路，如图 2-27 所示。在图 2-27a 中，3 个电阻 R_1、R_2、R_3 串接在一起，并在 3 个不同位置分别串入 3 个仿真数字万用表 A_1、A_2、A_3，用于监测电路的工作电流；用 4 个仿真数字万用表 V_1、V_2、V_3、V 分别监测 3 个电阻和电源上的电压降。从图 2-27a 可知，因为串联电路中只有一条通路，所以，电路中，流过某一个电阻的电流 I 同时也流过另一个电阻，即 3 个万用表 A_1、A_2、A_3 显示的数值相同，都为 4mA；分别并接在 3 个电阻 R_1、R_2、R_3 上的电压表 V_1、V_2、V_3 的显示数值相加等于并接在蓄电池两端电压表 V 显示的数值，为 12V（这与表 2-9 步骤 7 的现象相同，数字万用表 1、2 显示的数值相同，数字万用表 4、5 显示的数值相加约等于数字万用表 6 的显示数值）。这种电

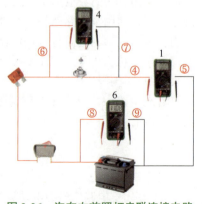

图 2-26　汽车左前照灯串联连接电路

路只需要一个控制开关，且开关的位置对电路没有影响；各个用电器之间的工作是互相影响的，只要有一个用电器或电路连接异常，其他的用电器就无法正常工作。图 2-27b 中，R_1 与电流表 A_2 的连线断开，整个电路无工作电流，3 个万用表 A_1、A_2、A_3 显示的数值都接近为 0。

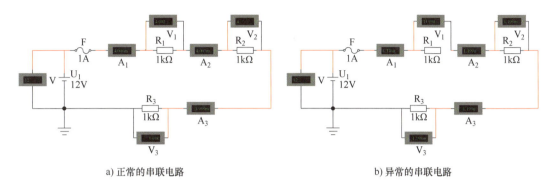

a) 正常的串联电路　　　　　　　　　　　b) 异常的串联电路

图 2-27　电阻串联电路

由表 2-9 步骤 7 的任务实施所得到的数据和图 2-27a 中的 A_1、A_2、A_3 和 V_1、V_2、V_3、V 显示的数值可得出串联电路的特点如下。

1）串联电路中，流过各个负载的电流相等并等于总电流，即 $I_1 = I_2 = I_3 = \cdots = I_n$。

2）电路两端的总电压等于串联电路中各负载两端的电压之和，即 $U = U_1 + U_2 + U_3 + \cdots + U_n$。串联电路的总功率等于各电阻消耗的功率之和。

3）电路的总电阻等于串联电路中各负载电阻之和，即 $R = R_1 + R_2 + R_3 + \cdots + R_n$。图 2-28 所示是利用 Multisim 仿真软件绘制的串联电路测试电路，R_1、R_2、R_3 是 3 个阻值分别为 $1\text{k}\Omega$ 的电阻，串接后用仿真数字万用表测量其总阻值，表上的显示值为 $3\text{k}\Omega$，等于 R_1、R_2 和 R_3 的阻值之和。串联电路中各个电阻两端的电压与该阻值成正比，即阻值越大，该电阻两端分得的电压也越大，如图 2-29 所示，图中 R_1 的阻值最小为 $1\text{k}\Omega$，所分的电压最小，约 2V，R_3 的阻值最大，为 $3\text{k}\Omega$，分到的电压最大，为 6V。

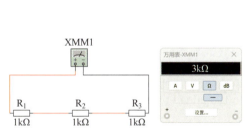

图 2-28　串联电路测试电路

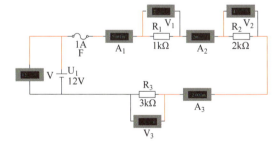

图 2-29　串联电路的分压特性

七、并联电路

观察图 2-30 所示的现象。图 2-30a 表示当灯控制开关接通时，汽车左、右前照灯同时亮；图 2-30b 表示汽车左前照灯损坏不亮，但右前照灯能照常亮。该现象表明，汽车左、右前照灯的工作是相互独立、互不影响的。在实际应用中，常把 2 个或 2 个以上的车灯（或用电设备）两端，连接在

并联电路的特性

电路的相同的两点间，使每个车灯（或用电设备）处于同一电压作用下独立工作，这种电路连接称为并联电路。左、右前照灯供电电路如图 2-31 所示。两个灯并接后，通过灯组合控制开关，熔丝与辅助蓄电池连接。

a) 左、右前照灯正常工作

b) 一个前照灯不亮

图 2-30　左、右前照灯独立工作示意图

图 2-31　左、右前照灯供电电路

为了便于分析并联电路特点，同样利用 Multisim 软件绘制电路图，3 个电阻 R_1、R_2、R_3 采用并联连接，R_1、R_2、R_3 的支路上分别串入 3 个仿真数字万用表 A_1、A_2、A_3，用于监测各支电路的工作电流；仿真数字万用表 V、V_1 分别用于监测电源和 3 个电阻上的电压降，如图 2-32a 所示。从图 2-32a 可知，因为各电阻是接在同一电源上，所以 V_1 与 V 相等；仿真数字万用表 A 显示的数值为 36mA，A_1、A_2、A_3 显示的数值都为 12mA，A 显示的数值为 A_1、A_2、A_3 显示的数值之和。因为并联电路有多条支路，电流从干路流入之后，便流向各个分路，然后再汇集流出。为了各支路安全工作，确保各个用电器之间的工作是互不影响的，这种电路需要安装多路控制开关，如图 2-32b 所示，虽然 R_3 与电路的连线断开，造成该支路不工作，但是 R_1、R_2 支路依旧照常工作。

由表 2-9 步骤 9 的任务实施所得到的数据和图 2-32a 的指示数据可以得出并联电路的特点如下。

1）并联电路中，无论各支路两端负载大小，各个负载两端的电压都相等，即 $U=U_1=U_2=U_3=\cdots=U_n$。并联电路中总功率等于各负载消耗的功率之和。

2）并联电路总电流等于流经各支路电流之和，即 $I=I_1+I_2+I_3+\cdots+I_n$。

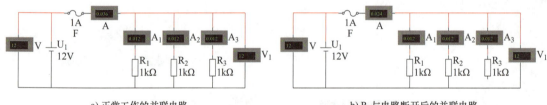
a) 正常工作的并联电路　　　　　　　　b) R_3 与电路断开后的并联电路

图 2-32　并联电路示意图

3）并联电路总电阻的倒数等于并联电路中各个负载电阻倒数之和，即 $\dfrac{1}{R}=\dfrac{1}{R_1}+\dfrac{1}{R_2}+\dfrac{1}{R_3}+\cdots+\dfrac{1}{R_n}$，其电阻值测量示意图如图 2-33 所示。$R_1$、$R_2$、$R_3$ 的电阻值分别为 1kΩ，3 个电阻并联后，用仿真数字万用表测量其电阻值，显示屏显示的数值为 333.3Ω。因此，当并联越多负载时，电路的总电阻值将越小，电路中总电流 I 会越大（图 2-32 的数值清晰表明这一特点，图 2-32a 为 3 个电阻并联，并联后的总阻值为 333.3Ω，此时，总电流为 36mA 左右，图 2-32b 中，因电阻 R_3 未接入电路，电路只有 2 个电阻 R_1、R_2 并联，并联后的总阻值为 500Ω，此时，总电流为 24mA）。

4）并联电路中，各支路的电流视负载的电阻值大小而定：负载的电阻值越小，流过电流越大；反之，负载电阻值越大，则流过电流越小。负载电阻值大到无限大（∞）即视同断路；负载电阻值小到零时则视同短路。并联电路的支路电流特性如图 2-34 所示，图中支路 1 的电阻 R_1 电阻值为 $1k\Omega$，流过电流表 A_1 的电流值为 $12mA$；支路 2 的电阻 R_2 电阻值为 $3k\Omega$，流过电流表 A_2 的电流值为 $4mA$；支路 3 的电阻 R_3 电阻值为 $4k\Omega$，流过电流表 A_3 的电流值为 $3mA$。电流表 A 显示的总电流数值为 $19mA$。

并联电路的
支路电流特性

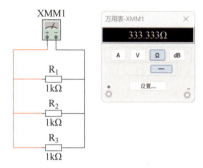

图 2-33　并联电路总电阻值测量示意图

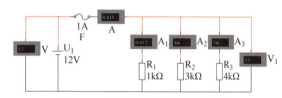

图 2-34　并联电路的支路电流特性

串 / 并联电路各自特点归纳见表 2-13。

表 2-13　串 / 并联电路各自特点归纳

项目	串联电路	并联电路
定义	把各用电器逐个顺次相连组成的电路	把各用电器并列连接组成的电路
电流	串联电路中电流处处相等 $I = I_1 = I_2 = I_3 = \cdots = I_n$	并联电路，干路电流等于各支路电流之和（并分流） $I = I_1 + I_2 + I_3 + \cdots + I_n$
电压	串联电路两端的总电压等于各用电器两端的电压之和（串分压） $U = U_1 + U_2 + U_3 + \cdots + U_n$	并联电路中，各支路两端的电压都相等 $U = U_1 = U_2 = U_3 = \cdots = U_n$
电阻	串联电路的总电阻值等于各用电器电阻值之和	并联电路的总电阻值的倒数等于各用电器电阻值的倒数之和
电阻（两个）	总电阻值的计算式： $R = R_1 + R_2$	总电阻值的关系式： $\dfrac{1}{R} = \dfrac{1}{R_1} + \dfrac{1}{R_2} \Rightarrow R = \dfrac{R_1 \cdot R_2}{(R_1 + R_2)}$
电阻（多个）	总电阻值的计算式： $R = R_1 + R_2 + R_3 + \cdots + R_n$	总电阻值的关系式： $\dfrac{1}{R} = \dfrac{1}{R_1} + \dfrac{1}{R_2} + \cdots + \dfrac{1}{R_n}$
电阻（多个相同）	总电阻值的计算式： $R_{总} = nR_1$	总电阻值的计算式： $R = \dfrac{R_1}{n}$
分配比例	串联电路中，各用电器的电压分配跟它们的电阻成正比： $\dfrac{U_1}{U_2} = \dfrac{R_1}{R_2}$	并联电路中，各支路用电器的电流分配跟它们的支路电阻成反比： $\dfrac{I_1}{I_2} = \dfrac{R_2}{R_1}$

八、混联电路

电路中元件既有串联又有并联的连接方式称为混联电路，如图 2-35 所示。其中，R_2、R_4 串联后，与 R_3 并联，再与 R_1 串联。对于混联电路的物理量计算，要根据所给的实际电路，找出串、并规律，再按照串、并联电路的特点进行计算。

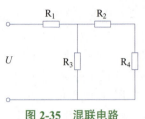

图 2-35　混联电路

例 2-3：在图 2-35 中，电阻器 $R_1 \sim R_4$ 的电阻分别用 $R_1 \sim R_4$ 表示，其中 $R_2 = R_4 = 1\text{k}\Omega$，$R_1 = R_3 = 2\text{k}\Omega$。试求电路的等效电阻 R 为多少。

解：由图 2-35 可知，电路中总电阻值

$$R = R_1 + \frac{R_3(R_2 + R_4)}{R_3 + (R_2 + R_4)} = \left[2 + \frac{2 \times (1+1)}{2 + (1+1)} \right] \text{k}\Omega = 3\text{k}\Omega$$

答：电路中总电阻值为 $3\text{k}\Omega$。

九、基尔霍夫电流定律（KCL）

观察基尔霍夫
电压定律、
电流定律

观察表 2-9 步骤 13 的测量结果：表中数字万用表 1 显示的数值为 3mA，表 2、表 3 的显示的数值分别为 1.5mA，表 2、表 3 的电流之和等于表 1 的电流（3mA）。上述的电流关系可以用基尔霍夫电流定律来解释。

基尔霍夫电流定律是确定电路中任意节点处各支路电流之间关系的定律，因此又称为节点电流定律。它的内容为：在任一瞬时，流向某一结点的电流之和恒等于由该结点流出的电流之和，即

$$\sum i(t)_{\text{入}} = \sum i(t)_{\text{出}} \tag{1}$$

在直流的情况下，则有

$$\sum I_{\text{入}} = \sum I_{\text{出}} \tag{2}$$

通常把式（1）（2）称为节点电流方程，或称为 KCL 方程。

它的另一种表示为 $\sum i(t) = 0$。

即对任一节点来说，流入、流出该节点电流的代数和等于零。

观察图 2-34 中电流表测量的数值，总干路电流 A 为 19mA，表示流入节点；3 条支路的电流值分别为 12mA、4mA、3mA，表示流出节点。于是有流入节点的电流 19mA，与流出节点的电流和（12mA+4mA+3mA＝19mA）相等，符合基尔霍夫电流定律。

基尔霍夫电流定律应用的关键在列节点电流方程。在列电流方程时，各电流变量前的正、负号取决于各电流的参考方向选取。通常规定，参考方向背离（流出）节点的电流取正号，而参考方向指向（流入）节点的电流取负号。

图 2-36 所示为某电路中的节点 a，连接在节点 a 的支路共有 5 条，在所选定的参考方向下有

$$I_1 + I_4 = I_2 + I_3 + I_5$$

KCL 不仅适用于电路中的节点，还可以推广应用于电路中的任一假设的封闭面。即在任一瞬间，通过电路中任一假设封闭面的电流代数和为零。

图 2-37 所示为某电路中的一部分，选择封闭面如图中虚线所示，在所选定的参考方向下有

$I_1+I_6+I_7=I_2+I_3+I_5$。

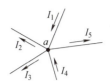

图 2-36　KCL 应用

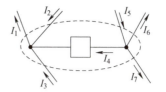

图 2-37　KCL 推广

例 2-4：已知 $I_1=3$A、$I_2=5$A、$I_3=-18$A、$I_5=9$A，计算图 2-38 所示电路中的电流 I_6 及 I_4。

解：对于节点 a，4 条支路上的电流分别为 I_1 和 I_2 流入节点，I_3 和 I_4 流出节点；对于节点 b，3 条支路上的电流分别为 I_4、I_5、I_6，均为流入节点，于是有：

对节点 a，根据 KCL 定律可知

$$I_1+I_2=I_3+I_4$$

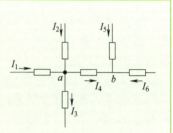

图 2-38　例 2-4 电路图

则 $I_4=I_1+I_2-I_3=(3+5+18)$A$=26$A。

对节点 b，根据 KCL 定律可知

$$I_4+I_5+I_6=0$$

则 $I_6=-I_4-I_5=(-26-9)$A$=-35$A。

例 2-5：已知 $I_1=5$A、$I_6=3$A、$I_7=-8$A，试计算图 2-39 所示电路中的电流 I_8。

解：在电路中选取一个封闭面，如图中虚线所示，根据 KCL 定律可知

$$I_1+I_6+I_8=I_7$$

则 $I_8=I_7-I_1-I_6=(-8-5-3)$A$=-16$A。

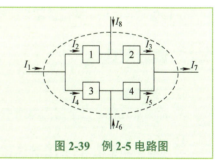

图 2-39　例 2-5 电路图

十、基尔霍夫电压定律（KVL）

观察表 2-9 步骤 13 的测量结果，V 显示的数值为 6V，V_1 显示的数值为 3V，V_3 显示的数值为 3V，可得 V=V_1+V_3；同样，V_2 显示的数值为 1.5V，V_2+V_3=4.5V=E_2。表 2-9 步骤 13 电路中各回路电压存在的关系可以用基尔霍夫电压定律来解释。

基尔霍夫电压定律是确定电路中任意回路内各电压之间关系的定律，因此又称为回路电压定律。它的内容为：在任一瞬间，沿电路中的任一回路绕行一周，在该回路上电动势之和恒等于各电阻上的电压降之和，即

$$\sum E=\sum IR \tag{3}$$

在直流的情况下，则有

$$\sum U_{电压升}=\sum U_{电压降} \tag{4}$$

通常把式（3）、（4）称为回路电压方程，简称为 KVL 方程。

KVL 描述电路中组成任一回路上各支路（或各元件）电压之间的约束关系，沿选定的回路方向绕行所经过的电路电位的升高之和等于电路电位的下降之和。

回路的"绕行方向"是任意选定的，一般以虚线表示。在列写回路电压方程时通常规定，对于电压或电流的参考方向与回路"绕行方向"相同时，取正号，参考方向与回路"绕行方向"相反时取负号。

图 2-40 所示为某电路中的一个回路 ABCDA，各支路的电压在所选择的参考方向下为 u_1、u_2、u_3、u_4，因此，在选定的回路"绕行方向"下有

$$u_1 + u_2 = u_3 + u_4$$

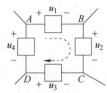

图 2-40　KVL 应用

KVL 定律不仅适用于电路中的具体回路，还可以推广应用于电路中的任一假想的回路。即在任一瞬间，沿回路绕行方向，电路中假想的回路中各段电压的代数和为零。

图 2-41 所示为某电路中的一部分，路径 a、f、c、b 并未构成回路，选定图中所示的回路"绕行方向"，对假象的回路 afcba 列写 KVL 方程有

$$u_4 + u_{ab} = u_5$$

则 $u_{ab} = u_5 - u_4$。

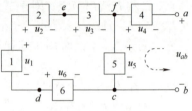

图 2-41　KVL 推广

由此可见：电路中 a、b 两点的电压 u_{ab}，等于以 a 为原点、以 b 为终点，沿任一路径绕行方向上各段电压的代数和。其中，a、b 可以是某一元件或一条支路的两端，也可以是电路中的任意两点。

请根据 KCL 和 KVL 定律，通过列方程，验算一下表 2-9 步骤 13 图中的各支路电流和各元件的电压值是否同图中的测量结果一致。

 课后测评

一、选择题

1. 常温下几种常见金属的电阻率 ρ 最小的是（　　）。

A. 金　　　　　　　　B. 银　　　　　　　　C. 铜　　　　　　　　D. 铝

2. 导体的电阻值不但与导体的长度、截面积有关，而且还与导体的（　　）有关。

A. 温度　　　　　　　B. 湿度　　　　　　　C. 距离　　　　　　　D. 材质

3. 关于导体的电阻值，下列说法错误的是（　　）。

A. 和导体的温度有关　　　　　　　　　　B. 和导体的长度有关

C. 和导体的截面积有关　　　　　　　　　D. 和导体的电流有关

4. 一般情况下，金属导体的电阻值随温度升高而（　　）。

A. 减小　　　　　　　B. 增大　　　　　　　C. 不变　　　　　　　D. 不一定

5. 下列不属于敏感电阻器的是（　　）。

A. 热敏电阻器　　　　　　　　　　　　　B. 线绕电阻器

C. 压敏电阻器　　　　　　　　　　　　　D. 光敏电阻器

6. 电阻用符号（　　）表示，电阻的单位是（　　）。

A. V；Ω　　　　　　　B. R；Ω　　　　　　　C. A；Ω　　　　　　　D. R；A

7. 长度为 L、截面积为 S 的铜导体，由于压缩而使截面积 S 增大 1 倍时，（　　）。

A. 电阻值增大 1 倍　　　　　　　　　　　B. 电阻值不变

C. 电阻值减小到原来的 1/2　　　　　　D. 电阻值减小到原来的 1/4

8. 在电路的基本组成中，负载的作用是（　　　）。

A. 消耗电能　　　　B. 提供电能　　　　C. 传输电能　　　　D. 控制电路状态

9. 一个完整的电路通常由（　　　）3 部分组成。

A. 供电设备、负载、中间环节　　　　　　B. 发电机、电动机、母线

C. 发电机、负载、架空线路　　　　　　　D. 电动机、灯泡、连接导线

10. 在电路的基本组成中，负载的作用是（　　　）。

A. 消耗电能　　　　B. 提供电能　　　　C. 传输电能　　　　D. 控制电路状态

11. 如果电路中的参考点改变，则（　　　）。

A. 各点电位不变　　　　　　　　　　　　B. 各点电位都变

C. 各点间电压改变　　　　　　　　　　　D. 部分点电位改变

12. 电压可用电压表来测量，测量时应把电压表与被测电路（　　　）。

A. 串联　　　　　　B. 并联　　　　　　C. 混联　　　　　　D. 以上都不对

13. 依据欧姆定律，以下说法正确的选项是（　　　）。

A. 流过导体的电流越大，这段导体的电阻值就越小

B. 导体两头的电压越大，这段导体的电阻值就越小

C. 导体的电阻值与电压成正比，与电流成反比

D. 同一导体两头的电压越大，这段导体中的电流就越大

14. （　　　）反映了在不含电源的一段电路中，电流与这段电路两端的电压及电阻值的关系。

A. 电阻　　　　　　　　　　　　　　　　B. 电阻定律

C. 部分电路欧姆定律　　　　　　　　　　D. 全电路欧姆定律

15. 下列电气图形符号分别是蓄电池、电阻、电容的是（　　　）。

A. ─┤├─、─┤├─、─□─　　　　　　B. ─┤├─、─□─、─┤├─

C. ─┤├─、─╫─、─┤├─　　　　　　　D. ─┤├─、─□─、─┤├─

16. 电路中并联电阻可以起到（　　　）作用。

A. 分压　　　　　　　　　　　　　　　　B. 分流

C. 分流和分压　　　　　　　　　　　　　D. 限流

17. 两个电阻，$R_1 = 4\Omega$，$R_2 = 10\Omega$，串联接在电路中，则流过这两个电阻的电流之比 $I_1 : I_2 = $（　　　）。

A. 2:5　　　　　　B. 2:3　　　　　　C. 1:1　　　　　　D. 5:2

18. 某电路节点 a 及支路电流如下图所示，则 I 为（　　　）。

A. −5A　　　　　　B. 2A　　　　　　C. 3A　　　　　　D. 5A

19. 电路中，任一时刻流向某节点的电流之和应（　　　）由该节点流出的电流之和。

A. 大于　　　　　　B. 小于　　　　　　C. 等于　　　　　　D. 不能确定

20. 关于基尔霍夫电压定律的数学表达式，正确的是（　　　）。

A. $\sum I = 0$ 　　　　　　　　　　B. $\sum E = \sum (IR)$

C. $\sum (IR) = 0$ 　　　　　　　　D. $\sum (E+IR) = 0$

二、填空题

1. 万用表是新能源汽车电力电子_____、_____及_____不可或缺的工具。

2. 电阻的单位是_____，用字母_____表示，常用单位还有_____、_____。电阻的单位换算：1MΩ =_____Ω，1kΩ =_____Ω。

3. 通常将电阻率低（导电性能好）的物体称为_____，电阻率很高（导电性能差）的物体称为_____，介于导体和绝缘体之间的物体称为_____。

4. 当温度一定时，导体的电阻值跟导体的_____成正比，跟导体的_____成反比，并且与导体的材料性质有关。

5. 一段电阻值为 4Ω 的均匀导线，如果将它对折后接入电路，其电阻值是_____Ω。

6. 导体对_____的阻碍作用称为电阻，用_____表示。

7. 导体电阻值的大小取决于导体材料的_____、_____和_____，还跟_____有关系。在温度一定时，公式为 $R =$ _____。

8. 导体材料及长度一定，导体横截面积越小，则导体的电阻值越_____。

9. 电阻值会随着温度的变化而变化的电阻，称为_____。

10. 供电设备俗称_____，它是为电路提供电能的设备或器件，一般分为_____和_____两种供电设备。

11. _____也称用电器，是消耗电能的装置。例如新能源汽车上的前照灯就是一种将电能转换成为_____的负载。

12. 连接电源和负载的部分统称为_____，起传输和调节电能的作用。_____包括连接导线和电气控制器件等。

13. 用_____替代实物描述电路连接的图，称为电路原理图，简称电路图。

14. 电荷量的符号是_____，单位是_____，简称_____，用符号_____表示。

15. 习惯上把_____移动的方向规定为电流的方向，因此，自由电子和负离子移动的方向与电流方向_____。

16. _____和_____都不随时间变化的电流称为稳衡电流，简称_____；大小和方向都随时间作相应变化的电流，称为_____，简称_____。

17. 电压是指在_____的作用下把单位正电荷从 a 点移到 b 点所做的功，称为 a、b 两点之间的电压，记为_____。

18. _____定律不仅适用于电路中的_____，还可以推广应用于电路中的任一假设的_____。在任一瞬间，通过电路中任一假设封闭面的电流代数和为_____。

三、计算题

1. 如果使用 DY2201A 数字万用表测量得到前照灯的冷态电阻值是 2.07Ω，表笔短接时显示的数值是 0.05Ω，计算前照灯的实际电阻值。

2. 在新能源汽车的前照灯电路中，如果蓄电池提供的电动势是 12.5V，内阻是 0.1Ω，通过前照灯的电流是 5A，利用全电路欧姆定律计算电源端电压 U 和灯泡电阻值 R。

3. 已知某电源的电动势 $E = 12V$，内阻 $r = 1\Omega$，负载电阻 $R = 11\Omega$。求：1）负载电流 I；

2）内阻电压 U_r；3）电源的端电压 U。

4. 一只"12V、10W"灯泡，若接在 36V 的电源上，要串联多大的电阻才能使灯泡正常工作？

5. 如下图所示电路中，AB 间的电压为 12V，流过电阻 R_1 的电流为 1.5A，$R_1=6\Omega$，$R_2=3\Omega$，试求 R_3 的电阻值。

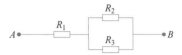

6. 计算下图所示电路中 a 点电位 V_a。

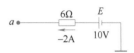

7. 分别求出下图中 ab 两端的等效电阻。

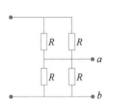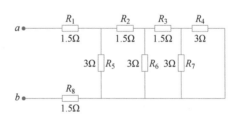

8. 如下图所示，已知直流电源 $E=60$V，总电流 $I=150$mA，电阻 $R_1=1200\Omega$，求两个电阻中通过的电流 I_1 和 I_2 及两个电阻消耗的功率。

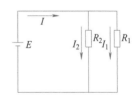

9. 如下图所示部分电路，已知 $R_1=R_2=R_3=5\Omega$，$I_1=2$A，$I_3=-3$A，求 I_2、U_{ab}、U_{bc}、U_{ca} 分别是多少。

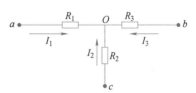

模块三

新能源汽车转向灯控制电路

模块描述

新能源汽车转向灯分为前、后、侧转向灯。在车辆要转弯或变道行驶时，驾驶人通过开启相应方向的闪烁指示灯，来警示车前或车后的行人或车辆，提示本车的行驶方向，如图3-1所示。车辆出现紧急情况时，让左、右转向灯同时亮

图 3-1　转向灯安装位置

起用于提醒其他车辆注意。转向灯控制电路如图 3-2 所示。本模块以电容式闪光继电器控制的

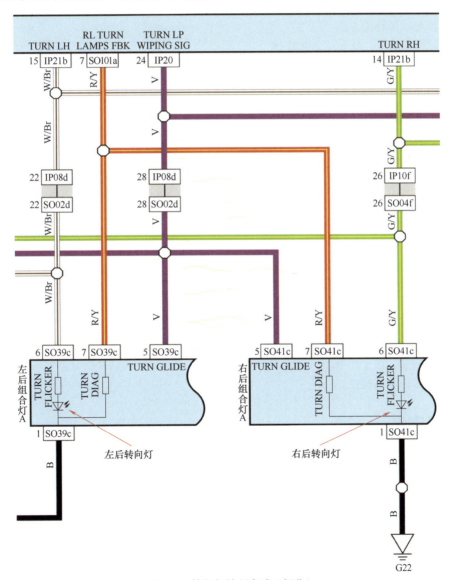

图 3-2　转向灯控制电路（部分）

转向灯为例，通过 5 个任务让学习者在真实的任务实践或仿真工作情境中进行操作与认知，从而掌握电力电子器件电容、电感的工作特性，以及磁场、磁力线、磁通、磁感应强度、互感、磁路欧姆定律等概念或工作原理。

任务一　探究电容器及其特性

任务目标

◆ 知识目标：
　　1）理解电容器的定义。
　　2）了解电容器充、放电及通电特性。
　　3）了解电容器型号命名及其分类。
　　4）熟记电容器串 / 并联的特点。
◆ 核心素养：
　　1）培养团队合作意识，树立精益求精的工匠精神。
　　2）养成勤俭节约和讲究安全意识的工作习惯。
◆ 技能目标：
　　1）具备测量单个电容器容量和判断其好坏的能力。
　　2）具备连接电容器的串 / 并联电路和测量电容的能力。
　　3）具备用 Multisim 仿真软件测量电容器通电特性的能力。
◆ 建议课时：3 课时。

任务描述

　　电容器是电子设备中大量使用的电子元件之一，被广泛应用于新能源汽车的电路中。它起到隔直通交、耦合、旁路、滤波、调谐、能量转换和控制等作用。本任务通过用数字万用表测量单个电容器容量、两个串联或并联电容器容量，用 Multisim 仿真软件测量电容器的通电特性，来介绍电容器常识及其特性。

任务实施

一、器材

测量电容器电容及通电特性所需器材见表 3-1。

电容器通电特性

二、测量电容器电容及通电特性

1）测量电容器电容及通电特性，步骤见表 3-2。

表 3-1　测量电容器电容及通电特性所需器材

序号	名称	实物图	序号	名称	实物图
1	导线		6	电阻器	
2	斜口钳		7	电容器	
3	剥线钳		8	数字万用表	
4	熔丝		9	辅助蓄电池	
5	开关		10	安装有 Multisim 仿真软件的计算机	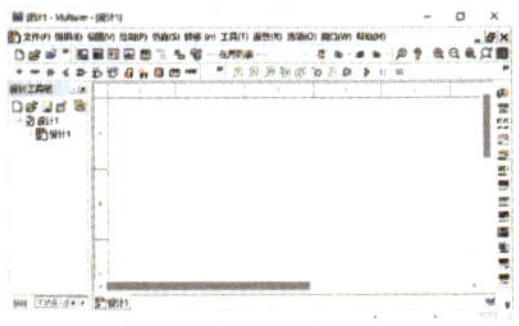

表 3-2　测量电容器电容及通电特性

步骤	任务实施描述	实施示意图
1	选择数字万用表测量档位：把红表笔插入数字万用表的 INPUT 插孔，黑表笔插入 COM 插孔；测量档位选择至测电容档，并接通数字万用表电源，如右示意图所示	
2	测量单个电容器电容：用数字万用表的红表笔触碰待测电容器的正极引脚，黑表笔触碰待测电容器的负极引脚，观察数字万用表显示屏显示的数值并记录	

（续）

步骤	任务实施描述	实施示意图
3	测量两个串联电容器电容：把电容器 C_1 的正极引脚与电容器 C_2 的负极引脚用一根短导线相连，如右上示意图所示；万用表的红表笔触碰 C_2 电容器的正极引脚，黑表笔触碰 C_1 电容器的负极引脚，如右下示意图所示，观察数字万用表显示屏显示的数值并记录	
4	测量 2 个并联电容器电容：把电容器 C_1 的正极引脚与电容器 C_2 的正极引脚用一根短导线相连；电容器 C_1 的负极引脚与电容器 C_2 的负极引脚用另一根短导线相连，如右上示意图所示；用万用表的红表笔触碰 C_1 电容器的正极引脚，黑表笔触碰 C_1 电容器的负极引脚，如右下示意图所示，观察数字万用表显示屏显示的数值并记录	
5	电容器充放电特性测量：按右示意图所示的①～⑪标号裁剪适合长度的导线、剥离相关导线线头的绝缘皮，并依次连接相关元件和数字万用表，其中表 1、3 设置在测量电流档位，表 2 设置为测量电压档位	
6	连接完毕，接通数字万用表 1、2 电源，接着先把双向开关打向左边，接通开关，观察数字万用表 1、2 显示屏显示的数值变化情况并记录；待数字万用表 2 显示的数值趋于稳定后，把开关打向右边，接通开关，观察数字万用表 3、2 显示屏显示的数值变化情况并记录	
7	测量完毕，把数字万用表档位选择至 OFF 档，将仪表和元件归位	

（续）

步骤	任务实施描述	实施示意图
8	用 Multisim 仿真软件测量电容器通直流电或交流电特性：运行计算机上的 Multisim 仿真软件，出现如右图所示界面	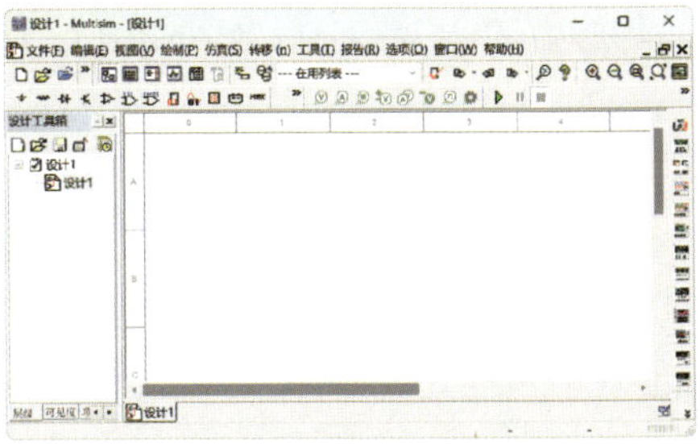
9	测量电容器通直流电特性：在 Multisim 仿真软件界面的器件选择菜单上，依次选择 2 个电容器、1 个电阻、1 个 12V 直流电源、1 个 1A 熔丝、1 个电压表、1 根接地线，按右示意图所示依次连接上述元件，连接完毕后单击 Multisim 仿真软件上的运行按钮"►"，观察电压表显示的数值并记录	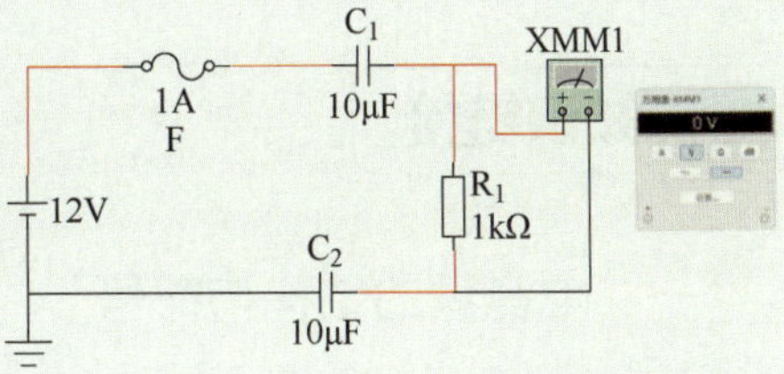
10	测量电容器通交流电特性：在 Multisim 仿真软件界面的器件选择菜单上，依次选择 2 个电容器、1 个电阻、1 个 12V、50Hz 交流电源、1 个 1A 熔丝、1 个电压表、1 根接地线，按右示意图所示依次连接上述元件，连接完毕后单击 Multisim 仿真软件上的运行按钮"►"，观察电压表显示的数值并记录	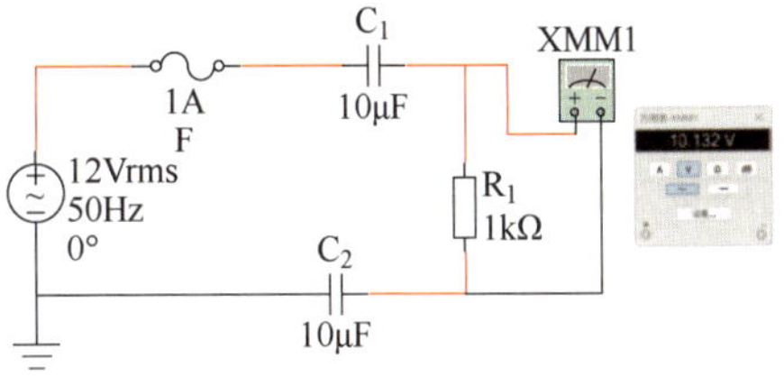
11	测量完毕，退出 Multisim 仿真软件，关掉计算机主电源	

2）记录任务实施产生的数据或现象到表 3-3 中。

表 3-3　任务实施产生的数据或现象记录表

班级：	姓名：	日期：
1. 作业前准备		
1）检查仪表和元件是否齐全		□是　□否
2）检查数字万用表通电是否正常		□是　□否
3）检查 Multisim 仿真软件运行是否正常		□是　□否
2. 记录数据或现象		
1）表 3-2 步骤 1 中数字万用表显示屏显示的数值：$C = $ _____ μF		
2）表 3-2 步骤 2 中数字万用表显示屏显示的数值：$C = $ _____ μF		
3）表 3-2 步骤 3 中数字万用表显示屏显示的数值：$C = $ _____ μF		
4）表 3-2 步骤 4 中数字万用表显示屏显示的数值：$C = $ _____ μF		

（续）

5）表 3-2 步骤 6 中开关打向左边，数字万用表 1、2 显示屏显示的数值：A_1 =＿＿＿＿A；U_2 =＿＿＿＿V
开关打向右边，数字万用表 2、3 显示屏显示的数值：A_3 =＿＿＿＿A；U_2 =＿＿＿＿V
在开关打向左边或右边时，数字万用表 1、2、3 各自产生什么现象？请记录

＿＿
＿＿

6）表 3-2 步骤 9 中仿真电压表显示的数值：V =＿＿＿＿V

7）表 3-2 步骤 10 中仿真电压表显示的数值：V =＿＿＿＿V

8）比较表 3-2 步骤 9 和 10 中仿真电压表显示的数值，你得出什么结论？

＿＿

📰 知识链接

电容器的认识
及应用

一、电容器的结构与符号

任何两个彼此绝缘又相距很近的导体，就可以组成一个电容器。这两个导体称为电容器的两个极板，中间的绝缘材料称为电容器的介质。电容器的结构（以铝电解电容器为例）如图 3-3 所示。在实际制作中，为了增大极板间的正对面积，通常采用圆柱形状制作电容器，其结构和实物如图 3-4 所示。常见电容器的电气符号如图 3-5 所示（有极性电容器有 4 种表示符号）。

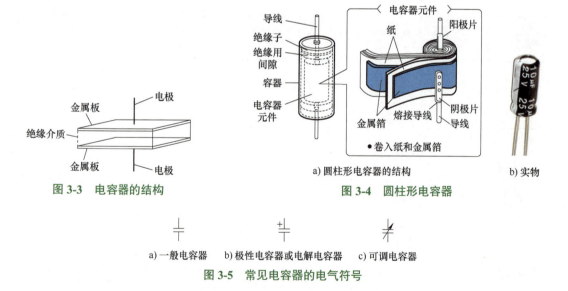

图 3-3　电容器的结构

a) 圆柱形电容器的结构　　b) 实物
图 3-4　圆柱形电容器

a) 一般电容器　　b) 极性电容器或电解电容器　　c) 可调电容器
图 3-5　常见电容器的电气符号

电容用来反映电容器储存电荷的能力，它等于电容器储存电荷量 Q 与电容器两端所加电压 U 的比值，即 $C = Q/U$。

电容的单位是法拉，简称法，用 F 表示，常用的还有微法（μF）和皮法（pF）。$1F = 10^6 μF = 10^{12} pF$。

对同一个电容器来说，Q/U 的比值是个常数。电容器两端所加的电压越大，电容器储存的电荷

量就越多，但所加电压不能超过电容器上所标的额定电压。不同电容的电容器，Q/U 的数值不同。

> **想一想**：有人根据 $C=Q/U$，认为电容器两端所加的电压 U 越大，电容 C 就越小，这种观点正确吗？为什么？

平行板电容器电容只与电容器的极板正对面积 S、极板间距离 d 以及极板间电介质的介电常数 ε 有关，而与外加电压的大小等外部条件无关，即

$$C=\varepsilon S/d$$

式中，S、d、ε 的单位分别是 m^2、m、F/m。

真空中的介电常数 ε_0 约等于 $8.86 \times 10^{-12} F/m$，某种介质的介电常数 ε 与 ε_0 之比，称为介质的相对介电常数，用 ε_r 表示。气体的相对介电常数约为 1。

二、电容器的特性

1. 隔直流电通交流电

表 3-2 步骤 9 中，当为电路施加 12V 直流电时，仿真电压表显示的数值为 0V；步骤 10 中，当为电路施加 12V/50Hz 交流电时，仿真电压表显示的数值约为 10.13V，测试结果表明电容器具有阻止直流电压通过，允许交流电压通过的能力。利用这个特性，可以把电容器用在滤波、信号耦合等场合。

2. 充放电

1）电容器的充电。表 3-2 步骤 5 中，辅助蓄电池正极通过熔丝、数字万用表 1、电阻、开关与电容器的正极相连，电容器的负极与辅助蓄电池的负极相连。当开关打向左边时，开关接通，见表 3-2 步骤 6，电容器正极板的自由电子通过开关、电阻、数字万用表 1、熔丝、辅助蓄电池移动到电容器负极板，这个过程称为电容器充电。充电过程电路有电流通过（表 3-2 步骤 6 中，数字万用表 1 显示的数值开始较大，随后慢慢减小，直到数值为 0）。充电过程中，由于电容器正极板失去电子而带正电、负极板得到电子而带负电，两极板之间就会产生电势差 u_c。随着充电的不断进行，电容器两极板间的电势差不断增大（见表 3-2 步骤 6 中数字万用表 2 显示屏显示的数值），直到接近辅助蓄电池电压 E_c。当电容器所充的电压接近辅助蓄电池电压后，不再充电，电路中的电流为零，见表 3-2 步骤 6 中数字万用表 1 显示屏显示的数值。充电后，电容器 2 个极板带电量相等，符号相反。其绝对值电量称为电容器的带电量 Q。充了电的电容器，两极板存在电势差，就会产生电场。电容器从电源中获得的电能储存在电场中，这种能量称为电场能。电容器充了电之后，如果不进行释放，那么所充电量将长时间保持，保持时间的长短取决于电容器泄漏电阻值的大小。

2）电容器的放电。表 3-2 步骤 6 中，充了电的电容器的正极通过开关、数字万用表 3、电阻与电容器的负极相连。当开关打向右边时，开关接通，电容器两极板所充的正、负电荷通过开关、数字万用表 3、电阻中和，完成放电。在放电过程，电路中有电流产生（表 3-2 步骤 6 中，数字万用表 3 显示屏显示的数值开始比较大，随后慢慢减小，数字万用表 2 显示屏显示的数值也开始减小，直到变为 0，表示放电完成。

电容器在充电和放电过程中，两极板上的电荷有积累过程，即电压有建立过程。因此，在充、放电过程中电容器上的电压不能突变。电容器充、放电过程波形如图 3-6 所示（U_0 为电容器充电电压）。

3. 容抗

电容器对交流电流阻碍作用的大小称为容抗，用 X_c 表示，单位是欧姆，符号是 Ω。它与电容 C 和交流电频率 f 的关系为 $X_c = \dfrac{1}{2\pi f C}$。

三、电容器型号命名

国产电容器的型号一般由四部分组成（不适用于压敏、可变、真空电容器），依次分别代表名称、材料、分类和序号。

第一部分：名称，用字母表示，电容器用 C。

第二部分：材料，用字母表示，如：A-钽电解、B-聚苯乙烯等非极性薄膜、C-高频陶瓷、D-铝电解、E-其他材料电解、G-合金电解、H-复合介质、I-玻璃釉、J-金属化纸、L-涤纶等极性有机薄膜、N-铌电解、O-玻璃膜、Q-漆膜、T-低频陶瓷、V-云母纸、Y-云母、Z-纸介。

第三部分：分类，一般用数字表示，个别用字母表示。

第四部分：序号，用数字表示。

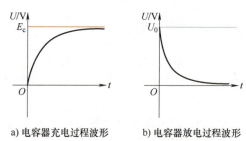

a) 电容器充电过程波形　　b) 电容器放电过程波形

图 3-6　电容器充、放电过程波形

四、电容器分类

1）按安装方式分类：可分为插件电容器和贴片电容器。

2）按结构分类：可分为固定电容器、可变电容器和微调电容器。

3）按电介质分类：可分为有机介质电容器、无机介质电容器、电解电容器、电热电容器和空气介质电容器等。

4）按制造材料分类：可分为瓷介电容器、涤纶电容器、电解电容器、钽电容器、独石电容器，还有聚丙烯电容器等。

5）按用途分类：可分为高频旁路、低频旁路、滤波、调谐、高频耦合、低频耦合等电容器。

① 用作高频旁路的电容器有陶瓷电容器、云母电容器、玻璃膜电容器和涤纶电容器、玻璃釉电容器。

② 用作低频旁路的电容器有纸介电容器、陶瓷电容器、铝电解电容器和涤纶电容器。

③ 用作滤波的电容器有铝电解电容器、纸介电容器、复合纸介电容器和液体钽电容器。在抗干扰电源滤波电路中，通常用安规（安全规定）电容器。

④ 用作调谐的电容器有陶瓷电容器、云母电容器、玻璃膜电容器和聚苯乙烯电容器。

⑤ 用作耦合的电容器有纸介电容器、陶瓷电容器、铝电解电容器、涤纶电容器和固体钽电容器。

⑥ 小型电容器常见的有金属化纸介电容器、陶瓷电容器、铝电解电容器、聚苯乙烯电容器、固体钽电容器、玻璃釉电容器、金属化涤纶电容器、聚丙烯电容器和云母电容器。

6）按极性分类：可分为有极性电容器和无极性电容器。

常见的电容器外形如图 3-7 所示。

五、测量及检测电容器

1）测量电容为 1000pF 以下的小容量电容器。一般选用数字万用表 R×2MΩ 及以上档位，用两表笔分别任意接电容器的 2 个引脚，所测的电阻值应为无穷大或观察到显示屏会显示一下数值，又立即变为显示 1；若显示屏显示的数值为固定值或为零，则说明电容器已漏电损坏或内部击穿。

陶瓷电容器　瓷片电容器　贴片电容器　独石电容器　钽电解电容器　涤纶电容器　云母电容器　穿芯电容器

金属化聚丙烯膜　小型金属化聚酯　工业变频器专用吸　CBB薄膜电容器　电解电容器：插件式、轴向式、螺栓式等
抗干扰电容器　膜/叠片电容器　收金属膜电容器

TYP直插电容器　CD60：电机　CBB65：空调压　可调电容器　薄膜微调电容器　陶瓷介质微调电容器
　　　　　　　起动电容器　缩机起动电容器

图 3-7　常见的电容器外形

2）测量电容处于 1000pF~200μF 之间的电容器。其测量见表 3-2 步骤 2 示意图。如果数字万用表显示屏显示的测量值与电容器的标称值电容相近，表示电容器完好；反之，表示电容器损坏。

3）测量电容为 200μF 以上的电容器。可用数字万用表的 R×200k 或以上档位直接测试电容器有无充电过程以及有无内部短路或漏电。如果电容器完好，则数字万用表上显示屏显示的数值会不断变化，直至显示屏显示 1；如果电容器有漏电，则数字万用表上显示屏显示的数值不会是 1，而是某一个数值；如果电容器击穿短路，则数字万用表显示屏显示的数值约为 0；如果数字万用表显示屏显示的数值不会变化，一直为 1，则表示电容器内部开路。

六、电容器的串、并联

在实际使用时，有时为了满足电路对电容或耐压的要求，需要对电容器进行适当的连接调整，电容器的连接主要有串联和并联两种形式。

1. 电容器的串联

电容器的串联电路如图 3-8 所示，它是两个以上的电容器按照两两之间的引脚相互串接起来的一种连接方式。

图 3-8　电容器的串联电路

电容器串联后具备以下特点。

1）电容器串联后，每个电容器上所充的电荷量 Q 相同，即 $Q_1 = Q_2 = \cdots = Q_n = Q$。

2）电容器串联后，加在电路两端的电压 U 等于各电容器上的电压之和，即 $U = U_1 + U_2 + \cdots + U_n$。

3）串联后的电容器总电容 C 的倒数等于各电容器的电容倒数之和，即 $1/C = 1/C_1 + 1/C_2 + 1/C_3 + \cdots + 1/C_n$。电容器串联后，总电容减小，表 3-2 步骤 3 的测量结果可以清晰说明这个结论。

图 3-8 中 如 果 $C_1 = C_2 = C_3 = 1500μF$，则 串 联 后 总 电 容 $C = 500μF$。其等效电路如图 3-9 所示。

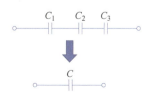

图 3-9　电容器串联后的等效电路

4）电容器串联后，电容大的电容器分配的电压小，电容小的电容器分配的电压大。即各电容器上分配的电压和它的容量成反比。

例 3-1：C_1、C_2 两个电容器串联后，接上 60V 的电压，其中 $C_1 = 3\mu F$，$C_2 = 6\mu F$，计算两个电容器所承受的电压各是多少。

解： 依据总电容 C 的倒数等于 C_1 的倒数与 C_2 的倒数之和，即 $1/C = 1/C_1 + 1/C_2$，得 $C = C_1 C_2 / (C_1 + C_2) = [3 \times 6/(3+6)]\mu F = 2\mu F$。

各电容器上所充的电荷量 Q 相等，即

$$Q = CU = (2 \times 60)\,\mu FV = 120\mu FV$$
$$U_1 = Q/C_1 = (120/3)\,V = 40V$$
$$U_2 = Q/C_2 = (120/6)\,V = 20V$$

注意： 当 n 个电容器串联后，串联电容器组的总耐压值为单个电容器耐压值的 n 倍。故当电容和耐压值都不同的电容器串联时，必须使任何一个电容器上所分的电压不超过其规定耐压，否则，会造成电容器因耐压不足而被击穿爆炸现象。

---

2. 电容器的并联

电容器的并联电路如图 3-10 所示。它是 2 个以上的电容器按照两两之间的引脚相互并接起来的一种连接方式（见表 3-2 步骤 4 的实物连接示意图）。

电容器并联后具备以下特点。

1）电容器并联后，加在每个电容器上的电压 U 相同，即 $U_1 = U_2 = \cdots = U_n = U$。

2）电容器并联后，电容器储存的总电荷量 Q 等于每个电容器上所储存的电荷量之和，即 $Q = Q_1 + Q_2 + \cdots + Q_n$。

3）并联后的电容器总电容 C 等于各电容器的电容之和，即 $C = C_1 + C_2 + \cdots + C_n$。电容器并联后，总电容增大，表 3-2 步骤 4 的测量结果清晰表明这一结论。

对于图 3-10，如果 $C_1 = 1000p$，$C_2 = 2200p$，$C_3 = 4700p$，则并联后总电容 $C = 7900p$。其等效电路如图 3-11 所示。

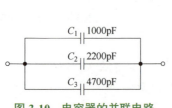

图 3-10　电容器的并联电路

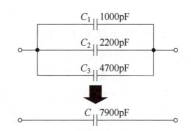

图 3-11　电容器并联后的等效电路

注意： 电容器并联使用时，必须使所加的电压不能大于任何一个电容器上的规定耐压，否则，会造成电容器因耐压不足而被击穿爆炸现象。

七、超级电容器

1. 超级电容器实物和结构

超级电容器又名电化学电容器、双电层电容器、黄金电容器、法拉电容器，是从 20 世纪七八十年代发展起来的通过极化电解质来储能的一种电化学元件。它既具有传统电容器快速充、放电的特性，又具有蓄电池的储能特性。其储能过程是可逆的，并不发生化学反应，因此超级电容器可以反复地充、放电次数可达十万次甚至更长，是普通蓄电池难以比拟的。超级电容器的实物和结构如图 3-12 所示。

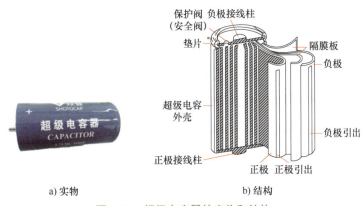

a) 实物　　　　　　　　　　　　　　b) 结构

图 3-12　超级电容器的实物和结构

2. 超级电容器分类

超级电容器按照储能机理的不同可以分为双电层电容器和法拉第准电容器。

（1）双电层电容器　双电层电容器如图 3-13 所示，它在电极与溶液界面通过电子或离子的定向排列造成电荷的对峙。对于一个电极与溶液体系，会在电子导电的电极和离子导电的电解质溶液界面上形成双电层。

图 3-13　双电层电容器

（2）法拉第准电容器　继双电层电容器之后发展出了法拉第准电容器。法拉第准电容器如图 3-14 所示。它是在电极表面或体相中的二维或准二维空间上，电活性物质进行欠电位沉积，发生高度可逆的化学吸附、脱附或氧化、还原反应，从而产生与电极充电电压相关充电容量的电容器。

3. 超级电容器在新能源汽车上的应用

图 3-14　法拉第准电容器

在新能源汽车（尤其是纯电动汽车和插电式混合动力电动汽车）中，超级电容器由于其快速充放电能力、高功率密度和长使用寿命的特性，被视为增强能源存储和管理的有效工具。其主要应用有以下几个。

1）起动辅助：超级电容器可以提供瞬间的高功率输出，非常适合用于新能源汽车起动时的功率需求。它们可以与动力蓄电池组合使用，承担起动时的高负载，从而减轻动力蓄电池的压力并延长其寿命。

2）动能回收系统（KERS）：在制动过程中，超级电容器可以迅速吸收并存储车辆的动能，然后在需要加速时快速释放这些能量。

3）电力辅助和峰值削峰：在需要额外动力或在高负载条件下（如加速或爬坡），超级电容器可以提供额外的电力支持。这有助于平滑动力蓄电池的负载需求曲线，减少对动力蓄电池的压力，并提高整个系统的效率。

4）提高动力蓄电池的使用寿命：由于超级电容器能够承担频繁的充放电循环和高负载，它可以用来减轻动力蓄电池的工作强度。这意味着动力蓄电池可以在较低的应力水平下运行，从而延长其使用寿命。

5）辅助电源系统：在新能源汽车的辅助系统（如照明、空调和电子设备）需要额外电力时，超级电容器可以提供稳定的能量供应，保证这些系统的高效运行，特别是在发动机熄火状态下继续运作。

任务二　探究电感线圈及其特性

任务目标

◆ **知识目标：**

1）了解电感线圈的形状和电气符号。

2）掌握电感线圈的通电特性。

3）了解电感线圈的主要性能指标及其分类。

4）掌握通电直导线和电感线圈产生磁场的原理和磁力线分布。

◆ **核心素养：**

1）培养勤思考、爱动手、善发现、乐探究的学习态度。

2）养成勤俭节约、精益求精的工作习惯。

◆ **技能目标：**

1）具备自主制作电感线圈的能力。

2）具备动手连接通电直导线并使电感线圈产生磁场的能力。

3）具备判别通电直导线和电感线圈产生磁场及分析磁力线分布的能力。

4）具备用 Multisim 仿真软件测量电感线圈导电特性的能力。

◆ **建议课时：** 3 课时。

任务描述

电感线圈是电子设备中大量使用的电子元件之一，被广泛应用于新能源汽车各种电路和电机中。电感线圈起到隔交通直、滤波、调谐、变压和能量转换等作用。本任务通过制作空心电感线圈、连接通电直导线和电感线圈产生磁场电路，并通过实验观察磁力线分布、用 Multisim 仿真软件测量电感线圈通电特性，来介绍电感线圈常识及其特性。

⊠ 任务实施

一、器材

制作空心电感线圈及测量线圈通电特性所需器材见表3-4。

表 3-4　制作空心电感线圈及测量线圈通电特性所需器材

序号	名称	实物图	序号	名称	实物图
1	漆包线		7	电阻器	
2	斜口钳		8	线圈	
3	剥线钳		9	小磁针和小螺钉	
4	不带磁螺丝刀		10	数字万用表	
5	开关		11	辅助蓄电池	
6	滑动变阻器		12	安装有 Multisim 仿真软件的计算机	

二、制作空心电感线圈及测量线圈通电特性

1）制作空心电感线圈及测量线圈通电特性，步骤见表3-5。

电感线圈通电特性

表 3-5 制作空心电感线圈及测量线圈通电特性

步骤	任务实施描述	实施示意图
1	制作空心电感线圈：从漆包线匝上截取一段约20cm长的漆包线；把截取下来的漆包线均匀缠绕到螺丝刀上，如右示意图所示。注意，在线圈两端要各留约2cm的线头	
2	绕制完成后，从螺丝刀上取下线圈，利用斜口钳刮除线圈两端线头的绝缘漆，如右上示意图所示。绝缘漆刮除后，使用万用表测量线圈电阻，如右下示意图所示，记录数字万用表显示屏显示的数值	
3	通电线圈产生磁场：按右示意图所示裁剪适合长度的导线、剥离相关导线线头的绝缘皮，依次连接相关元件。元件连接完毕后，在线圈旁放置4枚小磁针，见右示意图	
4	在步骤3的基础上，闭合开关，观察小磁针发生的现象并记录。接着断开开关，改变电路连接的正、负极方向，如右下示意图所示，再次接通开关，观察小磁针发生的现象并记录	

（续）

步骤	任务实施描述	实施示意图
5	通电线圈产生磁场与流过电流的关系：按右示意图所示裁剪适合长度的导线、剥离相关导线线头的绝缘皮，依次连接相关元件。元件连接完毕后，在操作台面上放若干小螺钉	
6	在步骤5的基础上，闭合开关，观察螺丝刀吸附小螺钉的现象并记录。接着断开关，对螺丝刀进行消磁后，改变滑动变阻器的电阻值，如右下示意图所示，再次接通开关，观察螺丝刀吸附小螺钉的现象并记录	
7	通电线圈产生磁场与线圈匝数的关系：在步骤6的基础上，减少绕在螺丝刀上的线圈匝数10匝，对螺丝刀消磁之后按步骤6连接电路。电路连接后接通开关，观察螺丝刀吸附小螺钉的现象并记录	

(续)

步骤	任务实施描述	实施示意图
8	用 Multisim 仿真软件测量电感线圈通电特性：运行计算机上的 Multisim 仿真软件，出现如右图所示界面	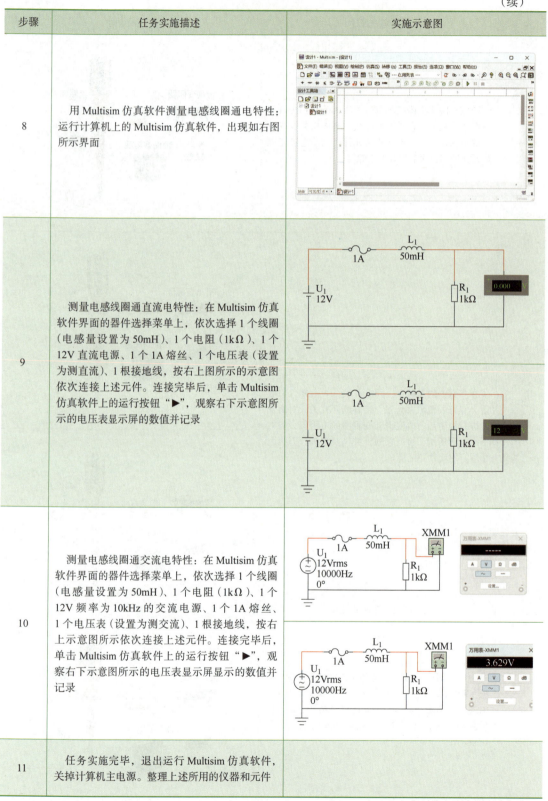
9	测量电感线圈通直流电特性：在 Multisim 仿真软件界面的器件选择菜单上，依次选择 1 个线圈（电感量设置为 50mH）、1 个电阻（1kΩ）、1 个 12V 直流电源、1 个 1A 熔丝、1 个电压表（设置为测直流）、1 根接地线，按右上图所示的示意图依次连接上述元件。连接完毕后，单击 Multisim 仿真软件上的运行按钮"▶"，观察右下示意图所示的电压表显示屏的数值并记录	
10	测量电感线圈通交流电特性：在 Multisim 仿真软件界面的器件选择菜单上，依次选择 1 个线圈（电感量设置为 50mH）、1 个电阻（1kΩ）、1 个 12V 频率为 10kHz 的交流电源、1 个 1A 熔丝、1 个电压表（设置为测交流）、1 根接地线，按右上示意图所示依次连接上述元件。连接完毕后，单击 Multisim 仿真软件上的运行按钮"▶"，观察右下示意图所示的电压表显示屏显示的数值并记录	
11	任务实施完毕，退出运行 Multisim 仿真软件，关掉计算机主电源。整理上述所用的仪器和元件	

2）记录任务实施产生的数据或现象到表 3-6 中。

表 3-6　任务实施产生的数据或现象记录表

班级：	姓名：	日期：

1. 作业前准备

1）检查仪表和元件是否齐全	□是　□否
2）检查数字万用表通电是否正常	□是　□否
3）检查 Multisim 仿真软件运行是否正常	□是　□否

2. 记录数据或现象

1）表 3-5 步骤 2 中数字万用表显示屏显示的数值，$R=$ _____ Ω

2）表 3-5 步骤 4 中通电后小磁针发生的现象是_____；改变通电方向后，小磁针发生的现象是_____

3）表 3-5 步骤 6 中通电后螺丝刀吸附小螺钉能力_____；改变滑动变阻器电阻值后，螺丝刀吸附小螺钉的能力_____

4）表 3-5 步骤 7 中减少线圈匝数后，螺丝刀吸附小螺钉的能力_____
当你日常使用的螺丝刀失磁时，通过本任务的学习，你能为螺丝刀重新上磁吗？

5）表 3-5 步骤 9 中仿真电压表显示的数值 $U=$ _____ V

6）表 3-5 步骤 10 中仿真电压表显示的数值 $U=$ _____ V

7）比较表 3-5 步骤 9 和 10 仿真电压表显示的数值，你能得出什么结论？

8）有兴趣的读者，根据下图所示连接相关元件，有序控制开关 K 的通断，观察数字万用表显示屏显示的数值的变化情况并记录。这个现象说明了什么？

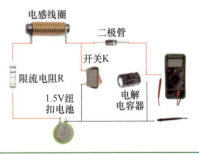

📇 知识链接

一、电感线圈形状与符号

由表 3-5 给出的线圈制作过程可知，电感线圈就是由外带绝缘的导线（俗称漆包线）一圈靠一圈地绕在绝缘管上形成的环形绕组。绝缘管可以是空心的，也可以包含铁心或磁粉心，其常见形状如图 3-15 所示。电感线圈的电气符号如图 3-16 所示。

a) 空心电感线圈　　b) 磁环线圈　　c) 共模磁环线圈　　d) 可调线圈

图 3-15　线圈常见形状

a) 一般电感器　　b) 带磁心的电感器　　c) 双绕组变压器

图 3-16　电感线圈的电气符号

二、电感线圈主要性能指标

1. 电感量

电感量表示线圈本身固有特性，与电流大小无关。线圈的电感用 L 表示，常用的单位有亨利（H）、毫亨利（mH）、微亨利（μH）、纳亨利（nH），$1H = 10^3 mH = 10^6 μH = 10^9 nH$。

空心线圈电感量计算公式：$L = (0.01 \times D \times N^2)/(l/D+0.44)$（μH），其中，$D$ 为线圈直径，单位为 cm；N 为线圈匝数，单位为匝；l 为线圈长度，单位为 cm。

电感的经验计算公式：$L = (k \times μ_0 \times μ_s \times N^2 \times S)/l$（H），其中，$μ_0$ 为真空磁导率，$μ_0 = 4π \times 10^{-7}$；$μ_s$ 为线圈内部磁心的相对磁导率，空心线圈时 $μ_s = 1$；N 为线圈匝数，单位为匝；S 为线圈的截面积，单位为 m^2；l 为线圈的长度，单位为 m；k 为系数，取决于线圈的半径（R）与长度（l）的比值。

电感量常见表示法有以下几种。

1）直标法。它是在电感线圈的外壳上直接用数字和文字标出电感线圈的电感量，如图 3-17 所示，后缀字母代表误差等级，如 J（5%）、K（10%）、M（20%）。例如 470mHK 表示标称电感量为 470mH，允许偏差为 ±10%。

2）字母符号法。它是将电感器的标称值和允许偏差值用数字和字母符号按一定规律组合标示在电感体上，如图 3-18 所示。采用这种标示方法的通常是小功率电感器，其单位通常是 nH 或 pH，用 N 或 R 代表小数点。例如 2N9 表示电感量为 2.9nH，4R7 表示电感量为 4.7mH，47N 表示电感量为 47nH。

图 3-17　直标法电感器

图 3-18　字母符号法电感器

3）数码表示法。它是用 3 位数字来表示电感量。从左至右的第 1、2 位为有效数字，第 3 位表示有效数字后 0 的个数（单位为 mH）。图 3-19 所示的 151 表示 $15 \times 10^1 mH$，470 表示 47mH。

4）色标法。即用色环表示电感量，单位为 μH，第 1、2 位表示有效数字，第 3 位表示倍率，第 4 位为误差。这种标示法与色环电阻类似，如图 3-20 所示。

图 3-19 数码标示电感器

图 3-20 色环电感器

2. 感抗

电感线圈对交流电流阻碍作用的大小称为感抗 X_L，单位是欧姆（符号为 Ω）。它与电感量 L 和交流电频率 f 的关系为 $X_L = 2\pi f L$。

3. 品质因数

品质因数 Q 是表示线圈质量的一个物理量，Q 为感抗 X_L 与其等效的电阻的比值，即 $Q = X_L/R$。线圈的 Q 值越高，回路的损耗越小。线圈的 Q 值与导线的直流电阻值，骨架的介质损耗、屏蔽罩或铁心引起的损耗、高频趋肤效应的影响等因素有关。线圈的 Q 值通常为几十或几百。

4. 分布电容

任何电感线圈，其匝与匝之间、层与层之间、线圈与参考地之间、线圈与磁屏蔽罩之间等都存在一定的电容，这些电容称为电感线圈的分布电容。若将这些分布电容综合在一起，就形成一个与电感线圈并联的等效电容 C。分布电容的存在使线圈的 Q 值减小，稳定性变差，因而线圈的分布电容越小越好。

三、电感线圈的分类

常用的电感线圈类型如图 3-21 所示，其分类大致有以下几种。

1）按电感形式分类，可分为固定电感和可变电感。

2）按导磁体性质分类，可分为空心线圈、铁氧体线圈、铁心线圈和铜心线圈。

3）按工作性质分类，可分为天线线圈、振荡线圈、扼流线圈、陷波线圈和偏转线圈。

4）按绕线结构分类，可分为单层线圈、多层线圈、蜂房式线圈、密绕式线圈、间绕式线圈、脱胎式线圈和乱绕式线圈。

5）按工作频率分类，可分为高频线圈和低频线圈。

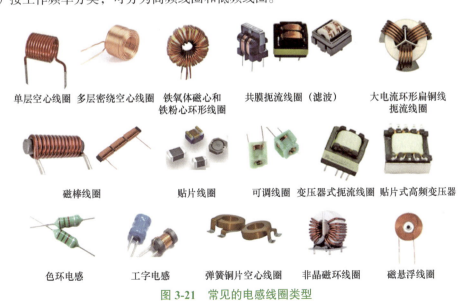

图 3-21 常见的电感线圈类型

四、电感线圈的通电特性

1. 通低频阻高频特性

表 3-5 步骤 9 中，当为电路施加 12V 直流电时，仿真电压表显示的电压数值为 12V；步骤 10 中，当为电路施加 12V/10kHz 交流电时，仿真电压表显示的电压数值为 3.629V。测试结果表明：线圈对直流电压的阻碍作用几乎为零，低频信号通过它时所呈现的阻力比较小；而高频信号通过线圈时会遇到很大的阻力。即电感线圈具有通低频阻高频特性。利用这个特性，可以把电感线圈用在滤波、振荡和陷波等电路上。

2. 电磁转换特性

表 3-5 步骤 4 中，当为线圈通电时，小磁针会发生偏转；改变线圈通电电流方向，小磁针偏转方向发生改变。测试结果表明：当为线圈通电的瞬间，通过线圈的电会变成磁，并以磁能的形式储存在线圈内；而断电的瞬间，储存在线圈中的磁能会变成电能从线圈中释放出来。

表 3-5 步骤 6 和 7 中，当改变通过线圈的电流或线圈的匝数时，螺丝刀吸附小螺钉的能力会发生变化，表明通电线圈产生磁场的强弱不仅与线圈通过的电流大小有关，还与线圈的匝数有关，即与通过线圈的电流和线圈的匝数的乘积成正比。

五、电感线圈的检测

在日常的使用中，电感线圈的检测一般是利用万用表电阻档来测量线圈的直流电阻值，见表 3-5 步骤 2，再与原确定的阻值或标称电阻值相比较。如果所测得电阻值比原确定电阻值或标称电阻值增大许多，甚至万用表上显示的数值为 1（即电阻值趋向无穷大），可判断线圈断线；若所测得电阻值比原确定电阻值或标称电阻值小很多，则判定线圈间存在短路，不能用。如果所测得电阻值与原确定电阻值或标称电阻值相差不大，可判定此线圈是好的。

任务三　探究磁场及电磁力特性

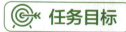

任务目标

◆ **知识目标：**

1）掌握磁场、磁力线及相关物理量概念。

2）了解磁场对电流的作用。

3）掌握用右手螺旋定则（安培定则）判别通电直导体和线圈产生磁场方向的方法。

4）掌握用左手定则判定通电直导线在磁场中所受作用力方向的方法。

5）了解直流电动机的工作原理。

◆ **核心素养：**

1）培养勤思考、爱动手、善发现、乐探究的学习习惯。

2）养成勤俭节约、团结协作、精益求精的工作习惯。

3）培养勇于探索工程领域复杂实验和工程问题的学习兴趣。

◆　技能目标：

1）具备用铁屑及条形磁铁进行模拟磁场分布实验的能力。

2）具备正确连接通电直导线并使其产生磁场及磁力线的能力。

3）具备正确连接通电直导线并使其在磁场中运动的能力。

4）具备判断直流电动机电路故障的能力。

◆　建议课时：4课时。

任务描述

　　新能源汽车上电动机的工作与磁场和电磁感应密切相关。磁场是一种看不见、摸不着的特殊物质。磁场虽然不是由原子或分子组成的，但却是客观存在的。本任务借助探究电磁场分布及通电直导线在磁场中的运动，来介绍磁场及其物理量和磁场在新能源汽车直流电动机上的应用。

任务实施

一、器材

　　探究磁场分布及通电直导线在磁场中的运动所需的器材见表3-7。

表 3-7　探究磁场分布及通电直导线在磁场中的运动所需的器材

序号	名称	实物图	序号	名称	实物图
1	导线		5	剥线钳	
2	磁铁		6	开关	
3	直导线		7	带磁铁和换向器的矩形线圈	
4	斜口钳		8	线圈	
			9	电阻器	

（续）

序号	名称	实物图	序号	名称	实物图
10	滑动变阻器		12	U形磁铁（带导轨）	
11	电流表		13	辅助蓄电池	

二、探究磁场分布及通电直导线在磁场中的运动

1）探究磁场分布及通电直导线在磁场中的运动，步骤见表3-8。

表 3-8　探究磁场分布及通电直导线在磁场中的运动

步骤	任务实施描述	实施示意图
1	将条形磁铁放置在一块平板玻璃上，如右上示意图所示。在玻璃上撒铁屑粉，如右下示意图所示，观察铁屑粉的分布情况并记录	 
2	将条形磁铁放置在一块平板玻璃上，在条形磁铁的周边放置小磁针，观察小磁针偏转现象并记录	
3	通电直导线产生磁场：按右示意图所示的①～⑤标号裁剪适合长度的导线、剥离相关导线线头的绝缘皮，依次连接相关元件。电路连接完毕后，在直导线旁放置一小磁针，如右示意图	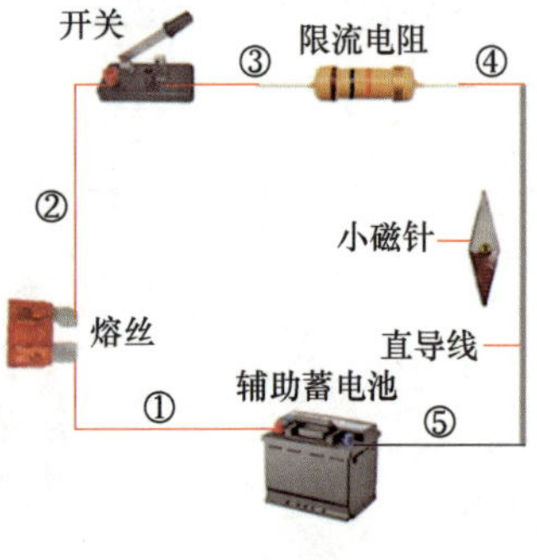

（续）

步骤	任务实施描述	实施示意图
4	在步骤 3 的基础上，闭合开关，见右上示意图，观察小磁针发生的现象，并记录。断开开关，改变电路通电电流的方向，如右下示意图所示，再次接通开关，观察小磁针发生的现象并记录	
5	通电直导线在磁场中的运动：按右示意图所示裁剪适合长度的导线、剥离相关导线线头的绝缘皮，依次连接相关元件	
6	在步骤 5 的基础上，接通开关，如右上示意图所示，观察直导线发生的现象并记录。断开开关，改变 U 形磁铁 N、S 极方向，如右下示意图所示，接通开关，观察直导线发生的现象并记录。在上述任务实施的基础上，可再依次分别改变滑动变阻器电阻值或辅助蓄电池正、负极方向，再分别观察直导线发生的现象（运动方向和快慢），并记录	

（续）

步骤	任务实施描述	实施示意图
7	通电矩形线圈在磁场中的运动：按右上示意图所示裁剪适合长度的导线、剥离相关导线线头的绝缘皮，依次连接相关元件。元件连接完毕后，确认连接无误后，接通开关，如右下示意图所示，观察矩形线圈发生的现象并记录。改变滑动变阻器的电阻值或改变磁铁 N、S 极位置后，再次通电，分别观察矩形线圈发生的现象并记录	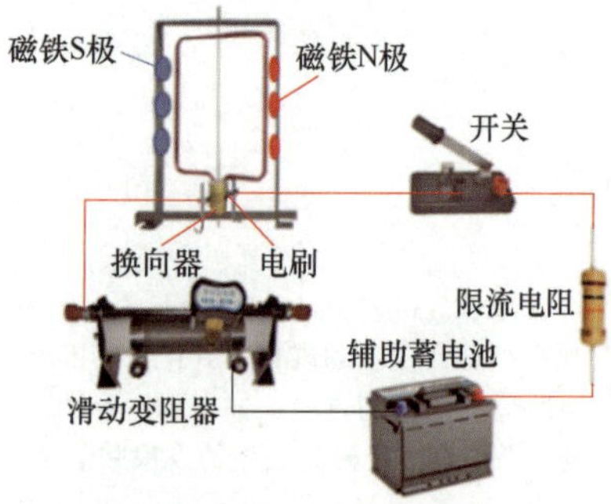 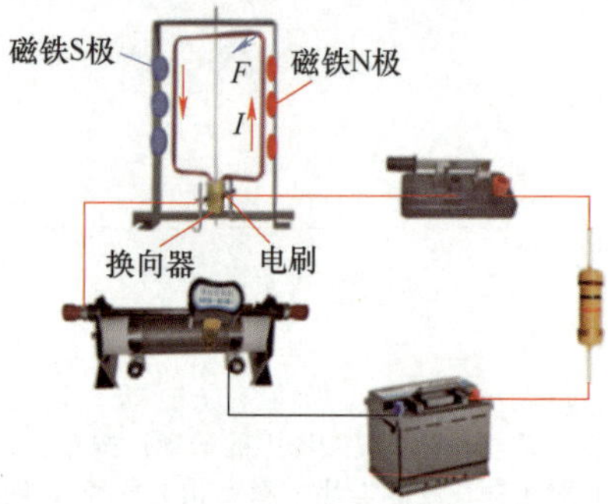
8	任务实施完毕，整理所用的仪器和元件，归位	

2）记录任务实施产生的数据或现象到表 3-9 中。

表 3-9 任务实施产生的数据或现象记录表

班级：	姓名：	日期：
1. 作业前准备		
1）检查仪表和元件是否齐全		□是 □否
2）检查电流表通电是否正常		□是 □否
2. 记录数据或现象		

1）表 3-8 步骤 2 中小磁针偏转方向为_____

2）表 3-8 步骤 4 中通电后小磁针发生的现象为_____；改变通电方向后，小磁针发生的现象为_____

3）表 3-8 步骤 6 中通电后直导线发生的现象为_____；改变 U 形磁铁 N、S 极方向后，再通电，直导线发生的现象为_____；增大滑动变阻器电阻值后，再通电，直导线发生的现象为_____；改变辅助蓄电池正、负极方向后，再通电，直导线发生的现象为_____

4）表 3-8 步骤 8 中通电后矩形线圈发生的现象为_____；改变磁铁 N、S 极方向后，再通电，矩形线圈发生的现象为_____；改变辅助蓄电池正、负方向后，再通电，矩形线圈发生的现象为_____。你能解释这一现象吗？

_____

_____

📖 知识链接

一、磁体及性质

条形磁铁吸引铁磁粉或铁、镍、钴等金属的性质称为磁性。具有磁性的物体称为磁体。常见的磁体有条形、马蹄形、圆形等，如图 3-22 所示。磁体上磁性最强的部位称为磁极。任何磁体都有 2 个磁极，而且无论怎样把磁体分割，磁体总保持 2 个磁极。通常以 S 表示磁体的南极，以 N 表示磁体的北极。磁极间的相互作用力称为磁力。磁极间相互作用的规律是：同性相斥，异性相吸，如图 3-23 所示。原来没有磁性的铁磁物质，放在磁铁旁边会获得磁性，这一现象称为磁化。被磁化的铁磁物质远离磁铁后仍保留一定的磁性，该现象称为剩磁。

图 3-22 常见磁体形状

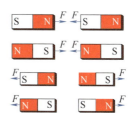

图 3-23 磁体间相互作用示意图

只有铁磁性物质才能被磁化，而非铁磁性物质是不能被磁化的。这是因为铁磁物质可以看作是由许多被称为磁畴的小磁体所组成。在无外磁场作用时，磁畴排列杂乱无章，磁性互相抵消，对外不显磁性；但在外磁场作用下，磁畴就会沿着外磁场方向变成整齐有序的排列，所以整体也就具有了磁性。对铁磁材料，可以分为以下几类。

（1）硬磁材料　特点：不易磁化，不易退磁；典型材料及用途：碳钢、钴钢等，适合制作永久磁铁、扬声器的磁钢。

（2）软磁材料　特点：容易磁化，容易退磁；典型材料及用途：硅钢、铸钢、铁镍合金等，适合制作电机、变压器、继电器等设备中的铁心。

（3）矩磁材料　特点：很易磁化，很难退磁；典型材料及用途：锰镁铁氧体、锂锰铁氧体等，适合制作磁带、计算机的磁盘。

二、磁场及磁力线

通过表 3-8 步骤 1 的任务实施可知，条形磁铁周围存在磁力作用的空间，当铁磁粉置入该空间时，就要受到磁力的作用，铁磁粉在这个磁力的作用下，产生有规则的排列。通常把这个磁体（条形磁铁）产生的磁力空间称为磁场。

为了形象地表示磁场在空间各点的强弱和方向，人们根据表 3-8 步骤 2 所示的小磁针在磁体周围磁场的作用下有规则地排列的现象而想象出磁力线。沿着磁体的 N 极出发，依次顺着小磁针 S、N 极，再到磁体 S 极，最后回到磁体 N 极所组成的闭合曲线就是磁力线。即磁力线是一条条从磁体 N 极沿磁体周围空间到磁体 S 极，然后通过磁体内部回到 N 极的闭合曲线。曲线上每一点的切线方向（即小磁针 N 极在该点的指向）就表示该点的磁场方向，曲线在某处的疏密程度（单位面积内的磁力线条数）就表示该处的磁场强弱。由表 3-8 步骤 1 的任务实施还可以发现，在靠近 N、S 极附近，铁磁粉比较密集，磁场强，远离 N、S 极处，铁磁粉分布比较稀疏，磁场弱。

在磁场分布的某一区域，如果磁力线是一些方向相同分布均匀的平行直线，那么称这一区域有均匀磁场。

三、通电直导线或线圈产生的磁场及磁力线

1. 通电直导线产生的磁场及磁力线

表 3-8 步骤 3 的任务实施是奥斯特电流磁场实验。奥斯特电流磁场实验过程表明，通电的直导线周围会产生磁场，并且流过直导线的电流的大小和方向不同，会引起直导线各点周围磁场的强度和方向都随之改变。通电直导线产生磁场的方向可以用右手螺旋定则（也称安培定则）来判定，如图 3-24 所示。用右手握住导线，伸直的大拇指的方向与流经导线的电流方向一样，则弯曲的四指所指的方向就是磁力线的环绕方向。

通电直导线周围磁场的磁力线是一些以导线上各点为圆心的同心圆，这些同心圆都在与直导线垂直的平面上，如图 3-24b 所示。

2. 通电线圈产生的磁场及磁力线

由表 3-5 步骤 4 的任务实施可知，当线圈通电后会产生磁场。通电线圈产生磁场的方向也可以用右手螺旋定则来判定，如图 3-25 所示。用右手握住线圈，4 个手指的指向与流经线圈的电流方向一样，则大拇指所指的方向就是磁力线的方向。在线圈外部，磁力线从 N 极出来进入 S 极，线圈内部的磁力线方向由 S 极指向 N 极，并和外部的磁力线形成闭合曲线。

还可以通过改变表 3-5 步骤 7 的任务实施来进一步证明：通电线圈产生磁场的强弱，不仅与线圈通过的电流大小有关，而且还与线圈的匝数有关，即与通过线圈的电流和匝数的乘积成正比。

a) 磁力线方向判别　　b) 通电直导线的磁力线分布

图 3-24　通电直导线磁力线方向判别和分布

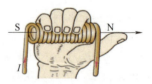

图 3-25　通电线圈产生磁场及磁力线判别

四、磁场基本物理量

1. 磁感应强度

表 3-8 步骤 6 的任务实施表明，当通电直导线长度一定时，流过直导线的电流越大，直导线受到电磁力越大，运动越快；流过直导线电流一定时，通电直导线的长度越长，受到的电磁力越大，运动越快。

习惯上，把在磁场中，垂直于磁场方向的通电直导线，所受的电磁力 F 与直导线通过的电流 I 和直导线通电的长度 L 的乘积 IL 的比值，称为该处的磁感应强度，用 B 表示，即 $B = F/IL$，单位是特斯拉（T），也就是韦伯 / 平方米（Wb/m^2）。

磁感应强度是一个矢量，它的方向就是该点的磁场方向，可用右手螺旋定则来确定。

在同一个磁场的磁力线分布图上，磁力线越密的地方磁感应强度越大、磁场越强。如果磁场内各点的磁感应强度的大小相等、方向相同，这样的磁场则称为均匀磁场。

2. 磁通

观察图 3-26 所示的示意图，在条形磁铁分布的磁场周围，放置一个面积为 S 的平面。假设在平面放置处的磁感应强度为 B，且平面与磁力线垂直，则定义磁感应强度 B 与平面面积 S 的乘积，称为穿过这个平面的磁通量，简称磁通，用 Φ 表示，单位是韦伯（Wb），也就是伏秒（V·s）。

如果磁场不与所讨论的平面垂直，则计算时，应以平面在垂直于磁力线方向的投影面积 S' 与 B 的乘积来计算磁通。

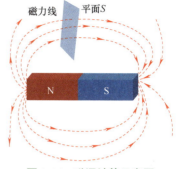

图 3-26　磁通计算示意图

当面积一定时，通过该面积的磁力线越多，则磁通越大，磁场越强。

从 $\Phi=BS$，可得 $B=\Phi/S$，这表示磁感应强度等于穿过单位面积的磁通，所以磁感应强度又称为磁通密度，用 Wb/m^2 作单位。

3. 磁导率

如果把表 3-8 步骤 5 的任务实施所用的铁螺丝刀改为铜制的铜棒，然后用通电线圈去吸附小螺丝钉，会发现吸的螺丝钉数目大大减少。这表明不同的媒介质对磁场的影响不同，影响程度与媒介质的导磁性能有关。磁导率是表征媒介质磁化性质的物理量，用符号 μ 表示，单位是亨利 / 米（H/m）。

4. 磁场强度

由表 3-8 步骤 6、7 的任务实施证明，通电线圈磁感应强度的大小与线圈的匝数、线圈长度及电流强度有关，它们之间存在以下关系

$$B_0=\mu_0 NI/L$$

式中，B_0 是通电线圈的磁感应强度，单位为 T；μ_0 是真空的磁导率，单位为 H/m；N 是线圈的匝数；L 是线圈长度，单位为 m；I 是线圈中的电流，单位为 A。

如果线圈是磁导率为 μ_r 的媒介质，则磁感应强度

$$B=\mu_r\mu_0 NI/L=\mu NI/L$$

由于磁感应强度与媒介质的磁导率有关，为了计算简便，引入磁场强度这一物理量。磁场中的某点磁场强度等于该点磁感应强度 B 与媒介质磁导率 μ 的比值，用 H 表示。即

$$H=B/\mu$$

将 $B=\mu NI/L$ 代入，可得 $H=NI/L$，其单位为安培 / 米（A/m）。

由 $H=NI/L$ 可知，磁场强度的数值只与流过线圈电流的大小、匝数和长度有关，与磁场媒介质的磁导率无关。即在一定电流下，同一点的磁场强度不因磁场媒介质的不同而改变。

五、磁场对电流的作用

1. 磁场对通电直导体的作用

由表 3-8 步骤 6 的任务实施可知，通电的直导线在磁场中会受到力的作用而产生移动。习惯上，把通电的直导线在磁场中所受的作用力称为电磁力（或安培力），单位是牛（N）。通电直导线在磁场中所受作用力的方向，可用左手定则判定，如图 3-27 所示，将左手伸开，使拇指与四

指垂直，让磁力线垂直穿过掌心，四指朝向导体电流的方向，大拇指所指的方向就是导体所受安培力的方向。

利用磁感应强度表达式 $B=F/IL$，可得电磁力的计算式为 $F=BIL$。

如果电流方向与磁场方向不垂直，而是有一个夹角 α，这时通电直导体的有效长度变为 $L\sin\alpha$，电磁力的计算公式变为 $F=BIL\sin\alpha$。

从上式可知，$\alpha=90°$ 时，也就是直导体的电流方向与磁场垂直，电磁力最大；当 $\alpha=0°$ 时，也就是直导体的电流方向与磁场平行时，电磁力最小，为 0（N）。

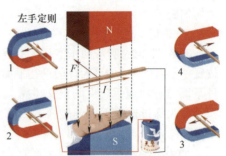

图 3-27　电磁力判定

虚线箭头—磁力线方向　橙色箭头—电流方向
紫色箭头—导体受力或运动的方向

2. 磁场对通电矩形线圈的作用

由表 3-8 步骤 7 的任务实施可知，当开关闭合后，矩形线圈会按顺时针方向旋转起来。线圈的旋转方向可按左手定则加以验证。图中靠近 S 极的导线，电流方向由上向下，根据左手定则，其受力垂直纸面向里；靠近 N 极的导线，电流方向由下向上，根据左手定则，其受力垂直纸面向外，线圈按顺时针方向转动。当线圈平面与磁场方向垂直，即流过线圈的电流方向与磁场方向平行时，线圈受到的电磁力变为 0，但由于惯性，线圈还会转动，通过换向器的作用，线圈又重复上述转动过程。磁场对矩形线圈的作用就是电动机工作的基本原理。

磁场对通电矩形线圈的作用

六、磁场对电流作用在新能源汽车直流电动机上的应用

汽车上常见的直流电动机外观如图 3-28 所示。其结构组成如图 3-29 所示，主要由壳体、定子绕组、转子（电枢）、定子铁心等组成。电枢绕组与励磁绕组串联的直流电动机称为串励式直流电动机。

1. 电枢

电枢又称为转子，由若干薄的、外圆带槽的硅钢片叠成的铁心和电枢绕组组成，如图 3-30 所示，铁心的叠片结构可以减小涡流电流。电枢绕组安装在叠片外径边缘的槽内，绕组线匝分别接到换向器铜片上，电枢安装在电枢轴上。

图 3-28　直流电动机外观

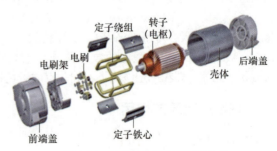

图 3-29　直流电动机的结构组成

2. 换向器及电刷

换向器由许多换向片组成，换向片的内侧制成燕尾形，嵌装在轴套上，其外形为圆形。换

向片与换向片之间均用云母绝缘。电刷架一般为框式结构，其中正极电刷架与端盖绝缘安装，负极电刷架直接搭铁。电刷架上装有弹性较好的盘形弹簧。电刷由铜粉与石墨粉压制而成，呈棕红色，装在端盖上的电刷架中，通过电刷弹簧保持与换向片之间具有适当的压力。电刷与电刷架的组合如图 3-31 所示。

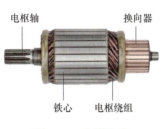

图 3-30　电枢总成

图 3-31　电刷与电刷架的组合

3. 工作原理

直流电动机是将电能转换为机械能的设备，是以通电导体在磁场中受电场力作用的原理而制成的。其工作原理如图 3-32 所示。

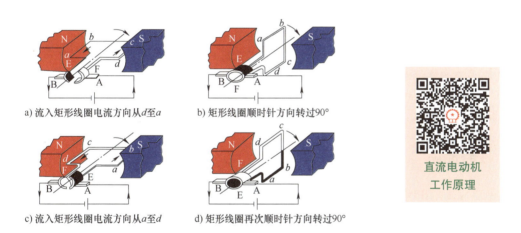

a) 流入矩形线圈电流方向从 d 至 a

b) 矩形线圈顺时针方向转过 90°

c) 流入矩形线圈电流方向从 a 至 d

d) 矩形线圈再次顺时针方向转过 90°

图 3-32　直流电动机的工作原理

直流电动机
工作原理

图 3-32a 图中，电流由电源正极和换向片 A 流入，从换向片 B 流至电源负极，电枢绕组线圈中的电流方向为 $d \to c \to b \to a$，此时转矩方向为顺时针方向。当线圈转过 180° 后，电流由电源正极和换向片 A 流入，如图 3-32c 所示，从换向片 B 流出至电源负极，线圈中的电流方向为 $a \to b \to c \to d$，转矩方向仍为顺时针方向。电枢轴在一个固定转向的电磁转矩作用下而不断旋转。

一个线圈产生的电磁转矩是有限的，且电枢轴转动不稳定，所以电动机的电枢绕组是由很多线圈组成的，换向器片的数量也随线圈数量的增加而增多。

电动机的电磁转矩 M 取决于磁通 Φ 与电枢电流 I_a 的乘积，可用下式表示

$$M = C_m \Phi I_a$$

式中，C_m 是电动机结构常数。

任务四　探究电磁感应及其特性

任务目标

◆ 知识目标：
1）掌握楞次定律和法拉第电磁感应定律。
2）掌握自感、互感原理。
3）了解磁路欧姆定律。
4）了解发电机的工作原理。

◆ 核心素养：
1）培养勤思考、爱动手、善发现、乐探究的学习态度。
2）养成勤俭节约、团结协作、精益求精的工作习惯。
3）培养勇于探索工程领域复杂实验和工程问题的学习兴趣。

◆ 技能目标：
1）具备正确连接线圈并使其切割均匀磁场产生感应电动势的能力。
2）具备正确连接直导线并使其切割均匀磁场产生感应电动势的能力。
3）具备正确连接通电螺线管线圈并使另一个螺线管线圈产生感应电动势的能力。
4）具备判断发电机电路故障的能力。

◆ 建议课时：4课时。

任务描述

　　电磁感应是指在闭合电路中因为磁通量的变化产生感应电动势的现象。这一现象的发现，标志着一场重大的工业和技术革命的到来。事实证明，电磁感应在电工、电子技术、电气化、自动化方面的广泛应用对推动社会生产力和科学技术的发展发挥了重要的作用。本任务主要通过在磁场中线圈及通电线圈产生的电磁感应现象，来介绍电磁感应、自感、互感的概念以及电磁感应在新能源汽车发电机上的应用。

任务实施

一、器材

探究在磁场中线圈及通电线圈产生的现象所需器材见表3-10。

二、探究在磁场中线圈及通电线圈产生的现象

1）探究在磁场中线圈及通电线圈产生的现象，步骤见表3-11。

表 3-10　探究在磁场中线圈及通电线圈产生的现象所需器材

序号	名称	实物图	序号	名称	实物图
1	导线		7	电阻器	
2	直导线		8	条形磁铁	
3	开关		9	U 形磁铁	
4	斜口钳		10	小螺线管线圈	
5	剥线钳		11	大螺线管线圈	
			12	电流表	
6	滑动变阻器		13	辅助蓄电池	

表 3-11　探究在磁场中线圈及通电线圈产生的现象

步骤	任务实施描述	实施示意图
1	磁场对线圈的作用：按右示意图所示裁剪适合长度的导线、剥离相关导线线头的绝缘皮，依次连接相关元件	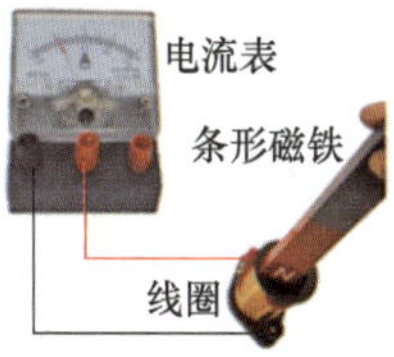 电流表　条形磁铁　线圈
2	在步骤 1 的基础上，把条形磁铁向下插入螺线管线圈，如右上示意图所示，观察电流表发生的现象并记录。从螺线管线圈中向上拔出条形磁铁，如右下示意图所示，观察电流表发生的现象并记录。改变拔插条形磁铁的速度，观察电流表发生的现象并记录	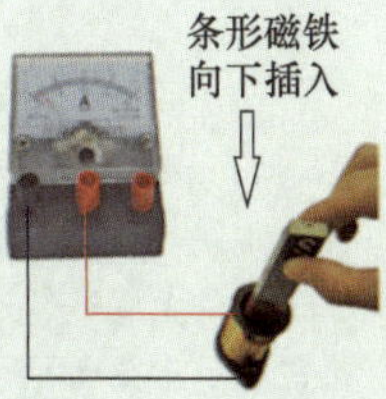 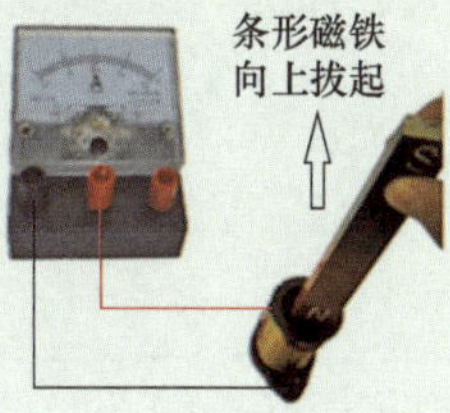 条形磁铁向下插入　条形磁铁向上拔起

（续）

步骤	任务实施描述	实施示意图
3	直导线切割均匀磁场：按右示意图所示裁剪适合长度的导线、剥离相关导线线头的绝缘皮，依次连接相关元件	
4	在步骤3的基础上，让直导线向左运动进入U形磁铁产生的均匀磁场，如右上示意图所示，观察电流表指针发生的现象并记录。让直导线向右运动移出U形磁铁产生的均匀磁场，如右下示意图所示，观察电流表指针发生的现象并记录	
5	螺线管线圈对螺线管线圈产生感应电动势：按右示意图所示裁剪适合长度的导线、剥离相关导线线头的绝缘皮，依次连接相关元件	
6	在步骤5的基础上，接通开关，让小螺线管线圈通过一定电流，向下插入大螺线管线圈，如右上示意图所示，观察电流表指针发生的现象并记录。向上从大螺线管线圈中拔出小螺线管线圈，如右下示意图所示，观察电流表指针发生的现象并记录	
7	任务实施完毕，整理所用的仪器和元件，归位	

2）记录任务实施产生的数据或现象到表 3-12 中。

表 3-12　任务实施产生的数据或现象记录表

班级：		姓名：	日期：
1. 作业前准备			
1）检查仪表和元件是否齐全			☐是　☐否
2）检查电流表通电是否正常			☐是　☐否
3）检查辅助蓄电池电压是否正常			☐是　☐否
2. 记录数据或现象			
1）表 3-11 步骤 2 中条形磁铁向下插入螺线管线圈，电流表指针偏转方向为＿＿＿＿＿＿＿；条形磁铁向上拔出螺线管线圈，电流表指针偏转方向为＿＿＿＿＿＿；改变条形磁铁向下插入和向上拔出螺线管线圈的速度，电流表指针发生的现象是＿＿＿＿＿＿＿＿＿＿＿			
2）表 3-11 步骤 4 中直导线向左移入 U 形磁铁，电流表指针偏转方向为＿＿＿＿＿＿；直导线向右移出 U 形磁铁，电流表指针偏转方向为＿＿＿＿＿＿；改变直导线移动速度，电流表指针发生的现象是＿＿＿＿＿＿＿＿＿＿			
3）表 3-11 步骤 6 中通电小螺线管线圈向下插入大螺线管线圈，电流表指针偏转方向为＿＿＿＿＿＿；通电小螺线管线圈向上拔出大螺线管线圈，电流表指针偏转方向为＿＿＿＿＿；改变小螺线管线圈向下插入和向上拔出大螺线管线圈的速度，电流表指针发生的现象是＿＿＿＿＿＿；改变通过小螺线管线圈的电流，再重复上述实验，电流表指针发生的现象是＿＿＿＿＿＿＿＿＿＿＿			

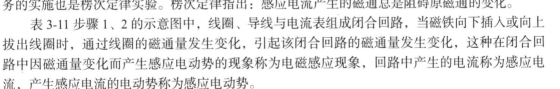 **知识链接**

电磁感应现象

一、电磁感应现象

1. 条形磁铁对线圈产生的感应电动势

由表 3-11 步骤 1、2 的任务实施可知，当条形磁铁插入或拔出螺线管线圈时，电流表的指针发生偏转，表明线圈中有感应电流存在。这个任务的实施也是楞次定律实验。楞次定律指出：感应电流产生的磁通总是阻碍原磁通的变化。

表 3-11 步骤 1、2 的示意图中，线圈、导线与电流表组成闭合回路，当磁铁向下插入或向上拔出线圈时，通过线圈的磁通量发生变化，引起该闭合回路的磁通量发生变化，这种在闭合回路中因磁通量变化而产生感应电动势的现象称为电磁感应现象，回路中产生的电流称为感应电流，产生感应电流的电动势称为感应电动势。

依据楞次定律，可以判别线圈中感应电流的方向。对于表 3-11 步骤 2，条形磁铁向下插入螺线管线圈的过程中，线圈中的磁通要增加，根据楞次定律，感应电流的磁场应阻碍线圈磁通的增加，于是线圈中会产生上为 N、下为 S 的感应电流磁场，用右手定则可判断线圈中产生感应电流的方向，电流表指针往左偏转。条形磁铁从线圈中拔出时的工作机理与插入时相反。条形磁铁在线圈中往返运动，导致线圈中产生大小和方向都会随之改变的电流，这就是交流电产生的原理。

当改变条形磁铁插入或拔出线圈的速度时，会发现：当条形磁铁插入或拔出速度快，电流表的指针偏转角度大，反之小。法拉第电磁感应定律指出：线圈中感应电动势的大小与线圈中磁通的变化率成正比，即

$$e = \Delta\Phi/\Delta t$$

如果线圈有 N 匝，则感应电动势 $e = N\Delta\Phi/\Delta t$。

2. 直导线切割磁力线产生感应电动势

由表 3-11 步骤 4 的任务实施可知：当直导线（直导线、导线与电流表组成闭合回路）做切割磁力线运动时，通过闭合回路的磁通量发生变化，电流表指针发生偏转，表明有感应电流产生。感应电流的方向可以用右手定则判断，如图 3-33 所示，平伸右手，大拇指与其余四指垂直，让磁力线穿过掌心，大拇指指向直导线运动方向，则其余四指所指的方向就是感应电流的方向。

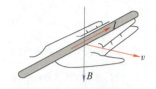

图 3-33　右手定则判别直导切割磁力线产生感应电动势方向

实验证明：在均匀磁场中，做切割磁力线运动的直导体，其感应电动势 e 的大小与磁感应强度 B、导体的有效长度 L、导体的运动速度 v 以及导体运动方向与磁力线之间的夹角 α 的正弦值成正比，即 $e = BLv\sin\alpha$。

上式表明，当直导线、直导线运动方向和磁力线方向三者互相垂直（即 $\alpha = 90°$）时，$e = BLv$；当直导线运动方向和磁力线方平行（即 $\alpha = 0$）时，$e = 0$。

3. 螺线管线圈对螺线管线圈产生感应电动势

由表 3-11 步骤 6 的任务实施可知：通电的小螺线管线圈向下插入或向上拔出大螺线管线圈的过程中，电流表指针会产生不同方向的偏转，表明回路中有感应电流存在，其感应电流产生的原理及方向的判别与条形磁铁对线圈产生的感应电动势类似。

表 3-11 步骤 6 的任务实施中，对小螺线管线圈施加电流使其产生磁场的现象，称为励磁。由外部电源为螺线管线圈供电称为他励；由线圈产生的感应电动势自行供电，称为自励。

4. 自感现象与自感电动势

重新动手做一下表 3-11 步骤 6 的任务，可以发现，当开关闭合或断开瞬间，电流表的指针都会发生偏转，表明小螺线管线圈有感应电流存在。这种由于流过线圈本身的电流发生变化而引起的电磁感应现象称为自感现象，简称自感。在自感现象中产生的感应电动势称为自感电动势，用 e_L 表示，自感电流用 i_L 表示。

自感电流产生的磁通称为自感磁通。当同一电流通入结构不同的线圈时，产生的自感磁通量是不同的。为了衡量不同线圈产生自感磁通的能力，引入自感系数（简称电感），用 L 表示。它在数值上等于一个线圈中通过单位电流所产生的自感磁通，即 $L = N\Phi/I$，其中 N 为线圈匝数，Φ 为每一匝线圈的自感磁通。

电感为常数的线圈称为线性电感，否则为非线性电感。

自感现象是电磁感应现象的一种特殊情况，它也必然遵循法拉第电磁感应定律，将 $L = N\Phi/I$，代入 $e = N\Delta\Phi/\Delta t$，得 $e = L\Delta I/\Delta t$。

5. 互感现象与互感电动势

重新动手做一下表 3-11 步骤 6 的任务，让小螺线管线圈先插入大螺线管线圈，接着控制开关闭合或断开，或改变流过小螺线管线圈电流，会发现当流过小螺线管线圈电流改变或开关刚闭合或关断瞬间，电流表的指针都会发生偏转，表明电路有感应电流存在。

习惯上，把这种由一个线圈中的电流发生变化而在另一个线圈中产生电磁感应的现象称为互感现象，简称互感。由互感产生的感应电动势称为互感电动势，用 e_M 表示。

通过改变流过小螺线管线圈电流大小变化的快慢（电流变化率）或改变小螺线管线圈与大螺线管线圈的位置实验（可自行动手做一下）可知，大螺线管线圈产生互感电动势大小与小螺线管线圈的电流变化率和两者之间的位置都有关。当 2 个螺线管线圈互相垂直时，互感电动势最小；当 2 个螺线管线圈平行，且小螺线管线圈的磁通变化全部影响大螺线管线圈的磁通变化时，互感电动势最大，此时，两个线圈的位置称为全偶合。

$$e_{M2} = M\Delta I_1/\Delta t$$

上式中 M 为互感系数，简称互感，单位为 H。

6. 互感线圈的同名端

通常采用同名端来判断互感电动势的极性，以及了解线圈的绕向。把由于线圈的绕向一致而产生感应电动势的极性始终保持一致的端子称为线圈的同名端，用 "." 或 "*" 表示。如图 3-34a 所示，开关 S 闭合瞬间，A 线圈有电流 I 从 1 端流进，根据楞次定律，在 A 线圈两端产生自感电动势，极性为左正右负。利用同名端可确定 B 线圈的 4 端和 C 线圈的 5 端皆为互感电动势的正端。

在实际应用中，可以根据直流通断法（图 3-34b）来判断同名端。线圈 1 经开关 K 接于直流电源，线圈 2 两端接万用表的直流电压档最小量程。当开关 K 闭合瞬间，线圈 2 产生互感电动势，若电压表正向偏转，则 AC 为同名端；若电压表反向偏转，则 AC 为异名端。

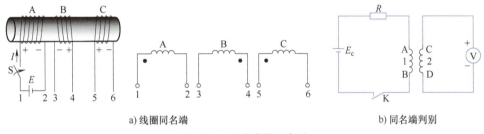

a) 线圈同名端　　　　　　　　　　　　b) 同名端判别

图 3-34　互感线圈同名端

二、磁路与磁路欧姆定律

1. 磁路

由于铁磁材料具有很强的导磁能力，所以在实际生产应用中，常常将铁磁材料做成一定形状，用作线圈的铁心，为线圈中的磁通集中通过提供路径。磁通所通过的路径称为磁路。常见的磁路形状如图 3-35 所示。

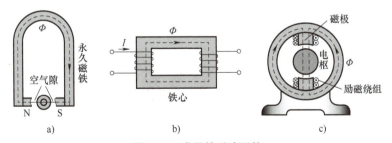

a)　　　　　　　　　b)　　　　　　　　　c)

图 3-35　常见的磁路形状

磁路可以分为无分支磁路和有分支磁路，图 3-35a 和图 3-35b 为无分支磁路，图 3-35c 为有分支磁路。磁路中除铁心外，往往还有一小段非铁磁材料，例如空气隙等。由于磁力线是连续的，所以通过无分支磁路各处横截面的磁通是相等的。

全部在磁路内部闭合的磁通称为主磁通，部分经过周围物质而自成回路的磁通称为漏磁通，如图 3-36 所示。图 3-36 中的 Φ 为主磁通，Φ_{01}、Φ_{02} 为漏磁通。

图 3-36 中，与电源 u_1 相连的称为一次绕组，与负载
相连的称为二次绕组。一次、二次绕组的匝数分别为 N_1
和 N_2，当一次绕组接上交流电压 u_1 时，一次绕组中便有
电流通过。一次绕组的磁路产生的磁通绝大部分通过铁心
而闭合，从而在二次绕组中感应出电动势。如果二次绕组
接有负载，那么二次绕组中就有电流 i_2 通过，二次绕组也
产生磁通，其绝大部分也通过铁心而闭合。因此，铁心中

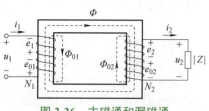

图 3-36　主磁通和漏磁通

的磁通是一个由一次、二次绕组的磁通共同产生的合成磁通，它称为主磁通，如图中的 Φ。主
磁通穿过一次绕组和二次绕组而在其中分别感应出电动势。此外，一次、二次绕组的磁通势还
分别产生漏磁通，如图中的 Φ_{01}、Φ_{02}。

2. 磁路欧姆定律

1）磁动势。通过线圈的电流 I 和线圈匝数 N 的乘积称为磁动势，用 F_m 表示，即

$$F_m = NI$$

F_m 的单位为 A（安培）。

2）磁阻。磁阻是磁通通过磁路时所受到的阻碍作用，用 R_m 表示。磁阻的大小与磁路长
度 L 成正比，与磁路的横截面积 S 成反比，且与组成磁路材料的磁导率 μ 有关，其计算公式为
$R_m = L/(\mu S)$，式中，μ、L、S 的单位分别为 H/m、m、m^2，磁阻 R_m 的单位为 H^{-1}。

通过磁路中的磁通与磁动势成正比，而与磁阻成反比，即 $\Phi = F_m/R_m$。
上式与电路中的欧姆定律相似，故称为磁路欧姆定律。如果磁路中存在空气隙，则整个磁路的磁
阻会大大增加，若要有足够的磁通，就必须增大励磁电流或增加线圈的匝数，即增大磁动势。

三、电磁感应在汽车发电机上的应用

汽车发电机的外观如图 3-37 所示，它通常由定子线圈、转子和端盖及轴承等部件组成，其
结构如图 3-38 所示。

定子由定子铁心、三相漆包线绕组、机座以及固定这些部分的其他结构件组成。转子由转子
铁心（或磁极、磁轭）绕组、护环、中心环、滑环、风扇及转轴等部件组成。转子安装在定子里。

图 3-37　汽车发电机外观

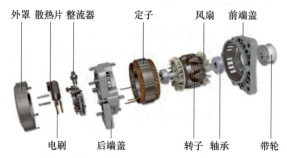

图 3-38　汽车发电机的结构

交流发电机由轴承及端盖将发电机的定子、转子连接组装起来，使转子能在定子中旋转，
利用导线切割磁力线感应出电动势的电磁感应原理，可以将发动机输出的机械能变为电能输出。
定子是发出电力的电枢，转子是磁极。转子的励磁绕组通入直流电流，产生接近于正弦分布磁
场（称为转子磁场）。转子旋转时，转子磁场随同一起旋转，每转一周，磁力线顺序切割定子的

每相绕组，在三相定子绕组中感应出频率相同、幅值相等、相位互差120°的感应电动势。此感应电动势是按正弦规律变化的，俗称对称三相正弦交流电，如图3-39所示。三相正弦交流电通过接线端子引出，接在电路中，便产生了电流（具体内容在模块四介绍）。

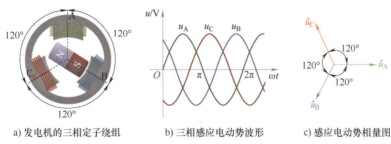

a) 发电机的三相定子绕组　　b) 三相感应电动势波形　　c) 感应电动势相量图

图 3-39　汽车发电机发电原理

四、电磁感应在新能源汽车旋转变压器上的应用

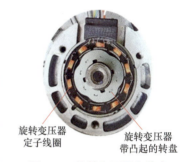

旋转变压器定子线圈　　旋转变压器带凸起的转盘

图 3-40　旋转变压器安装在驱动电机上的位置

旋转变压器是一种电磁式传感器，又称为同步分解器。它是一种用来测量旋转物体的转角角位移和角速度的传感器，由定子和转子组成。其安装位置如图3-40所示。它包含3个线圈：1个励磁线圈、2个检测线圈，励磁线圈随电动机转动，检测线圈固定，且2个线圈互成90°，其控制电路如图3-41所示。旋转变压器的工作原理与变压器相似，所不同的是变压器的一次绕组和二次绕组相对固定，所以一次绕组输入电压和二次绕组输出电压之比为常数K，而旋转变压器的励磁线圈和检测线圈是随转子角位移而发生相对位置的改变，存在相对运动，在运动过程中，引起两者相对角度的变化，导致在检测线圈中产生感应电动势的变化，从而使检测线圈输出电压随转子角位移的改变而改变。控制信号输出波形如图3-42所示。

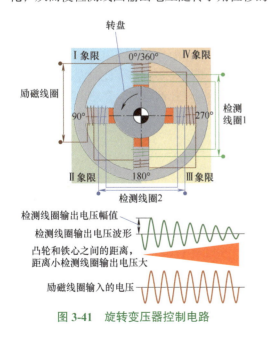

图 3-41　旋转变压器控制电路

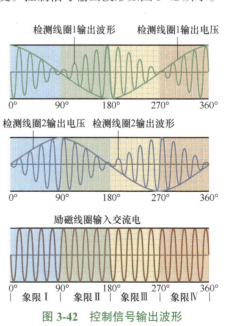

图 3-42　控制信号输出波形

旋转变压器在新能源汽车驱动电机上检测位置和速度时，可以得到两组分别按正弦和余弦变化的信号，见图 3-42 中的检测线圈 1、检测线圈 2 输出的波形。旋转变压器输入电压的频率一般为 10kH$_z$，如果工作频率过高，会造成旋转变压器一次绕组的感抗增大，导致输出信号幅度过低；如果工作频率过低，会造成旋转变压器一次绕组的感抗减小，流过一次绕组的电流增大，有可能导致旋转变压器损毁。

任务五　连接转向灯控制电路

任务目标

◆ 知识目标：
　　1）认知闪光继电器的类型及其作用。
　　2）了解电容式闪光继电器的工作过程。
◆ 核心素养：
　　1）养成规范操作的工作习惯。
　　2）培养勤俭节约的生活习惯，树立精益求精的工匠精神。
◆ 技能目标：
　　1）具备检测双向开关和闪光继电器的能力。
　　2）具备判断和排除转向灯电路故障的能力。
◆ 建议课时：2 课时。

任务描述

　　汽车左、右转向灯或危险警告灯工作时是在闪光继电器控制下按规律的节奏闪烁的。当汽车要向右转时，可操作转向灯开关，汽车的前、中、后 3 盏右转向灯便会在闪光继电器的控制下闪烁，提示汽车要向右转；当汽车处在紧急状态下，可打开危险警告灯，此时左、右 6 盏转向灯同时闪烁，以警示过往车辆和行人。本任务通过连接转向灯控制电路，介绍电容式闪光继电器的工作原理。

任务实施

一、器材

连接转向灯控制电路所需器材见表 3-13。

二、连接转向灯控制电路

1）连接转向灯控制电路，步骤见表 3-14。

表 3-13　连接转向灯控制电路所需器材

序号	名称	实物图	序号	名称	实物图
1	导线		6	转向灯	
2	斜口钳		7	电容式闪光继电器	
3	剥线钳		8	转向控制开关	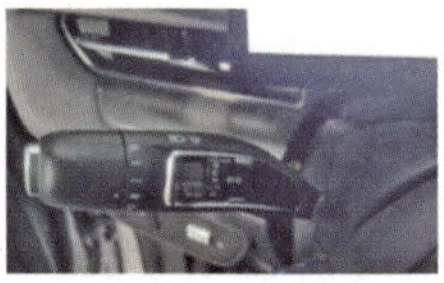 实车上的转向灯开关操作柄  替代开关
4	熔丝		9	辅助蓄电池	
5	电源开关				

表 3-14　连接转向灯控制电路

步骤	任务实施描述	实施示意图
1	按示意图裁剪适合长度的导线、剥离相关导线线头的绝缘皮，依次连接相关器件	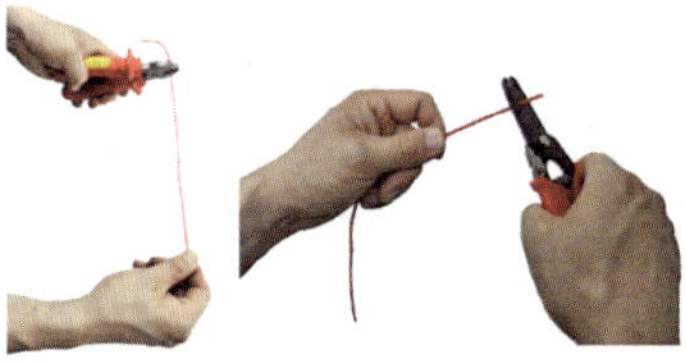 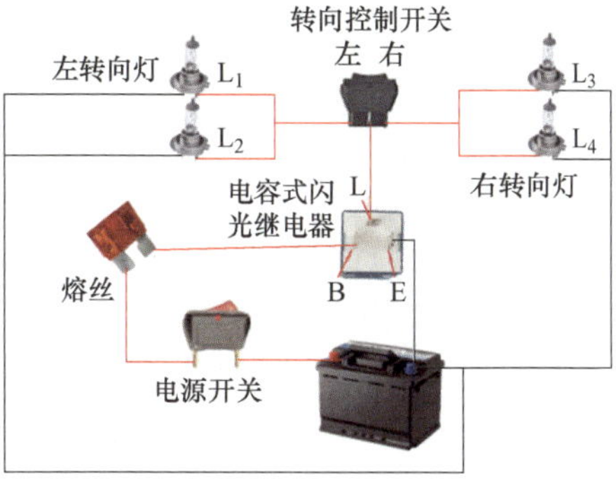

（续）

步骤	任务实施描述	实施示意图
2	接通电源开关后，将转向控制开关打到左边，观察左转向灯泡发生的现象，并记录	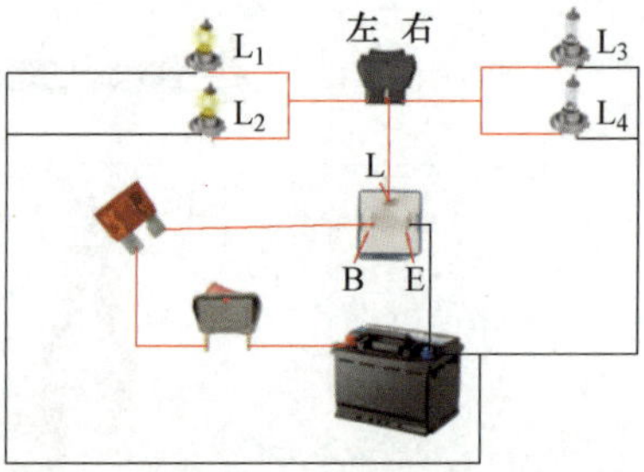
3	在步骤2的基础上，将转向控制开关打到右边，观察右转向灯泡发生的现象，并记录	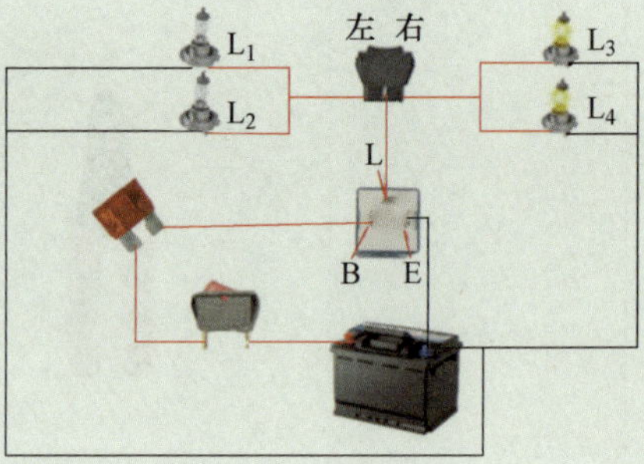
4	实训完毕，关断电源，按要求断开连接导线，收好器件和仪表	

2）记录任务实施产生的数据或现象到表 3-15 中。

表 3-15　任务实施产生的数据或现象记录表

班级：		姓名：		日期：
1. 作业前准备				
1）检查元件是否齐全				□是　□否
2）检查转向灯是否正常				□是　□否
3）检查辅助蓄电池电压是否正常				□是　□否
2. 记录数据或现象				
1）表 3-14 步骤 2 中转向控制开关打到左边时，L_1、L_2：□亮　□不亮　□闪烁；L_3、L_4：□亮　□不亮　□闪烁				
2）表 3-14 步骤 3 中转向控制开关打到右边时，L_1、L_2：□亮　□不亮　□闪烁；L_3、L_4：□亮　□不亮　□闪烁				

📟 知识链接

　　汽车上的转向灯和警告指示灯是用闪光继电器（又称闪光器）进行控制的。闪光继电器按其结构不同，可分为阻丝式、电容式和电子式 3 种。其中，阻丝式可分为热丝式（电热式）和翼片式（弹跳式），电子式可分为混合式（带触点的继电器与电子元件）和全电子式（无继电器）两种，本任务主要介绍电容式闪光继电器。

电容式闪光器的结构如图 3-43 所示。转向灯能够在电路接通后有规律地闪烁，是因为电路中设置了闪光器。

当汽车要向左转向时，向下拨动汽车上的转向灯开关操作柄，如图 3-44 所示，即把图 3-43 中转向灯开关向左拨动。下面根据图 3-43 来分析转向灯控制过程。当转向灯开关向左拨动时，电流流向为辅助蓄电池正极、电源开关、接线柱 B、串联线圈、继电器触点、接线柱 L、转向灯开关、左转向信号灯和指示灯、搭铁、辅助蓄电池负极，构成回路。此时，并联线圈、电解电容器及灭弧电阻被继电器触点短路，而无电流流过。电流流经串联线圈所产生的电磁力大于弹簧片的作用力，继电器触点被迅速打开，转向信号灯和指示灯处于熄灭状态；当继电器触点打开后，辅助蓄电池通过并联线圈向电解电容器充电，充电电流流向为辅助蓄电池正极、电源开关、接线柱 B、串联线圈、并联线圈、电解电容器、接线柱 L、转向灯开关、左转向灯、搭铁、辅助蓄电池负极，构成回路，由于并联线圈电阻值很大，充电电流很小，不足以使转向信号灯和指示灯亮起，随着电解电容器所加的电压不断升高，电流进一步减小，此时串联线圈、并联线圈产生的电磁力不足于克服弹簧片的作用力，继电器触点闭合。继电器触点闭合后，转向信号灯和指示灯亮起；转向信号灯和指示灯亮以后，也就是继电器触点闭合后，电解电容器通过并联线圈、继电器触点放电，放电电流流经并联线圈所产生的电磁力与串联线圈产生的电磁力相反，电磁力减弱，继电器触点继续闭合。随着放电的进行，放电电流减小，并联线圈产生的电磁力减小，串联线圈产生的电磁力增大，大于弹簧片的作用力时，触点又断开，转向信号灯和指示灯熄灭。转向信号灯和指示灯就是在上述的控制过程中，如此循环动作，从而产生有规律的闪烁现象。灭弧电阻的作用是防止继电器因产生过高的感应电压而出现电火花。

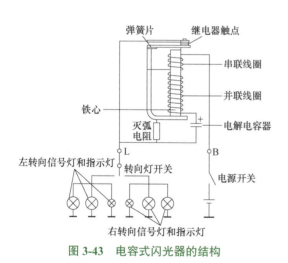

图 3-43　电容式闪光器的结构

图 3-44　实车操作左转向灯示意图

 课后测评

一、选择题

1. 新能源汽车转向灯的主要作用是什么（　　　）。

A. 照明　　　　　　　　　　　　B. 警示行人或车辆

C. 装饰　　　　　　　　　　　　D. 导航

2. 电容器在新能源汽车电路中起到的作用包括（　　　）。

A. 能量转换　　　　　　B. 调谐　　　　　　　C. 滤波　　　　　　　D. 以上都是

3. 电容器的充放电特性不包括（　　　）。

A. 隔直流电通交流电　　　　　　　　　　　B. 有储存电荷的能力

C. 电容器上的电压可以突变　　　　　　　　D. 电容器两端有电势差

4. 电容器串联后，总电容（　　　）。

A. 不变　　　　　　　　B. 减少　　　　　　　C. 增大　　　　　　　D. 无法确定

5. 电感线圈在新能源汽车中的作用包括（　　　）。

A. 隔交通直　　　　　　B. 滤波　　　　　　　C. 变压　　　　　　　D. 以上都是

6. 电感线圈的感抗 X_L 与交流电频率 f 的关系是（　　　）。

A. $X_L = 2\pi f L$　　　　　　　　　　　　　B. $X_L = 1/(2\pi f L)$

C. $X_L = \sqrt{fL}$　　　　　　　　　　　　　D. $X_L = f/L$

7. 通电直导线在磁场中的运动方向是由（　　　）决定的。

A. 电流大小和磁场强度　　　　　　　　　　B. 电流方向和磁场方向

C. 导线长度和磁场分布　　　　　　　　　　D. 导线材料和电流频率

8. 直流电动机的工作原理是基于（　　　）。

A. 电磁感应　　　　　　B. 磁共振　　　　　　C. 霍尔效应　　　　　D. 光电效应

9. 磁场对通电直导体的作用力，也称为（　　　）。

A. 磁力　　　　　　　　B. 电磁力　　　　　　C. 洛伦兹力　　　　　D. 安培力

10. 汽车上的转向灯和警告指示灯是通过（　　　）进行控制的。

A. 电机　　　　　　　　B. 传感器　　　　　　C. 闪光继电器　　　　D. 变压器

11. 电容式闪光继电器的控制过程中，电容器的作用是（　　　）。

A. 储存能量　　　　　　B. 限制电流　　　　　C. 产生电压　　　　　D. 以上都是

12. 在电磁感应现象中，感应电流的磁场方向总是（　　　）。

A. 与原磁场的方向相反　　　　　　　　　　B. 与原磁场的方向相同

C. 阻碍原磁场的变化　　　　　　　　　　　D. 阻碍磁场的磁通变化率

13. 在自感应现象中，自感电动势的大小与（　　　）成正比。

A. 通过线圈的原电流　　　　　　　　　　　B. 通过线圈的原电流的变化率

C. 通过线圈的原电流的变化量　　　　　　　D. 通过线圈的原电流的大小

14. 如果通电直导体在匀强磁场中受到的磁场力最大，则说明该导体与磁力线夹角为（　　　）。

A. 90°　　　　　　　　　B. 60°　　　　　　　　C. 30°　　　　　　　　D. 0°

15. 关于磁力线的说法下列正确的是（　　　）。

A. 磁力线是磁场中客观存在的有方向的曲线

B. 磁力线始于磁铁 N 极而终于磁铁 S 极

C. 磁力线上的箭头表示磁场方向

D. 磁力线上某点处于小磁针静止时北极所指的方向与该点曲线方向一定一致

16. 下列说法中，正确的是（　　　）。

A. 一段通电导线在磁场某处受到的力大，该处的磁感应强度就大

B. 在磁感应强度为 B 的匀强磁场中，放入一个面积为 S 的线框，通过线框的磁通一定为 $\Phi = BS$

C. 磁力线密处的磁感应强度大

D. 通电导线在磁场中受力为零，磁感应强度一定为零

17. 下列说法不正确的是（　　）。

A. 通过线圈中的磁通增加时，线圈产生的感应电流所产生的磁通阻碍原磁通的增加

B. 通过线圈中的磁通减少时，线圈产生的感应电流所产生的磁通阻碍原磁通的减小

C. 通过线圈中的磁通发生变化时，线圈产生的感应电流所产生的磁通阻碍原磁通的变化

D. 线圈产生的感应电流所产生的磁通总是与原磁通方向相反

二、填空题

1. 电容用来反映电容器_____的能力，它等于电容器_____与电容器两端所加_____的比值，即_____。

2. 平行板电容器电容只与电容器的极板_____、_____以及极板间电介质的_____有关，而与外加电压的大小等外部条件无关，即 $C=$_____。

3. 电容器从电源中获得的电能储存在电场中，这种能量称为_____。

4. 电容器对交流电流阻碍作用的大小称为_____，单位为_____，符号是_____。

5. 电容器串联后，每个电容器上所充的电荷量 Q 是_____，即_____。

6. 串联后的电容器总电容 C 的_____等于各电容器的电容_____之和，即 $1/C=$_____。电容器串联后，总电容_____（填"增大"或"减小"）。

7. 并联后的电容器总电容 C 等于各电容器的_____，即 $C=$_____。

8. 线圈的电感用_____表示，常用的单位有_____、_____、_____、_____，$1H=10^3mH=10^6\mu H=10^9nH$。

9. 线圈对直流电的电阻值几乎为零，低频信号通过它时所呈现的阻力比较_____；而高频信号通过线圈时会遇到很_____的阻力。

10. 磁体上磁性最强的部位称为_____。任何磁体都有 2 个_____，而且无论怎样把磁体分割，磁体总保持 2 个_____，通常以 S 表示磁体的_____，以 N 表示磁体的_____。

11. 磁极间相互作用的规律是：同性_____，异性_____。

12. 磁力线上每一点的切线方向表示该点的_____，曲线在某处的疏密程度就表示该处的_____。

13. 通电线圈产生磁场的方向可以用_____定则来判定。用右手握住线圈，4 个手指的指向与流经线圈的_____方向一样，则大拇指所指的方向就是_____的方向。在线圈外部，磁力线从_____极出发进入_____极，线圈内部的磁力线方向由_____极指向_____极，并和外部的磁力线形成_____。

14. 磁感应强度是一个_____，习惯上，把在磁场中垂直于磁场方向的通电直导线，所受的电磁力 F 与直导线通过的电流 I 和直导线通电的长度 L 的乘积 IL 的比值，称为该处的磁感应强度，用 B 表示，即_____，单位是特斯拉（T），也就是韦伯/平方米（Wb/m^2）。

15. 从 $\varPhi=BS$，可得 $B=$_____，这表示_____等于穿过单位面积的磁通，所以_____又称磁通密度，用 Wb/m^2 作为单位。

16. 通电的直导线在磁场中所受的作用力称为_____，或又称_____，单位是_____。

17. 当通电直导线的电流方向与磁场垂直时，电磁力_____。

18. 楞次定律指出：感应电流产生的磁通总是_____的变化。

19. 利用变化的磁场来产生电流的现象称为_____现象，产生的电流称为_____，产生感应电流的电动势称为_____。

20. 通电线圈产生磁场的强弱，不仅与线圈通过的_____有关，还与线圈的_____有关。

21. 由一个线圈中的电流发生变化而在另一个线圈中产生电磁感应的现象称为，简称_____。

22. 发电机是一种将_____转化为_____的典型电磁器件。

三、计算题

1. 计算电容器的电容值，给定电荷量 $Q=10\mu C$ 和电压 $U=5V$。

2. 确定 2 个串联电容器的总电容，$C_1=2\mu F$，$C_2=4\mu F$。

3. 计算电感线圈的感抗，给定电感量 $L=100mH$，交流电频率 $f=50Hz$。

4. 求通电直导线在磁场中所受的电磁力，给定电流 $I=2A$，导线长度 $L=0.5m$，磁感应强度 $B=1T$。

5. 给定一个电容器，在充电过程中，电容器的初始电压为 0V，最终电压达到 12V，电容器的电容值为 $100\mu F$。如果充电电流随时间线性减小，初始电流为 3A，最终电流为 0A，且充电时间为 5s。求电容器存储的能量。

6. 在探究磁场对线圈作用的实验中，一个线圈的自感系数为 0.5H，当电流变化率为 1000A/s 时，求自感电动势的大小。

7. 一个空心电感线圈的直径为 10cm，线圈长度为 5cm，线圈匝数为 100 匝。使用空心线圈电感量计算公式，计算该线圈的电感量。

模块四

新能源汽车动力蓄电池充电电路

模块描述

　　动力蓄电池是新能源汽车为驱动电机系统和整车低压系统提供能量的存储装置。当动力蓄电池储存的能量消耗将尽时，需要对其补充能量，即充电。动力蓄电池有直流充电（俗称快充）和交流充电（俗称慢充）两种充电方式。交流充电主要是通过交流充电桩、壁挂式充电盒以及家用供电插座接入交流充电口，通过高压电控总成将交流电转为 380V 以上的直流高压电给动力蓄电池充电；直流充电主要是通过充电站安装的充电柜将直流高压电直接通过汽车的直流充电口给动力蓄电池充电。本模块通过 3 个任务，让学习者在真实的任务实践或仿真工作情境中进行操作与感知，从而获得在该工作领域应具备的用电安全常识、新能源汽车维护安全防护常识，掌握交流电的三要素、三相电源和三相电机联结方式以及动力蓄电池交流慢充等方面的知识，培养相关素养和技能。新能源汽车交流充电示意图如图 4-1 所示。

图 4-1　新能源汽车交流充电示意图

任务一　测量交流电波形

任务目标

◆　知识目标：
　　1）了解 OTC 3840C 汽车专用示波器各控制件名称、作用、使用方法和注意事项。
　　2）掌握正弦交流电三要素。
　　3）掌握三相正弦交流电的联结方式。
　　4）了解电动机的工作原理。

◆　核心素养：
　　1）培养规范使用和爱护仪表的意识。
　　2）养成安全操作、严谨测量、认真记录和细致分析的学习态度。
　　3）培养勤俭节约的生活习惯，树立精益求精的工匠精神。

◆　技能目标：
　　1）具备操作 OTC 3840C 汽车专用示波器的能力。
　　2）具备调出示波器测量交流电波形的能力。
　　3）具备正确判断电动机联结方式的能力。

◆　建议课时：4 课时。

任务描述

　　示波器能把肉眼看不见的电信号变换成看得见的波形或图像，便于人们研究各种电现象的变化过程。本任务利用 OTC 3840C 汽车专用示波器测量低压交流电的实际波形，来介绍 OTC 3840C 汽车专用示波器各操作键的作用以及单相正弦交流电的定义和三要素，并引申介绍三相正弦交流电和三相电路在新能源汽车中的应用。

任务实施

一、器材

　　利用 OTC 3840C 汽车专用示波器测量交流电波形所需器材见表 4-1。

表 4-1　利用 OTC 3840C 汽车专用示波器测量交流电波形所需器材

序号	名称	实物图	序号	名称	实物图
1	导线		5	220/24V 变压器	
2	接线排				
3	斜口钳		6	2P 空气开关	
4	剥线钳		7	汽车专用示波器	

二、用 OTC 3840C 汽车专用示波器测量低压交流电波形

1）用 OTC 3840C 汽车专用示波器测量低压交流电波形，步骤见表 4-2。

利用示波器测量
低压交流电波形

表 4-2　用 OTC 3840C 汽车专用示波器测量低压交流电波形

步骤	任务实施描述	实施示意图
1	连接电路： 　裁剪适合长度的导线、剥离相关导线线头的绝缘皮，见右上示意图，依次连接右下示意图的相关器件 　注：220V 交流电源至空气开关输入端的电路连接由教师事先完成，学生完成电路连接后由教师完成上电	 连接至220V家用电源
2	设置示波器为"通道 A"：长按示波器电源开关，开启 OTC 3840C 示波器。依次按下左边或右边"MENU"键、"V"键，再按下显示屏下方数字键"5"，选择确定，进入示波器界面。然后按下数字键"1"选择"通道 A"，最后按下数字键"3"切换到"交流"模式	电源按键 "V"电压游标 "MENU"菜单按键 1~5数字（功能）按键区域
3	用示波器的探针连接至接线排，接着按下示波器左边的"V"键、"mV"键调整示波器显示屏的交流电压波形高度，接着按下左边"S"键、"μV"键调整示波器显示屏的交流电压波形宽度，直至在显示屏中显示完整的 3~4 个周期的正弦波形，见右示意图，记录波形	连接至220V家用电源
4	实训完毕，关断电源，按要求断开连接导线，收好器件和仪表并放置于指定位置	

2）记录任务实施产生的数据或现象到表 4-3 中。

表 4-3　任务实施产生的数据或现象记录表

班级：		姓名：		日期：	
1. 作业前准备					
1）检查仪表和元件是否齐全				□是　□否	
2）检查示波器通电是否正常				□是　□否	
2. 记录数据或现象					
测量仪器	测量部位		测量数据		
示波器	接线排		电压最大值：　　　　周期：　　　　有效值：		
	波形记录：				

📠 **知识链接**

一、OTC 3840C 汽车专用示波器

1. OTC 3840C 汽车专用示波器面板操作键认知

OTC 3840C 汽车专用示波器面板操作键分布如图 4-2 所示。

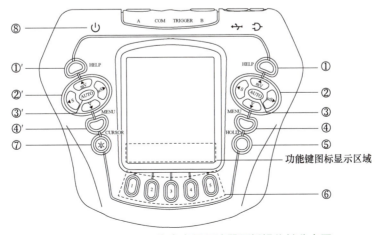

图 4-2　OTC 3840C 汽车专用示波器面板操作键分布图

OTC 3840C 汽车专用示波器各操作键功能见表 4-4。

表 4-4　OTC 3840C 汽车专用示波器各操作功能键

编号	控制键	说明
①	帮助（HELP）	在菜单选择时显示被选中的项目信息 在被选测试项目进行时，显示功能键的信息
②		完成下述之一的动作： 上下移动菜单选项 上下移动波形 上下移动电压游标 在示波器模式下调节触发电平 左右移动波形 左右移动时间游标 通道 A 和通道 B 的幅值范围大小的调整 通道 A 和通道 B 的时基范围大小的调整
③	自动（AUTO）	自动显示量程（触发器）功能的 ON/OFF 控制，当设置为 ON 时，屏幕右上角显示自动（AUTO）字符，一旦发现信号，它将跟踪信号踪迹并按照设置搜索最佳量程和时基设置；当此功能被设置为 OFF 时，必须人工调整显示的量程
④	菜单（MENU）	返回至主菜单
⑤	保持（HOLD）	冻结屏幕（HOLD 显示在右上），同时显示一个可选择保存、杂波捕捉或清除存储的菜单
⑥	1 至 5	键 1~5 是功能键，每个键分配的功能由功能键图标表示，显示在屏幕底部键上面
⑦	游标	游标键（快按）用于在波形上进行测量 游标由垂直和水平线组成，能在显示的波形上移动，可在任意点读取测量值 背景灯选择键（长按）用于关闭或打开 LCD 背景灯
⑧	电源（POWER）	关闭或打开电源。当打开电源时，原先的设置同时激活

2. OTC 3840C 汽车专用示波器显示界面认知

OTC 3840C 汽车专用示波器显示界面如图 4-3 所示。

OTC 3840C 汽车专用示波器显示界面各标号代表的含义见表 4-5。

3. OTC 3840C 汽车专用示波器使用注意事项

1）正确接地：确保示波器和探头良好接地，避免干扰和安全问题。

2）选择合适的探头：根据信号频率和幅值选择匹配的探头。

3）正确连接和拆卸探头：确保探头与示波器和被测电路的连接正确，避免接触不良或短路。连接和拆卸探头时要小心操作，防止损坏探头或接口。

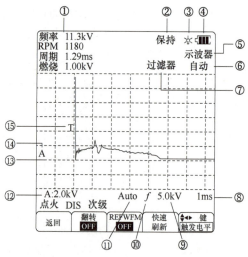

图 4-3　OTC 3840C 汽车专用示波器显示界面

表 4-5　OTC 3840C 汽车专用示波器显示界面各标号代表的含义

序号	含义	序号	含义	序号	含义
①	显示仪表测量数值	⑥	表示自动配置范围模式	⑪	表示自动触发
②	表示保持（HOLD）功能启用	⑦	表示过滤器模式启用	⑫	表示每格电压和信号耦合方式。若是直流，此处空白；若是交流，此处~；若是⊥，表示接地
③	背景灯指示器	⑧	表示每格的时基	⑬	指示信号源通道
④	电池电量不足指示	⑨	表示触发电平	⑭	指示通道 A 的 0 点
⑤	表示示波器模式	⑩	表示触发斜率（上升沿还是下降沿）	⑮	指示触发位置

4）调整触发方式：选择合适的触发方式，以确保能够稳定地显示信号的波形。

5）避免过载：防止输入信号超出示波器的量程，以免损坏仪器。

6）预热：在进行精确测量前，适当预热示波器。

7）避免强磁场：不要将示波器放置在强磁场附近。

8）定期校准：保证测量的准确性。

9）注意安全电压：对于高电压信号，要采取适当的防护措施。

10）当信号有噪声干扰时，可以尝试使用滤波功能来改善显示效果。

11）如果遇到难以捕获的信号，可以尝试调整触发延迟等参数。

12）熟悉示波器上各种指示灯和报错信息的含义，以便及时发现问题并解决。

二、正弦交流电

1. 正弦交流电的定义

交流电（Alternating Current，AC）又称为"交变电流"，一般指大小和方向随时间周期性变化的电压或电流。在实际应用中，交流电用符号"~"表示。

表 4-2 步骤 3 所测的交流电是大小和方向均随时间按正弦规律周期性变化的电压。通常把大小及方向均随时间按正弦规律周期性变化的电流、电压、电动势称为正弦交流电流、电压、电动势。它们在某一时刻 t 的值称为瞬时值，可用三角函数式（瞬时值表达式）来表示。正弦交流电的电压波形如图 4-4 所示。

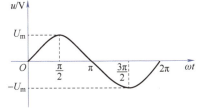

图 4-4　正弦交流电的电压波形

瞬时值表达式的标准形式为

$$a(t) = A_m \sin(\omega t + \varphi_0)$$

正弦交流电压、电流和电动势的瞬时值表达式分别为

$$u(t) = U_m \sin(\omega t + \varphi_0)$$

$$i(t) = I_m \sin(\omega t + \varphi_0)$$

$$e(t) = E_m \sin(\omega t + \varphi_0)$$

2. 正弦交流电的三要素

通常把 A_m、ω、φ_0 称为正弦交流电的三要素。

（1）最大值 A_m　正弦交流电瞬时值中的最大值称为振幅值，也称为最大值或峰值，用大写字母加下标 m 表示，如 I_m、U_m 分别表示电流、电压的振幅值。

（2）相位（$\omega t+\varphi_0$）与初相 φ_0 正弦交流电瞬时值表达式中的（$\omega t+\varphi_0$）称为相位或相角。它是一个随时间变化的量，不仅确定正弦量的瞬时值的大小和方向，而且能描述正弦量变化的趋势。初相 φ_0 就是 $t=0$ 时刻的相位，它反映了正弦交流电在计时开始时的状态。一般用弧度（rad）作为相位与初相的单位，也可用"度"表示。

（3）角频率 ω、周期 T 和频率 f 角频率、周期和频率从不同角度反映正弦交流电交变速度的快慢。

1）角频率 ω：也称为角速度。正弦交流电在单位时间内所经历的电角度，称为角频率，用字母 ω 表示，即 $\omega=\dfrac{\alpha}{t}$，角频率的单位一般用弧度/秒（rad/s）。其值越大说明正弦交流电交变的速度越快，反之则越慢。

2）周期 T：正弦交流电变化一周所需要的时间，它的单位通常用秒（s）；周期越短，说明正弦量交变的速度就越快。

3）频率 f：正弦交流电在 1s 内完成周期性变化的次数，称为正弦量的频率，用 f 表示。频率越高，则说明正弦量交变的速度越快；频率的单位通常用赫兹（Hz）、千赫（kHz）和兆赫（MHz）。它们之间的关系：$1MHz = 1\times10^3kHz = 1\times10^6Hz$。

周期、频率和角速度 3 个物理量之间存在以下关系

$$f=\frac{1}{T} \quad \omega=\frac{2\pi}{t}=2\pi f$$

例 4-1： 已知正弦交流电流的瞬时表达式为 $i=10\sin(314t+240°)$A，试求该正弦交流电流的最大值 I_m、频率、周期、角频率和初相。

解： $i=10\sin(314t+240°)$A$=10\sin(314t-120°)$A

最大值：$I_m=10$A；频率：$f=\dfrac{\omega}{2\pi}=\dfrac{314}{2\pi}Hz\approx50$Hz。

周期：$T=\dfrac{2\pi}{\omega}=\dfrac{2\pi}{314}s\approx\dfrac{1}{50}s=0.02$s；角频率：$\omega=314$rad/s。

初相：$\varphi_0=-120°$。

3. 正弦交流电的有效值

在交流电的一个变化周期内，把一个交流电 i 与直流电 I 分别通过两个相同的电阻 R，在相同的时间内，如果 2 个电阻产生的热量相等，则这个直流电 I 的数值就称为交流电 i 的有效值。正弦交流电用大写英文字母 I、U、E 来分别表示电流、电压和电动势的有效值。

在上述条件下，若直流电流 I 通过电阻 R 在交流电流一个周期的时间内所产生的热量为 $Q_1=I^2RT$，则交流电流通过电阻 R，在一个周期内所产生的热量为 $Q_2=Q_1=I^2RT$。

若交流电流的瞬时表达式为 $i=I_m\sin\omega t$，则

$$I=\sqrt{\frac{1}{T}\int_0^T I_m^2\sin^2\omega t\,dt}=\frac{I_m}{\sqrt{2}}\approx0.707I_m$$

这表明最大值为 1A 的正弦交流电流，在能量转换方面与 0.707A 的直流电流的实际效果相同。

同理，正弦交流电的电压、电动势有效值约等于最大值的 0.707 倍，即

$$U = \frac{1}{\sqrt{2}} U_m \approx 0.707 U_m$$

$$E = \frac{1}{\sqrt{2}} E_m \approx 0.707 E_m$$

4. 正弦交流电的相位差

两个相同频率的正弦交流电相位之差称为相位差，用符号 φ 表示。如果 2 个正弦交流电压的瞬时值表达式分别为

$$u_1(t) = U_{m1} \sin(\omega t + \varphi_1)$$
$$u_2(t) = U_{m2} \sin(\omega t + \varphi_2)$$

则 $u_1(t)$ 与 $u_2(t)$ 之间的相位差可以用以下式子表示

$$\varphi_{12} = (\omega t + \varphi_1) - (\omega t + \varphi_2) = \varphi_1 - \varphi_2$$

相同频率的正弦交流量之间的相位差等于它们的初相之差。相位差等于零的两个正弦交流量的交变的步调是一致的，通常称为同步；反之，称为不同步。

假设有一个正弦交流电流、一个正弦交流电压，它们的瞬时值表达式如下

$$i(t) = I_m \sin(\omega t + \varphi_1)$$

$$u(t) = U_m \sin(\omega t + \varphi_2)$$

则根据 φ_1 与 φ_2 的关系不同，$i(t)$ 与 $u(t)$ 之间的相位关系可用图 4-5 所示的波形表示。

5. 正弦交流电三要素与波形图的对应关系

正弦交流电三要素与波形图的对应关系，如图 4-6 所示。

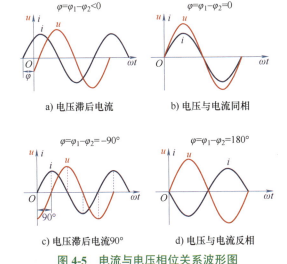

a) 电压滞后电流　　b) 电压与电流同相

c) 电压滞后电流90°　　d) 电压与电流反相

图 4-5　电流与电压相位关系波形图　　　　图 4-6　正弦交流电三要素与波形图的对应关系

$$\text{正弦交流电的三要素} \begin{cases} \text{反映交流电大小（幅度）的物理量：最大值、有效值、瞬时值} \\ \text{反映交流电变化快慢的物理量：} T \text{、} f \text{、} \omega \\ \text{用以比较交流电交变步调的物理量：相位、初相位} \end{cases}$$

三、三相正弦交流电

1. 对称三相交流电表达式

交流发电机的转子旋转时，转子磁场随同一起旋转，每转一周，磁力线顺序切割定子的每相绕组，在三相定子绕组中感应出频率相同、幅值相等、相位互差120°的感应电动势。此感应电动势是按正弦规律变化的，俗称对称三相正弦感应电动势。其瞬时表达式为

$$e_A = E_m \sin \omega t$$
$$e_B = E_m \sin(\omega t - 120°)$$
$$e_C = E_m \sin(\omega t - 240°) = E_m \sin(\omega t + 120°)$$

在三相电路中，具有同频、等幅、相位互差120°的3个正弦交流电，称为对称三相正弦交流电。它包括对称三相正弦电压、对称三相正弦电流、对称三相电动势等。

2. 对称三相正弦交流电及其特点

对称三相正弦感应电动势的特点：在任一时刻其瞬时值之和以及相量和都等于零，即

$$e_A + e_B + e_C = 0$$
$$\dot{E}_A + \dot{E}_B + \dot{E}_C = E\angle 0° + E\angle -120° + E\angle 120° = 0$$

对称三相正弦电压的频率相同，振幅相等，其区别是相位不同。相位不同表明各相电压到达零值或正峰值的时间不同，这种先后次序称为相序。对称三相电动势组成三相电源，按一定方式联结后向负载输送电能。

四、三相电源的联结

1. 三相电源的星形联结方式

三相电源的星形联结如图4-7所示。它是将发电机三相绕组的首端A、B、C引出，尾端X、Y、Z连接在一起。

尾端相连形成的节点用N表示，称为中性点。从中性点引出的导线称为中性线或零线。从首端引出的3根输电线称为相线或端线，俗称火线。三相电源星形联结后，从电源引出4根导线向负载供电，这种方式称为三相四线制供电。

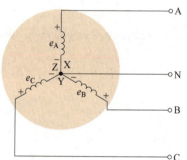

图4-7　三相电源的星形联结

2. 三相电源的星形联结供电电压

三相电源星形联结后向负载提供的电压有两种，如图4-8所示。

相电压：电源相线与中性线之间的电压称为相电压，分别为 u_A、u_B、u_C，参考方向由相线指向中性线。

线电压：电源任意两根相线之间的电压称为线电压，分别为 u_{BA}、u_{CB}、u_{AC}，参考方向由前下标指向后下标。

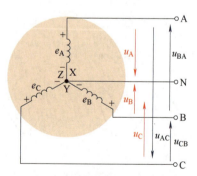

图4-8　三相电源星形联结的供电电压

3. 相、线电压之间的关系

3个相电压等于三相电动势（忽略发电机内阻抗和电压降），故 U_A、U_B、U_C 一定对称，大小（有效值）用 U_P 表示，以A相电压为参考相量，有

$$\dot{U}_A = U_P \angle 0°$$
$$\dot{U}_B = U_P \angle -120°$$

$$\dot{U}_C = U_P \angle 120°$$

3 个线电压也对称，大小（有效值）用 U_L 表示，是相电压 U_P 的 $\sqrt{3}$ 倍，相位超前相应的相电压 30°。其相量表示为

$$\dot{U}_{AB} = \sqrt{3}\ \dot{U}_A \angle 30° = \sqrt{3}\ U_P \angle (0°+30°) = U_L \angle 30°$$

$$\dot{U}_{BC} = \sqrt{3}\ \dot{U}_B \angle 30° = \sqrt{3}\ U_P \angle (-120°+30°) = U_L \angle -90°$$

$$\dot{U}_{CA} = \sqrt{3}\ \dot{U}_C \angle 30° = \sqrt{3}\ U_P \angle (120°+30°) = U_L \angle 150°$$

三相电源星形联结、采用三相四线制供电时，当负载接在相线与零线之间时，得到相电压；当负载接在相线与相线之间时，得到线电压。低压配电系统中，相电压为 220V，线电压为 380V。

例 4-2： 星形联结的对称三相电源，已知线电压为 380V，若以 U_A 为参考相量，试求相电压，并写出各相电压和线电压相量 $\dot{U}_A$、$\dot{U}_B$、$\dot{U}_C$、$\dot{U}_{AC}$、$\dot{U}_{CB}$、$\dot{U}_{BA}$。

解： $U_P = \dfrac{U_L}{\sqrt{3}} = \dfrac{380}{\sqrt{3}}$ V ≈ 220V

$$\dot{U}_A = 220 \angle 0°\text{V}, \qquad \dot{U}_B = 220 \angle 120°\text{V}, \qquad \dot{U}_C = 220 \angle -120°\text{V}$$

$$\dot{U}_{AC} = \sqrt{3}\ \dot{U}_A \angle 30° = 380 \angle 30°\text{V}$$

$$\dot{U}_{CB} = \sqrt{3}\ \dot{U}_C \angle 30° = 380 \angle -90°\text{V}$$

$$\dot{U}_{BA} = \sqrt{3}\ \dot{U}_B \angle 30° = 380 \angle 150°\text{V}$$

---

4. 三相电源的三角形联结方式

将发电机的三相绕组 X、Y、Z 依次首、尾相连，构成一个闭合的三角形电路，再从 3 个顶点 A、B、C 引出 3 根导线作为输电线，形成三相电源的三角形联结，如图 4-9 所示。

5. 三相电源的三角形联结供电电压和供电电流

三相电源三角形联结后，对外（负载）输出的线电压就是三相绕组的电动势，实际上就是电源相电压。对称相电流的有效值用 I_P 表示，对称线电流的有效值用 I_l 表示，则有 $I_l = \sqrt{3}\ I_P$。

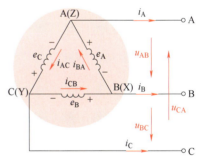

图 4-9　三相电源的三角形联结

当三相电流对称时，线电流的有效值是相电流有效值的 $\sqrt{3}$ 倍，线电流滞后对应的相电流 30°。

注意： 三相电源联结成三角形时，各相绕组绝不能接反，否则会使电路总电动势不等于零，产生很大的环流，导致烧坏绕组。

想一想： 在图 4-8 中，某低压供电系统采用三相四线制供电方式，若电源线电压 $u_{AB} = 380\sqrt{2}\sin(314t-30°)$ V，试写出 3 个电源相电压 u_A、u_B、u_C 的正弦函数表达式和各电压相量。

五、三相负载的联结

三相电源输出的电压需要供负载使用。在三相负载中，如果各相的复阻抗相等，则称为对称三相负载，否则就是不对称三相负载。为了满足负载对电源电压的不同要求，三相负载有星形和三角形两种联结方式。图 4-10a 所示为三相负载的星形联结，N 为负载中性点，图 4-10b 所示为三相负载的三角形联结。

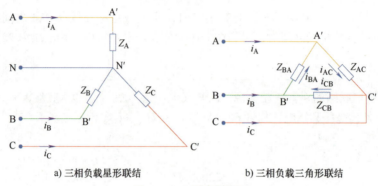

a) 三相负载星形联结　　　　　　　　　b) 三相负载三角形联结

图 4-10　三相负载联结

六、对称三相电路的功率

在三相交流电路中，三相负载消耗的总功率等于各相负载消耗的功率之和，即

$$P=P_A+P_B+P_C$$

每相负载的功率为

$$P_P=U_PI_P\cos\varphi$$

在对称三相电路中，各相负载的功率相同，三相负载的总功率为

$$P=3U_PI_P\cos\varphi \text{ 或 } P=\sqrt{3}\,U_LI_L\cos\varphi$$

对称三相电路的无功功率为

$$Q=3U_PI_P\sin\varphi=\sqrt{3}\,U_LI_L\sin\varphi$$

对称三相电路的视在功率为

$$S=\sqrt{P^2+Q^2}=3U_PI_P=\sqrt{3}\,U_LI_L$$

> **例 4-3：** 一组对称三角形联结负载，每相阻抗 $Z=109\angle60°\Omega$，现接在对称三相电源上，测得相电压为 380V，相电流为 3.5A，试求此三角形负载的功率。
>
> **解：** $P=3U_PI_P\cos\varphi=3\times380\times3.5\times\cos60°\text{W}=1995\text{W}$

七、三相电源在新能源汽车三相电动机中的应用

新能源汽车电动机所需的三相驱动电流是由动力蓄电池提供的直流电进行逆变、变频等控制电路控制后（在后面模块介绍）得到的。当电动机的三相定子绕组（各相差 120° 电角度）通入三相交流电后，将产生一个旋转磁场，该旋转磁场切割转子绕组，从而在转子绕组中产生感应电流（转子绕组是闭合通路），载流的转子导体在定子旋转磁场作用下将产生电磁力，从而在

电动机转轴上形成电磁转矩，驱动电动机旋转，并且电动机旋转方向与旋转磁场方向相同。常见的电动机有三相永磁同步电动机和三相交流异步电动机两种，图4-11所示。

1. 三相永磁同步电动机

三相永磁同步电动机是指转子转速与定子旋转磁场的转速同步的电动机，其结构如图4-12所示。

电动机的转子为永磁磁体，转子磁体的N极、S极随着定子绕组的旋转磁场磁极的移动而旋转，磁场产生磁通量，电枢完成电能与机械能的转换。

a) 三相永磁同步电动机　　b) 三相交流异步电动机

图 4-11　新能源汽车常见的三相电动机

其转速 $n=60f/p$，其中 f 为永磁同步电动机的定子电源频率，p 为永磁同步电动机的极对数。

永磁同步电动机主要是由转子、定子等各部件组成，如图4-13所示。永磁同步电动机的定子结构与普通的感应电动机的结构非常相似，主要是转子的独特结构与其他电动机形成了差别。

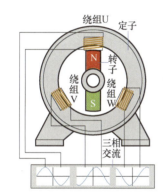

图 4-12　三相永磁同步电动机的结构

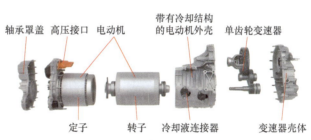

图 4-13　永磁同步电动机的组成

用于新能源汽车驱动的永磁同步电动机一般采用旋转磁极式，转子使用永磁体。此外，永磁同步电动机开环控制容易产生脱离同步运转的情况，因此需要对转子的磁极位置进行检测，根据磁极的变化改变定子三相绕组电流的供给。

2. 三相交流异步电动机

三相交流异步电动机又称为三相感应电动机。它是需要三相电源供电的异步电动机。三相电流通过定子绕组时产生旋转磁场，在转子绕组中产生感应电流，磁场与电流相互作用产生电磁转矩，使电动机旋转。它按转子绕组的不同，有笼型和绕线转子两种类型。

三相交流异步电动机主要由定子和转子组成，如图4-14所示。若在定子绕组内通入三相交流电，即会产生一个同步转速为 n_1 的旋转磁场。

当定子绕组产生的磁场以 n_1 速度顺时针方向旋转时，由于转子导体与旋转磁场间产生相对

图 4-14　三相交流异步电动机的结构

1—风扇　2—定子铁心　3—定子绕组接线柱
4—带导体的转子　5—定子绕组　6—短路环
7—滚柱轴承　8—转子轴

运动而在转子导体内产生感应电动势，该电动势的方向可由右手定则来判断。这些作用于转子导体上的电磁力则在转子的转轴上形成转矩（称为电磁转矩），其作用方向与定子旋转磁场方向相同，因此转子就顺着旋转磁场的方向转动起来，其转速 $n=60f(1-s)/p$，s 为三相交流异步电动机的转差率（定子旋转磁场与转子的转速之差被称为转速差）。必须指出，三相交流异步电动机转子的转速 n 总是低于旋转磁场的同步转速 n_1，这样旋转磁场才能保持对转子导体的切割而使其产生感应电动势。定子旋转磁场和转子以不同转速运行，即它们非同步旋转，这也是异步电动机名称的由来。

3. 三相电动机绕组的联结

三相电动机的定子绕组有 3 个，每个绕组的始端分别记作 U_1、V_1、W_1，末端分别记作 U_2、V_2、W_2。定子绕组的连接分为星形"Y"和三角形"△"两种联结方式，如图 4-15 所示。若将电动机定子绕组的 3 个首端分别与三相电源连接，3 个末端连接在一起，那么这种连接称为星形联结，记为"Y"，如图 4-15a 所示；若将三相绕组的每相绕组末端与另一相绕组的首端依次相连，然后将 3 个首端与电源连接，那么这种连接方式称为三角形联结，记为"△"，如图 4-15b 所示。定子绕组的接线端子在机壳外面的接线盒内。

当外加电压不变时，如果将原星形联结的电动机改接为三角形联结，那么电动机定子绕组线圈的电压将变为原绕组线圈电压的 $\sqrt{3}$ 倍，这样电动机定子绕组线圈会因流过的电流过大而发热。如果把三角形联结的电动机改为星形联结，那么电动机定子绕组线圈的电压将变为原线圈的 $\frac{1}{\sqrt{3}}$，电动机的输出功率就会降低。

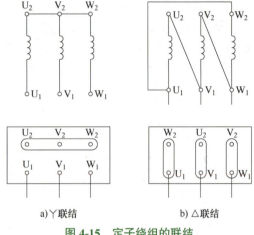

a) Y联结　　　　　　　b) △联结

图 4-15　定子绕组的联结

任务二　连接动力蓄电池交流充电设备

🎯 任务目标

◆ **知识目标**：

1）掌握纯电动汽车交流充电的安全事项。

2）了解电流对人体的作用。

3）了解电流对人体的伤害及预防措施。

4）了解保护接零和保护接地的概念。

5）掌握触电急救常识。

◆ **核心素养**：

1）培养规范、安全操作意识和安全第一、敬畏生命的工作习惯。

2）养成安全用电、节约用电的工作习惯。
◆ 技能目标：
1）具备正确操作新能源汽车动力蓄电池充电设备的能力。
2）具备开展触电现场急救的能力。
◆ 建议课时：3课时。

 **任务描述**

新能源汽车充电分为交流慢充和直流快充两种。交流慢充一般是使用三相四线制供电的交流电源，经车载充电机 AC/DC 变换后，输出高压直流电对动力蓄电池充电。由于充电所使用的交流电压有单相供电 220V 和三相供电 380V，所以必须特别注意安全用电。本任务通过连接新能源汽车动力蓄电池交流充电设备，使学生了解新能源汽车动力蓄电池充电应注意事项和安全用电常识、触电急救方法。

任务实施

一、器材

连接动力蓄电池交流充电设备所需器材见表4-6。

表 4-6　连接动力蓄电池交流充电设备所需器材

序号	名称	实物图	序号	名称	实物图
1	新能源车辆		2	车载充电机	

二、给动力蓄电池进行交流充电

1）给动力蓄电池进行交流充电，步骤见表4-7。

表 4-7　动力蓄电池交流充电操作

步骤	任务实施描述	实施示意图
1	确保车辆处于停车状态	

（续）

步骤	任务实施描述	实施示意图
2	从行李舱中取出车载充电机，检查车载充电机的充电线是否有破损；检查两端充电插头 1 和 2 表面是否有烧蚀痕迹 接入家用交流 220V 电源，观察车载充电机电源指示灯现象并记录	
3	打开车辆交流充电插座的舱盖和保护盖	
4	按压充电插头上的按钮，把充电插头对准车辆充电插座并插入，松开充电插头上的按钮，用手轻轻地拉动充电插头。若充电插头被锁止而无法拔出，则表明机械锁止功能正常。观察指示灯变化现象，并记录	
5	观察车载充电机上的充电指示灯现象并记录	
6	观察组合仪表充电指示灯现象并记录	
7	观察充电过程中，中控屏上显示相关的充电参数及画面	

（续）

步骤	任务实施描述	实施示意图
8	单击中控屏右上角结束充电按键，结束充电	
9	按下充电插头的锁止按钮，拔出充电插头，合上交流充电插座的保护盖和舱盖，拔出充电枪，收拾好车载充电机	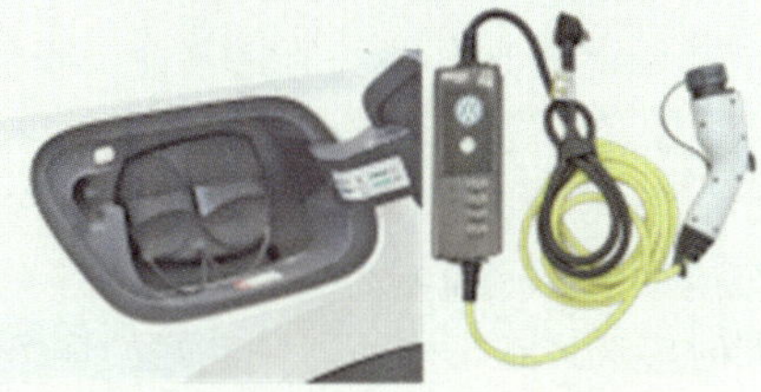

2）记录任务实施产生的数据或现象到表 4-8 中。

表 4-8 任务实施产生的数据或现象记录表

班级：	姓名：	日期：

1. 作业前准备

1）检查车辆是否处于停车状态	□是 □否
2）检查车载充电机是否正常	□是 □否

2. 安全操作	1）车载充电机应在干燥、通风且远离高温、潮湿等恶劣环境的地方使用，以确保其正常工作。是否达成：□是 □否 2）车载充电机供电电源应安装避雷设施，以防雷击对设备造成损坏或引发安全事故。是否达成：□是 □否 3）车载充电机周围应禁止吸烟、使用明火等行为，同时应配备相应的灭火器材，以应对可能发生的火灾事故。是否达成：□是 □否 4）遵循车载充电机的使用说明，确保正确连接充电枪和车辆充电口。是否达成：□是 □否 5）避免在充电过程中随意拔插充电枪，以免对设备造成损坏或引发安全隐患。是否达成：□是 □否

3. 记录数据或现象

车载充电机插上交流电源插座后的指示灯：□亮 □不亮

车载充电机上的充电指示灯：□闪烁 □常亮

充电过程中组合仪表显示	充电状态指示：_____ 充电电流和功率：_____

📖 **知识链接**

一、纯电动汽车交流充电安全注意事项

纯电动汽车交流慢充电（AC慢充）是一种常见的充电方式，其特点是充电功率较低，充电时间较长，通常适用于家庭充电和公共充电桩。进行交流慢充时要注意以下事项。

1. 设备选择与检查

充电前应选择通过国家认证的充电桩和充电线，避免使用劣质或未经认证的产品。在每次充电前要检查充电设备的完整性，确保充电桩和充电线没有损坏或老化，充电插头和插座正常。

2. 充电环境的选择

纯电动汽车交流慢充电宜在15~25℃的室温环境下进行，避免在极端高温或低温环境下充电。同时应选择在干燥、通风良好的环境下充电，避免在雨天、潮湿、封闭或通风不良的环境中充电，以防设备过热、产生漏电或短路。

3. 充电操作正确规范

充电时应严格按照车辆和充电设备的操作手册，先规范地完全插入充电插头，确保连接稳固，再开启充电桩，并确认充电设备显示正常充电状态。在充电过程中，应尽量避免频繁中断充电，以保持动力蓄电池充电的稳定性。

4. 动力蓄电池维护和健康监测

交流充电应尽量避免长时间将动力蓄电池充至100%，尤其是在不需要长途驾驶的情况下，将动力蓄电池电量充至80%~90%即可。保持动力蓄电池电量在20%~80%之间，避免过度放电，有助于延长动力蓄电池的使用寿命。应定期检查动力蓄电池的健康状态，如果发现动力蓄电池续驶里程显著下降或充电时间明显延长，应及时进行维护。

二、电流对人体的作用

1. 安全电流及有关因素

站在高压导线上的小鸟（图4-16），为什么不会发生触电现象？触电一般是指人体接触或接近高压带电体时，导致电流通过人体而引起的局部受伤或死亡现象。数据表明，频率为30~1000Hz的电流通过人体最危险，频率超过1000Hz的电流，随着频率的升高危险性将减小，日常所用的工频市电50~60Hz的危险性最大。实践证明，即使通过人体的电流很小，但通电的时间过长时也会有危险。电流对人体的伤害程度取决于通过人体的电流大小与时间的乘积。一般情况下，这两者的乘积在30mAs以下时，人不至于触电，若超过这个数值，则有触电危险。站在高压导线上的小鸟不会发生触电的原因是小鸟两只脚与导线之间的接触电阻值比较大，两只脚之间导线的电阻值很小，电压降也很小（可以忽略不计），几乎没有电流通过小鸟的身体，所以不会发生触电。

2. 安全电压和人体电阻

1）安全电压：一般情况下，对地电压低于40V为安全电压，但电气设备环境越潮湿，使用安全电压就越低。我国安全电压等级标准分为42V、36V、6V等，可供不同条件下使用的电气设备选用，一般36V以下电压不会造成人员伤亡，故称36V电压为安全电压。

　　2）人体电阻：人体最小电阻一般在 800~1000Ω，皮肤干燥时可达几万欧姆，而有汗、有水或皮肤破损时，电阻值就会迅速减小，当承受高于 100V 的电压时，皮肤会被完全击穿，电阻值接近 0Ω。在高压电导致的高电流的情况下，人体内的电阻值将大大减小。人体所有血管内的血液都是良好的导电体。根据触电过程中的接触点不同，对人体的影响也有很大差异。当电流流经心脏时最危险。人体触电过程的接触点如图 4-17 所示。

图 4-16　站在高压导线上的小鸟

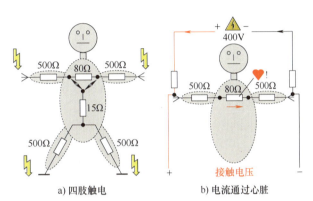

a) 四肢触电　　　　　b) 电流通过心脏

图 4-17　人体触电过程的接触点

三、电流对人体的伤害

　　按人体受伤害的方式不同，触电可分为电伤和电击两种。

1. 电伤

　　电伤是指电流的热效应、化学效应、机械效应作用对人体造成的局部伤害。它可以是电流通过人体直接引起的，也可以是电弧或电火花引起的，包括电弧灼伤、受大电流加热而融化的金属烧伤或与带电体接触后的皮肤烫伤等。电伤的临床表现为头晕、心跳加速、出冷汗或恶心、呕吐、皮肤烧伤处疼痛等。

2. 电击

　　电击是指电流通过人体时，破坏人的心脏、神经系统、肺部等的正常工作而造成的伤害。它可以使肌肉抽搐、内部组织损伤，造成发热、发麻、神经麻痹等，严重时会引起昏迷、窒息、心脏停止跳动而死亡。电击伤人的程度是由通过人体电流的大小、电流频率和通过人体的途径、持续时间长短和触电者本人的体质而定的。人体通过工频（50Hz 或 60Hz）电流 1mA 时就会有麻木的感觉。当 5mA 以上电流流过人体时，会出现"触电反应"，人会体验到刺痛感，但仍可自行脱离带电体。10mA 为摆脱电流，当超过 10mA 的电流流过人体时，即超过容许电流阈值时，人体将开始收缩，无法再自行脱离带电体，电流在身体上的停留时间将显著增加。当 30~50mA 的交流电较长时间流过人体时，会导致人呼吸骤停和心室纤维性颤动。当人体通过 50mA 的工频电流时，经过一定时间就可以使人毙命。超过 80mA 的电流是致命的，80mA 被称为"致命阈值"。电流通过心脏危险性最大，通电时间越长，触电的伤害程度就越严重。例如当人体左、右手同时接触 400V 电压时，流经人体的电流 $I = U/R = 400V/1000Ω = 0.4A = 400mA$，此时电流经过心脏，并且大于 80 mA 的"致命阈值"，若电流在心脏的停留时间达到 10~15ms，就可造成致命伤害。

四、触电的方式及防止触电措施

1. 直接触电

直接触电可分为单相触电和两相触电，如图4-18所示。两相触电非常危险，单相触电在电源中性点接地的情况下也是很危险的。其防护方法主要是对带电导体加绝缘、对变电所的带电设备加隔离栅栏或防护罩等设施。

a) 单相触电　　　b) 两相触电

图 4-18　直接触电

2. 间接触电

间接触电主要有跨步电压触电和接触电压触电，如图4-19所示。当架空电路的一根带电导线断落在地上时，如图4-19a所示，落地点与带电导线的电势相同，电流就会从导线的落地点向大地流散，于是地面上以导线落地点为中心形成一个电势分布区域，离落地点越远，电流越分散，地面电势也越低。如果人或牲畜站在距离导线落地点8~10m以内，就可能发生触电事故，这种触电称为跨步电压触电。

当电气设备因绝缘损坏而发生接地故障时，若人体的手和脚分别同时触及漏电设备的外壳和地面（图4-19b），人体的手和脚便处于不同的电位之间，其间的电位差即称为接触电压。由于受接触电压作用而导致的触电现象称为接触电压触电。

a) 跨步电压触电　　　b) 接触电压触电

图 4-19　间接触电

3. 防止触电措施

防止触电是安全用电的核心。怎样才能防止触电呢？

（1）规范安装　为防止触电，电气设备的安装要规范。

（2）防止违规操作　要防止触电事故的发生，保证安全用电，就要在实际工作和生活中注意以下事项。

1）不能私拉乱接导线和擅用大功率电器。

2）开关必须安装在相线上，合理选择导线及熔断器，不能随意加大熔丝的规格或用铁丝、铜丝等代替。

3）安装电器时，要根据安装说明正确安装，不可马虎。带电部分必须有防护罩或放到不易接触的地方，以防触电。

4）带金属外壳的电器必须采用保护接地措施。新能源汽车的交流充电插头等电器的电源插头必须使用接地连接良好的三孔插座。

5）不要私自拆装导线和电器，以免触电或造成短路事故。

6）不能在架空电路和户外变电所附近放风筝、钓鱼，不得攀爬电线杆和变压器杆塔等电气设施。

7）不能用湿布擦拭正在使用的电器，更不能用水冲洗。

8）当由于电气故障或漏电而引起火灾时，应立即切断电源。电器起火时，应迅速用沙子覆盖，用四氯化碳灭火器或二氧化碳灭火器灭火，绝不能用水或一般酸碱泡沫灭火器灭火。

9）当带电导线断落在地上时，不能走近，以免跨步电压伤人；应派人看守，通知有关人员处理。

五、触电救护知识

发生了触电怎么办？遇有触电情况，首先应使触电者脱离电源，可以拉下电源开关或用干燥的竹竿、木棒等工具挑开带电导线，如图4-20所示，或用绝缘手钳等工具切断导线，严禁用手直接触拉触电者。

图4-20　触电者现场脱离电源的方法

其次，要防止触电者脱离电源后的摔伤或跌倒受伤；最后，根据触电者的状况，迅速实施人工呼吸、胸外心脏按压等抢救措施。

1. 口对口人工呼吸

人工呼吸以口对口人工呼吸效果最好。如图4-21所示，捏紧触电者鼻孔，深吸一口气后紧贴触电者的嘴并向嘴内吹气，时间约为2s；吹气完毕后，立即松开触电者的嘴并松开触电者的鼻孔，让他自行呼气，时间约3s。如此以每分钟约12次的频率进行。该方法主要针对有心跳而无呼吸的触电者。

2. 胸外心脏按压

胸外心脏按压主要针对有呼吸而无心跳的触电者。如图4-22所示，救护者跪在触电者一侧或骑跪在其腰部两侧，两手相叠，手掌根部放在伤者心窝上方、胸骨下，掌根用力垂直向下按压，压出心脏里面的血液，按压后迅速松开，胸部自动复原，血液充满其心脏，以每分钟60次的频率进行。

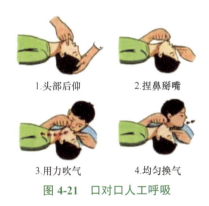

1.头部后仰　　2.捏鼻掰嘴

3.用力吹气　　4.均匀换气

图4-21　口对口人工呼吸

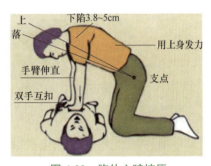

图4-22　胸外心脏按压

3. 同时采用人工呼吸和胸外心脏按压

采用人工呼吸和胸外心脏按压法主要针对心跳和呼吸都停止的触电者。如图4-23所示，若现场只有1个施救者时，可采用单人操作。单人进行抢救时，先给触电者吹气3~4次，然后按压7~8次，如此反复进行，直至触电者苏醒为止。若现场有两个施救者，则两人合作进行抢救，效果更佳。方法是1个人做人工呼吸，另1个人做胸外心脏按压。但在吹气时，应将其胸部放松，按压只可在换气时进行。

a) 单人操作法　　　　b) 双人操作法

图4-23　对心跳和呼吸都停止者的急救

六、动力蓄电池交流充电

1. 动力蓄电池交流充电控制

动力蓄电池交流充电系统主要由交流充电设备、高压线束、交流充电口、车载充电机、高压配电盒、动力蓄电池包、蓄电池管理器等部件组成，其控制电路如图 4-24 所示。

由电网提供的 220V 或 380V 交流电通过标准的充电插头与插座（汽车上的交流充电接口，也称为慢充电口）进入安装在车辆内部的车载充电机（On Board Charger，OBC），由 OBC 把输入的交流电转换为适合动力蓄电池的直流电压，经高压配电盒后进入蓄电池管理系统对动力蓄电池进行充电，整个充电过程受整车控制器（VCU）控制。

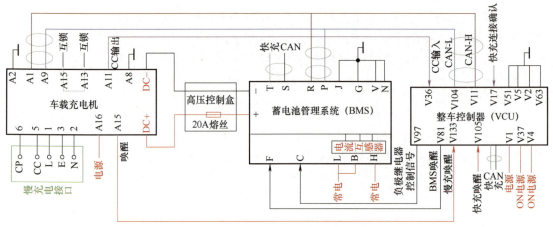

图 4-24　动力蓄电池交流充电系统控制电路

2. 交流充电枪

交流充电枪各引脚名称见表 4-9。

表 4-9　交流充电枪各引脚名称

序号	引脚	名称	序号	引脚	名称
1	CC	充电连接确认信号	5	CP	控制确认
2	L	交流电源	6	N	零线
3	NC1	备用 1	7	NC2	备用 2
4	PE	保护接地			

CC 检测：通过检测该引脚与接地之间的电阻值来判断充电枪是否连接好。当检测到该引脚存在接地电阻时，则认为充电枪已经连接。不同充电功率下 CC 引脚对地电阻值不同，见表 4-10。

表 4-10　不同充电功率下 CC 引脚对地电阻值

序号	CC 引脚对地电阻值 /Ω	充电功率	序号	CC 引脚对地电阻值 /Ω	充电功率
1	680	3.3kW 充电盒	3	100	40kW 充电盒
2	220	7kW 充电盒	4	2000	对外放电插座

CP 检测：当充电枪连接后，通过 CP 检测线传入脉冲宽度调制（PWM）信号，从而可以得出该车载充电机允许的最大输入电流，CP 信号判断充电柜最大输出电流。CP 功能见表 4-11。

3. 交流充电过程

当充电枪接入后，CC 检测由悬空变为通过电阻接地〔如果整车控制器（VCU）处于休眠状态，则 CC 检测唤醒 VCU〕，确认 CC 连接后进行 CP 检测，将 CC、CP 状态及检测结果通过 CAN 总线发送到 VCU 上，等 VCU 检测到蓄电池管理器发送的高压系统无故障之后，闭合蓄电池管理器内部的继电器，开始对动力蓄电池充电。

表 4-11　CP 功能

序号	PWM 信号	最大充电电流 I_{max}/A
1	占空比 D<3%	不允许充电
2	3% ≤占空比 D<7%	当占空比 D 为 5% 时，表示需要数字通信，且需在充电前在充电桩和纯电动汽车之间建立，没有数字通信不允许充电
3	7% ≤占空比 D<8%	不允许充电
4	8% ≤占空比 D<10%	I_{max} = 6
5	10% ≤占空比 D<85%	I_{max} = 占空比 D×60
6	85% ≤占空比 D<90%	I_{max} =（占空比 D×100−64）×2.5 且 I_{max} ≤63
7	90% ≤占空比 D<97%	预留
8	占空比 D≥97%	不允许充电

任务三　实施动力蓄电池上电和下电操作

任务目标

◆ 知识目标：
　　1）掌握动力蓄电池上电和下电过程的安全防护知识。
　　2）了解动力蓄电池上电和下电的流程。
◆ 核心素养：
　　养成安全规范操作意识和安全第一、敬畏生命的工作习惯。
◆ 技能目标：
　　1）具备正确穿戴安全防护用具的能力。
　　2）具备规范进行动力蓄电池上电、下电操作的能力。
◆ 建议课时：1 课时。

任务描述

　　新能源汽车高压系统工作电压为 400V 或以上，高压电由动力蓄电池通过直流母线与各高压部件连接。对新能源汽车高压部件进行拆装前，应对车辆进行彻底的断电，以防止高压部件与动力蓄电池之间有电压连接而产生触电事故或短路事故。本任务通过对新能源汽车动力蓄电池上电、下电操作来介绍用电安全及注意事项，帮助学习者学会用电安全防护知识，并为后续模块的任务实施打好安全操作基础。

任务实施

一、器材

　　实施动力蓄电池上电和下电操作所需器材见表 4-12。

表 4-12　实施动力蓄电池上电和下电操作所需器材

序号	器材	示意图	序号	器材	示意图
1	新能源汽车		5	车辆维修手册	吉利几何G6维修手册
2	高压安全防护套装		6	安全隔离栏	
3	万用表		7	绝缘工具套装	
4	绝缘安全挂锁		8	警示牌	

二、实施动力蓄电池上电和下电操作

　　1）实施动力蓄电池上电和下电操作，步骤见表 4-13。

动力蓄电池上电
和下电操作

表 4-13　实施动力蓄电池上电和下电操作

步骤	任务实施描述	实施示意图
1	场地准备：按右上图所示设置隔离栏、安全警示牌、检查灭火器压力值（水基、干粉），并记录 　安全防护准备：按右下图所示检查安全防护套装，正确穿戴耐压绝缘鞋、绝缘手套、防蓄电池电解液酸碱性手套、护目镜、安全帽，并记录数据或异常情况	  
2	仪表准备：按右图所示把数字万用表红、黑表笔分别插入 VΩHzC 和 COM 插孔，档位调到电阻档，将红、黑表笔进行短接，记录校零误差，并判断万用表是否正常	
3	外观保护准备：按右图所示正确打开前机舱盖，按规范安装车外三件套	
4	下电作业 - 高压系统标准断电： 　在车内的多媒体显示屏上单击整车电源开关，将电源模式切换到 OFF 档，关闭所有用电设备，见右上图；接着断开维修开关，使用绝缘安全挂锁上锁并保管好钥匙，见右下图	 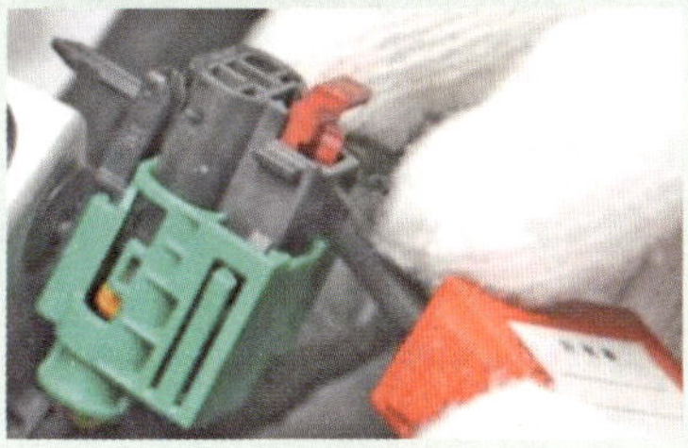

（续）

步骤	任务实施描述	实施示意图
5	下电作业 - 高压系统标准断电： 松开辅助蓄电池负极电缆紧固螺母，断开辅助蓄电池负极电缆的连接，见右上图；对负极极柱做绝缘保护，防止负极意外接通，见右下图	 
6	下电作业 - 高压系统标准断电： 举升车辆，见右上图。拆卸动力线束盖板总成，断开直流母线总成与动力蓄电池连接的 1 个线束插接器，见右下图	 
7	下电作业 - 高压系统标准断电： 按规定在直流母线断开后静置车辆一段时间（具体规定时间查阅维修手册）后，使用万用表对直流母线进行验电，如右图所示。分别测量以下数据，并记录 1）高压插接器插座端（动力蓄电池端）：HV+ 与 HV– 电压；HV+ 与接地电压；HV– 与接地电压 2）高压插接器插头端（高压母线端）：HV+ 与 HV– 电压；HV+ 与接地电压；HV– 与接地电压 正常时，所有测量的电压值均 <60V	

（续）

步骤	任务实施描述	实施示意图
8	上电作业 - 高压系统标准上电： 　动力蓄电池的上电作业是下电作业的逆过程。先连接直流母线总成与动力蓄电池连接的 1 个线束插接器，见右图；接着安装动力线束盖板总成；再连接动力蓄电池负极电缆；接着降下车辆；最后重新接通维修开关，完成上电作业	
9	工位清洁和整理 清洁整理工具和量具、设备、场地	

2）记录任务实施产生的数据或现象到表 4-14 中。

表 4-14　任务实施产生的数据或现象记录表

班级：		姓名：		日期：	

1. 作业前准备

1）设置隔离栏、安全警示牌、检查灭火器压力值（水基、干粉）	□是　□否
2）检查安全防护套装，正确穿戴耐压绝缘鞋、绝缘手套、防蓄电池电解液酸碱性手套、护目镜、安全帽	1）绝缘手套耐压等级： 2）安全防护套装：□正常　□异常： 异常情况描述：

2. 动力蓄电池上电和下电操作

1）根据具体车型按手册要求标准断电	断电后等待时间：＿＿＿＿＿＿min

2）记录数据或现象

测量仪器	档位	测量部位	测量数据
数字万用表	电阻档	两表笔短接	显示的数值：$R_0 =$＿＿＿＿＿＿Ω，□正常　□异常
数字万用表	直流电压（1000V）	高压插接器插座端（动力蓄电池端）	HV+ 与 HV− 电压：＿＿＿＿＿V，□正常　□异常 HV+ 与接地电压：＿＿＿＿＿V，□正常　□异常 HV− 与接地电压：＿＿＿＿＿V，□正常　□异常
数字万用表	直流电压（1000V）	高压插接器插头端（高压母线端）	HV+ 与 HV− 电压：＿＿＿＿＿V，□正常　□异常 HV+ 与接地电压：＿＿＿＿＿V，□正常　□异常 HV− 与接地电压：＿＿＿＿＿V，□正常　□异常

高压母线断电是否成功：□是　□否

知识链接

一、新能源汽车维护常用的高压防护用品及标识

新能源汽车维护常见的高压防护用品及标识见表 4-15。在新能源汽车维修、维护工作中，所有涉及高压电部件及周边的操作，为防止意外触电，确保人身安全，操作人员必须穿戴好防护用品，使用绝缘工具套装进行操作。

表 4-15　新能源汽车维护常见的高压防护用品及标识

图片	名称和作用	图片	名称和作用
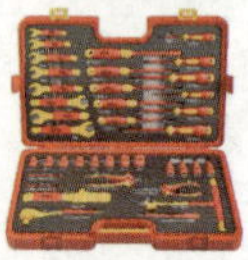	绝缘工具：覆盖有绝缘材料，可防止人触电或设备之间发生短路		绝缘工作垫：绝缘垫防止电流通路
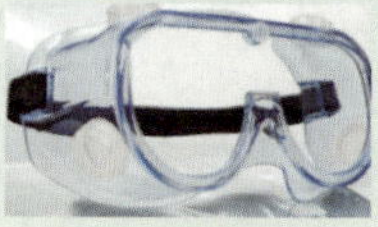	护目镜：可防护眼睛和面部，免受在高压操作中可能因短路而产生的电弧、高温飞溅等伤害		绝缘安全帽：由绝缘材料制成，用于防止工作人员头部触电
	绝缘手套：保障操作安全，防止工作人员在接触高压电时受到电击伤害		电工安全鞋：保护工作人员不受电击伤害，同时具有防滑、防砸、耐磨损等特性
	安全警示牌：告知其他维修人员及路人现在车辆的状态及安全注意事项		隔离栅栏：用于设置安全作业区域，防止他人未经允许误入工作区产生安全隐患
	警示标志：红色表示接触可能造成电击或烧伤。操作前应关闭高压电系统		警示标志：黄色的代表零件带有高压电，操作前应断开高压电系统，并阅读维修资料

二、动力蓄电池上电和下电工作安全原则

动力蓄电池上电和下电操作的五大安全规则：断电、确保不会再次起动、确认断电状态、接地和短路、盖上或隔离附近带电的组件。

对动力蓄电池进行上电和下电操作时，需遵循以下注意事项

1）所有橙色电缆都带有高压电，防止触电。

2）不要将浇淋水管或高压清洁水管正对着高电压组件。不要让润滑油、油脂、触点喷剂等接触到高压电插头。

3）在靠近带高压电的组件附近进行操作时，要切断系统电源。

4）在需要使用拆卸工具或锋利工具的焊接操作之前，必须将系统断电。

5）必须防止灰尘和湿气沾染到所有断开的高压电连接装置。

6）务必更换受损的电缆。身体上或身体内佩戴电子/医疗生命和健康维持设备（如起搏器）的人员，不得操作高压电系统（包括点火系统）。

7）所有使用的测量仪器应符合要求而且是经过批准的。

 课后测评

一、选择题

1. 新能源汽车动力蓄电池充电电路模块主要介绍的两种充电方式是（　　　）。

A. 快速充电和慢速充电　　　　　　　　B. 直流充电和交流充电

C. 家用充电和商用充电　　　　　　　　D. 有线充电和无线充电

2. 测量交流电波形时，使用的是（　　　）。

A. 万用表　　　　　　　　　　　　　　B. 功率计

C. OTC 3840C 汽车专用示波器　　　　　D. 信号发生器

3. 正弦交流电的三要素不包括（　　　）。

A. 最大值　　　　　　B. 有效值　　　　　　C. 角频率　　　　　　D. 初相位

4. 三相正弦交流电的相位差通常是（　　　）。

A. 30°　　　　　　　　B. 60°　　　　　　　C. 120°　　　　　　D. 180°

5. 三相电源的星形联结方式中，相电压与线电压的关系是（　　　）。

A. 相电压是线电压的 3 倍　　　　　　　B. 线电压是相电压的 $\sqrt{3}$ 倍

C. 相电压和线电压相等　　　　　　　　D. 线电压是相电压的 2 倍

6. 对称三相电路的总功率的计算公式为（　　　）。

A. $P=3U_\mathrm{p}I_\mathrm{p}\cos\varphi$　　　　　　　　　　B. $P=3U_\mathrm{p}I_\mathrm{p}\sin\varphi$

C. $P=\sqrt{3}\,U_\mathrm{p}I_\mathrm{p}\cos\varphi$　　　　　　　　D. $P=\sqrt{3}\,U_\mathrm{p}I_\mathrm{p}\sin\varphi$

7. 交流充电操作中，以下步骤错误的是（　　　）。

A. 先插入充电插头，再起动充电桩

B. 随意拔插充电枪

C. 确保连接稳固

8. 动力蓄电池上电和下电操作中，不需要的操作是（　　　）。

A. 穿戴好高压防护用品　　　　　　　　B. 使用绝缘工具

C. 检查数字万用表　　　　　　　　　　D. 无须任何准备

9.（　　　）不是新能源汽车维护常用的高压防护用品。

A. 绝缘工具　　　　　　　　　　　　　B. 绝缘工作垫

C. 安全警示牌　　　　　　　　　　　　D. 防水手套

10.（　　　）不是动力蓄电池上电和下电操作的注意事项。

A. 穿戴好防护用品

B. 确保所有高压电连接装置无灰尘和湿气沾染

C. 将高压清洁水管正对着高电压组件

D. 更换受损的电缆

二、填空题

1. 新能源汽车动力蓄电池充电电路模块中，交流充电主要是通过交流充电桩、壁挂式充电盒以及家用供电插座接入交流充电接口，通过高压电控总成将交流电转为_____以上的直流高压电给动力蓄电池充电。

2. 在使用 OTC 3840C 汽车专用示波器测量低压交流电波形时，需先设置示波器为"通道A"再切换到_____模式。

3. 正弦交流电的三要素包括最大值、角频率和_____。

4. 对称三相正弦交流电的特点是频率相同、幅值相等、相位互差_____。

5. 三相电源的星形联结方式中，从电源引出的 4 根导线向负载供电，这种方式称为_____供电。

6. 交流充电操作中，应先_____充电插头，再起动充电桩。

7. 动力蓄电池交流充电系统控制图中，车载充电机（OBC）的主要作用是把输入的交流电转换为适合_____的直流电压。

8. 动力蓄电池上电和下电操作中，必须穿戴好防护用品，其中包括耐压绝缘鞋、绝缘手套、_____手套、护目镜和安全帽。

9. 完成交流充电要具备的条件之一是车辆绝缘电阻阻值大于_____Ω/V。

10. 动力蓄电池上电和下电操作时，应遵循的安全规则包括断电、确保不会再次起动、确认断电状态、接地和短路、_____或隔离附近带电的组件。

三、计算题

1. 如果使用 OTC 3840C 汽车专用示波器测量得到一个正弦交流电的最大值为 220V，求其有效值。

2. 已知一个三相异步电动机的额定功率为 10kW，额定电压为 380V，求其额定电流。

3. 如果一个三相电源的线电压为 380V，求其相电压（假设为星形联结）。

4. 已知一个交流充电枪的 CC 引脚对地电阻值为 220Ω，根据表 4-10，求对应的充电功率。

5. 假设一个动力蓄电池包的最高单体蓄电池电压为 3.7V，最低单体蓄电池电压为 3.67V，求电压差。

模块五

新能源汽车驱动电机系统控制电路

模块描述

新能源汽车驱动电机系统由驱动电机、电机控制器等组成。驱动电机是新能源汽车驱动电机系统的核心部件，负责将电能转换为机械能，驱动车辆运动。电机控制器是控制驱动电机工作的关键设备，其核心部件是由绝缘栅双极晶体管（Insulated Gate Bipolar Transistor，IGBT）芯片与续流二极管（FWD）芯片通过特定的电路桥接封装而成的模块化半导体产品，即IGBT模块，是新能源汽车电力电子装置的核心。电机控制器接收来自车辆控制系统的指令，通过控制驱动电机的工作状态来实现车辆的加速、减速和制动等功能。动力蓄电池是新能源汽车驱动电机系统的能量存储装置，用于提供电能供给驱动电机工作。新能源汽车驱动电机系统如图 5-1 所示。本模块通过 5 个任务让学习者在真实的任务实践或仿真工作情境中进行操作与感知，从而掌握二极管、晶体管、场效应管和 IGBT 的工作特性、工作原理，以及上述器件在新能源汽车斩波、逆变、变频以及驱动电机控制电路等方面的应用。

图 5-1　新能源汽车驱动电机系统

任务一　探究半导体和 PN 结特性

任务目标

◆ 知识目标：

1）掌握半导体基本知识、PN 结和其单向导电性。

2）了解二极管的结构与类型、二极管的伏安特性和主要参数。

3）了解硅稳压管、发光二极管、光电二极管、变容二极管等特殊二极管的外形特征、功能和实际应用。

◆ 核心素养：

1）培养规范操作的意识和善于观察、认真记录、积极分析的学习习惯。

2）树立一丝不苟、精益求精的工匠精神。

◆ 技能目标：

1）具备利用数字万用表判别各种二极管极性和好坏的能力。

2）具备辨析各种不同类型用途二极管的能力。

◆ 建议课时：4 课时。

任务描述

　　二极管在新能源汽车上有着广泛的应用，如在逆变电路（DC/AC 变换电路）中将直流电转换成交流电、利用稳压管的稳压特性为汽车仪表提供稳定的电源、发光二极管广泛用在汽车仪表板的各种指示灯及前照灯或转向灯上等。本任务通过连接二极管通电控制电路，来介绍半导体基本知识、PN 结结构和特性、普通二极管和几种特殊二极管的结构、基本特性及其应用等。

任务实施

一、器材

连接二极管通电控制电路所需器材见表 5-1。

表 5-1　连接二极管通电控制电路所需器材

序号	名称	实物图	序号	名称	实物图
1	导线		5	开关	
2	斜口钳		6	电阻	
			7	灯泡	
3	剥线钳		8	数字万用表	
4	普通二极管		9	辅助蓄电池	

二、连接二极管通电控制电路

1）连接二极管通电控制电路，步骤见表 5-2。

表 5-2　连接二极管通电控制电路

步骤	任务实施描述	实施示意图
1	按右上图所示裁剪适合长度的导线、剥离相关导线线头的绝缘皮，并按右下图所示的电路依次连接相关元器件	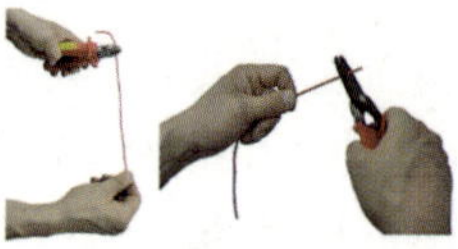 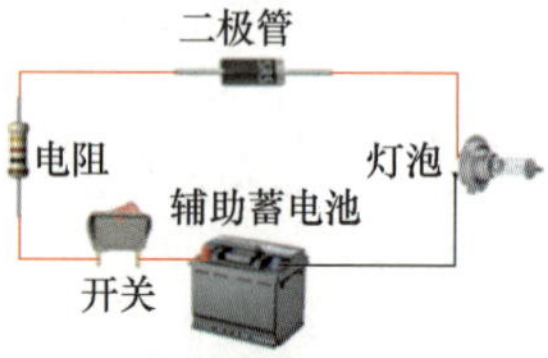
2	在步骤 1 的基础上，接通电源开关，观察右图所示灯泡发生的现象并记录	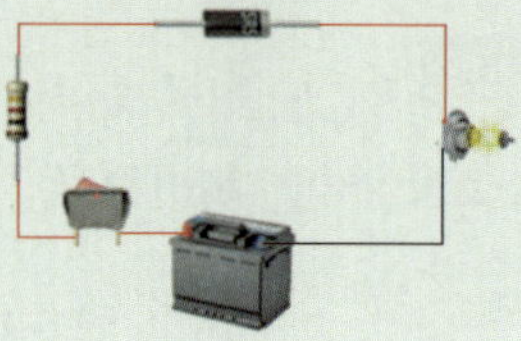
3	在步骤 2 的基础上，断开电源开关，改变二极管连接方向接通电源开关，观察右图所示灯泡发生的现象，并记录	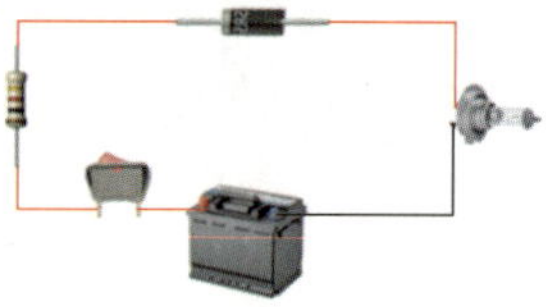
4	检测完毕，切断开关和连接导线，把相关的元件和器件放回指定的位置	

2）记录任务实施产生的数据或现象到表 5-3 中。

表 5-3　任务实施产生的数据或现象记录表

班级：		姓名：		日期：
1. 作业前准备				
1）检查元件是否齐全				□是　□否
2）检查灯泡是否正常				□是　□否
2. 记录数据或现象				
1）表 5-2 步骤 2，灯泡：　□亮　□不亮				
2）表 5-2 步骤 3，灯泡：　□亮　□不亮				
3）比较表 5-2 步骤 2 和 3 灯泡发生的现象，你能得出什么结论？				

📧 **知识链接**

一、半导体基本知识

1. 本征半导体和两种载流子

半导体是指导电能力介于导体与绝缘体之间的材料。制造半导体器件常见的主要材料有硅（Si）、锗（Ge）和砷化镓（GaAs）等。其中，硅应用最多，其原子的基本结构如图 5-2 所示。用于制造半导体器件的纯硅和锗都是晶体。纯净的单晶半导体称为本征半导体。纯净的硅和锗晶体的原子最外层轨道上有 4 个电子，也称价电子，它们同属于四价元素。在单晶结构中，原子在空间形成整齐排列的晶格，价电子为相邻的原子共有，形成如图 5-3a 所示的共价键结构（以硅原子为例）。图中"+4"代表硅原子核和内层电子所具有的净电荷。通常情况下，共价键中的价电子受共价键束缚，处于稳定状态。在室温或光照下，少数价电子会获得足够的能量而摆脱共价键的束缚成为自由电子，同时在共价键上留下一个空位，称为空穴，如图 5-3b 所示，这种现象称为本征激发。本征激发会产生自由电子和空穴，也称电子载流子和空穴载流子，它们是成对出现的。原子失去价电子后带正电，可等效认为是因为有了带正电的空穴。空穴很容易吸引邻近共价键中的价电子去填补，使空穴发生转移，这种价电子填补空穴的运动可以看成空穴在运动，其运动方向与价电子运动方向相反。自由电子与空穴相遇重新结合而成对消失的现象，称为复合。温度一定时，自由电子和空穴的产生与复合会达到动态平衡，这时半导体内部的自由电子和空穴的浓度一定。

如果有外电场施加于半导体，那么在电场的作用下，自由电子和空穴可在半导体内部做定向运动而形成电流。因此，半导体导电会分别形成电子电流和空穴电流。在常温条件下，本征半导体中载流子浓度很低，半导体的导电能力很弱。

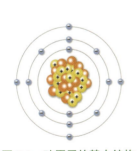

图 5-2　硅原子的基本结构

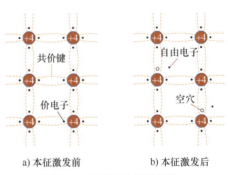

a) 本征激发前　　　　　b) 本征激发后

图 5-3　硅原子共价键结构

2. 杂质半导体

在实际应用中，为了提高半导体的导电性能，需要在本征半导体中掺入某些特定的微量杂质元素。掺入杂质后的半导体称为杂质半导体。杂质半导体可分为 N 型和 P 型两种半导体。

（1）N 型半导体　将一个五价元素（例如磷、砷、锑等，以磷为例）作为杂质掺入到一个硅本征半导体内时，磷原子可以顺利地加入硅晶格结构内。虽然磷原子最外层有 5 个电子，但只有其中的 4 个电子能与相邻的硅原子最外层的 4 个电子连接形成稳定的电子对。也就是说，连接后最外层还剩余一个自由电子（也称多数载流子），从而形成以自由电子为多数载流子、空穴为少数载流子的杂质半导体。杂质半导体自由电子（多数载流子）的数量取决于掺入五价元素的浓度。这种以自由电子导电为主的半导体称为N（电子）型半导体，如图5-4a所示。

（2）P型半导体　将一个三价元素（例如硼、铝、铟等，以硼为例）作为杂质掺入到一个硅本征半导体内时，硼原子可以顺利地加入硅晶格结构内。一个硼原子的最外层电子只有3个电子，但需要4个电子与其相邻的硅原子最外层的4个电子连接才能形成稳定的电子对。此时，在缺少1个电子的部位留下了1个"空位"，这个"空位"称为空穴，从而形成以空穴为多数载流子、自由电子为少数载流子的杂质半导体。杂质半导体空穴（多数载流子）的数量取决于掺入三价元素的浓度。这种以空穴导电为主的半导体称为P（空穴）型半导体，如图5-4b所示。

由于杂质半导体中存在多数载流子（自由电子或空穴），其值较大（数量取决于掺杂浓度）且稳定，因此杂质半导体的导电性能显著提高且受外界影响较小。杂质半导体导电性能的强弱与掺杂的浓度有关。杂质半导体中的少数载流子主要是由本征激发引起的，受温度和光照影响，温度升高或光照增强时，少数载流子会增多。

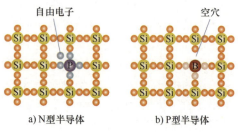

图5-4　杂质半导体

二、PN结及其单向导电性

1. PN结

采用特定制造工艺将P型和N型两种半导体结合在一起，由于P型半导体和N型半导体中的自由电子与空穴的浓度不同，在两种半导体的结合部，P区内高浓度的空穴越过了结合部向N区扩散，去与N区的自由电子复合；同理，N区内的高浓度自由电子越过结合部，向P区扩散，与P区空穴复合。这种多数载流子因浓度的差异而产生的运动，称为多子的扩散运动。

扩散运动产生了两个结果，第一，由于N区失去了电子，而P区失去了空穴，所以N区带正电，P区带负电，因此会在结合部形成一个空间电荷区，这个空间电荷区称为PN结，如图5-5所示；第二，在空间电荷区内，形成了一个内电场，内电场的方向是由N区指向P区，其次，随着扩散运动的进行，空间电荷区会逐渐变宽，内电场也变得越来越强，内电场对多数载流子的扩散运动将起到阻碍的作用。但对少数载流子来说，在内电场的作用下，P区中的少数载流子（即自由电子）非常容易渡过空间电荷区进入N区，而N区中的少数载流子（即空穴）也非常容易渡过空间电荷区进入P区，这种少数载流子在内电场作用下的运动，称为少子漂移运动。

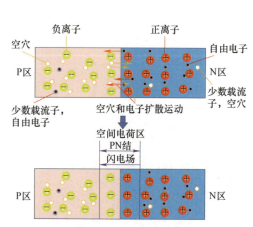

图5-5　PN结的形成

当PN结无外加电压时，扩散（多子的扩散运动）和漂移（少子漂移运动）运动在一定条件下达到了动态平衡，从而空间电荷区的宽度处于一个相对稳定的状态，即内电场相对稳定。内电场的电压称为内建电位差，常温时内建电位差，硅材料为0.5~0.7V，锗材料为0.2~0.3V。由于空间电荷区内多数载流子耗尽了，所以，PN结又称为耗尽区。

2. PN 结的单向导电性

观察表 5-2 步骤 2、3 的测试现象，会发现改变二极管的连接方向时，灯泡亮与不亮发生变化。为什么会出现这种现象呢？

给 PN 结加正向电压，如图 5-6a 所示，将电源 E 的正极串联开关 K、电阻 R 后连接至 P 区，电源 E 的负极连接至 N 区，这时称 PN 结外加正向电压。在正向电压作用下，施加于 PN 结的外电场和 PN 结的内电场方向相反，PN 结内部的扩散运动和漂移运动的平衡被破坏，内电场被削弱，使空间电荷区变窄，多数载流子的扩散运动大大地超过了少数载流子的漂移运动，多数载流子很容易穿过 PN 结，形成较大的正向电流，PN 结呈现的电阻值很小，而处于导通状态，故表 5-2 步骤 2 的灯泡会亮。串联电阻是为了防止流过 PN 结的电流过大而烧毁 PN 结。

给 PN 结加反向电压，如图 5-6b 所示，将电源 E 的负极串联开关 K、电阻 R 后连接至 N 区，电源 E 的正极连接至 P 区，这时称 PN 结外加反向电压，或称 PN 结反向接法。此时施加于 PN 结的外电场和 PN 结的内电场方向一致，内电场增强，使空间电荷区加宽，对多数载流子扩散运动的阻碍作用加强，多数载流子几乎不运动，但是，增强了的内电场有利于少数载流子的漂移运动，由于少数载流子的数量很少，只形成微小的反向电流，PN 结呈现的反向电阻值很大，因此处于截止状态，故表 5-2 步骤 3 的灯泡不亮。反向电流对温度非常敏感，温度每升高 8~10℃，少数载流子形成的反向电流将增大 1 倍。

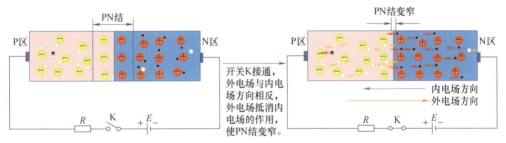

a) 给PN结加正向电压（导通）

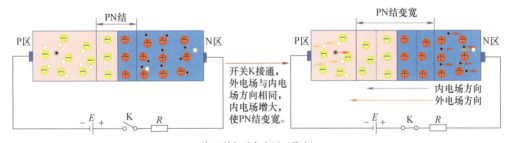

b) 给PN结加反向电压（截止）

图 5-6　给 PN 结外加电压时的内部工作状态

综上所述，当向 PN 结加正向电压时，PN 结导通，正向电阻值很小，会有较大的正向电流流过；向 PN 结加反向电压时，PN 结截止，反向电阻值极大，流过的电流几乎为零。这种仅允许一个方向的电流顺利流过 PN 结的特性，称为 PN 结的单向导电性。

三、二极管的结构与类型

1. 二极管的结构与符号

在 PN 结的两端各引出 1 根电极引线，然后利用外壳将其封装起来，就构成了半导体二极管。

如图 5-7 所示，由 P 区引出的电极称为正极（也称阳极），用字母 A 表示；由 N 区引出的电极称为负极（也称阴极），用字母 K 表示。其电气符号如图 5-8 所示。

图 5-7　二极管结构　　　　　　　　　　图 5-8　二极管电气符号

2. 二极管类型

1）按半导体材料不同可分为硅管和锗管。硅管的反向电流小，PN 结正向电压降较大；锗管的 PN 结正向电压降小，反向电流较大，受温度影响明显。

2）按结构不同可分为点接触型、面接触型和平面型二极管。

点接触型二极管是由 1 根很细的三价元素金属触丝（如铝）和 N 型半导体（如锗）的表面熔接在一起，三价金属与锗结合构成 PN 结，如图 5-9a 所示。由于点接触型二极管的 PN 结面积很小，因此它不能承受大的电流和高的反电压。它的极间电容小，适用于高频电路。

面接触型二极管的 PN 结是用合金法做成的，其结构如图 5-9b 所示。由于这种二极管的 PN 结面积相对较大，可承受较大的电流，但极间电容较大，故面接触型二极管通常用于低频电路，尤其是在整流电路中比较常用。

平面型二极管的结构（以硅工艺为例）如图 5-9c 所示，它是集成电路中常见的一种结构形式。其 PN 结面积较大的用于低频电路，PN 结面积小的用于高频或开关电路。

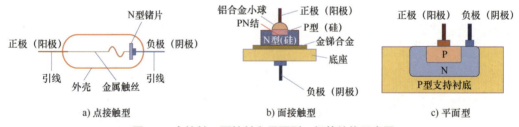

图 5-9　点接触、面接触和平面型二极管结构示意图

3）按功能不同可分为普通二极管和特殊二极管。普通二极管有整流、检波、开关二极管等；特殊二极管有稳压、发光、光电、变容二极管等。

四、二极管的伏安特性

1. 二极管伏安特性曲线

由二极管的结构示意图可知，它是一个二端元件，内有一个 PN 结，因此，它具有单向导电性（表 5-2 步骤 2、3 的测试结果验证了这一结论）。在二极管两端施加电压 U_D 的作用下，流过二极管的电流 i_D 的变化规律如图 5-10 所示，这个电流变化规律称为二极管的伏安特性曲线。

1）正向特性：以硅管为例，由图 5-10 可知，当外加电压小于 U_{th}（硅二极管，图中实线部分；锗二极管用 U'_{th}

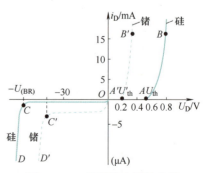

图 5-10　二极管伏安特性曲线

表示，图中虚线部分）时，流过二极管的电流几乎为零，即图 5-10 中的 OA 区域，二极管呈现为一个大电阻，称这个区域为死区，U_{th} 称为硅二极管的死区电压或门槛电压。在室温下，硅二极管的 $U_{th} \approx 0.5V$（锗二极管的 $U'_{th} \approx 0.1V$）。当施加二极管的正向电压大于 U_{th} 后，流过二极管的电流迅速增大，伏安特性曲线呈现陡直上升状态，而二极管两端的电压变化却很小，呈现低电压降特性。在实际工作电路中，硅二极管的正向导通电压降为 0.6~0.8V，一般取 0.7V；锗二极管的正向导通电压降为 0.1~0.3V，一般取 0.2V。

2）反向特性：当硅二极管两端施加反向电压时，见图 5-10 中的 OC 段，流过硅二极管的反向电流很小，且与所加的反向电压大小几乎无关，称为反向饱和电流。反向饱和电流越小，二极管的反向截止特性越好。

3）反向击穿特性：当硅二极管两端施加的反向电压增加到 $U_{(BR)}$ 时，流过二极管的反向电流将随 $U_{(BR)}$ 的升高而急剧增大，见图 5-10 中的 CD 段，这种现象称为二极管反向击穿。当反向击穿电流与所加反向电压的乘积不超过 PN 结允许的耗散功率时，只要反向电压下降到小于反向击穿电压 $U_{(BR)}$，二极管的性能可恢复正常，这种击穿是可逆的，称为电击穿；若反向击穿电流过大，则会导致 PN 结因结温过高而永久损坏，这种击穿是不可逆的，称为二极管反向热击穿。对于普通二极管，在实际应用时应避免出现热击穿现象。

2. 温度对二极管特性的影响

温度对二极管的特性有显著的影响。当温度升高时，二极管的正向死区电压 U_{th} 将降低，反向饱和电流将增大。其变化规律为在室温条件下，温度每升高 1℃，正向电压降低 2~2.5mV；温度每升高 10℃，反向电流约增大一倍。若温度过高，会导致 PN 结消失。

五、二极管的主要参数

二极管的参数可以从半导体器件手册中查到，主要有以下参数。

1）最大整流电流 I_{FM}：是指二极管长期运行时，允许通过的最大正向平均电流。使用二极管时，若超过此值，有可能烧坏二极管。

2）最高反向工作电压 U_{RM}：又称额定工作电压，指允许施加在二极管两端的最大反向电压。它是保证二极管不至于反向击穿而规定的最高反向电压。

3）反向饱和电流 I_R：是指二极管未进入击穿区的反向电流值。其值会随温度的升高而急剧增大，其值越小，则二极管的单向导电性越好。

4）最高工作频率 f_M：是指保证二极管正常工作的最高频率。由于 PN 结存在结电容，结电容容量很小，对低频呈现很高的容抗，故影响很小；当工作频率升高时，结电容的容抗就会减小，频率越高，容抗越小。当工作频率超过 f_M 时，二极管的单向导电性能会受结电容的影响而变差，甚至失去单向导电特性。点接触型锗管的 PN 结面积很小，结电容也很小，其最高工作频率可达数百兆赫兹；面接触型硅整流二极管的结电容相对大，其最高工作频率只有 3kHz 左右。

六、特殊二极管

整流二极管、检波二极管、开关二极管具有相似的伏安特性曲线，均属于普通二极管。为了满足实际应用的各种不同功能需求，许多特殊二极管应运而生，如稳压二极管、发光二极管、光电二极管和变容二极管等，下面分别做简要介绍。

1. 稳压二极管的特性及主要参数

（1）稳压二极管特性　稳压二极管又称为齐纳二极管，是一种用特殊工艺制造的面接触型硅二极管，其实物及电气符号如图 5-11 所示，其伏安特性曲线如图 5-12 所示。由图 5-12 可知，稳压二极管的正向特性与普通二极管相似，但它的反向击穿特性曲线比普通二极管更陡。正常工作状态下，稳压二极管工作在反向击穿区，由于曲线陡，流过稳压二极管的反向电流在很大范围内变化时，其端电压变化很小，因而具有稳压作用。只要反向电流不超过其最大稳压电流，就不会形成破坏性的热击穿。实际应用时，常在电路中串联一个适当的限流电阻来保护稳压二极管。

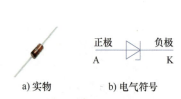

a) 实物　　　b) 电气符号

图 5-11　稳压二极管实物及电气符号

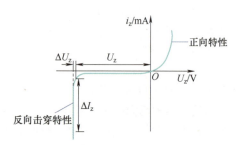

图 5-12　稳压二极管伏安特性曲线

（2）稳压二极管主要参数

1）稳定电压 U_Z：指稳压二极管的反向击穿电压。

2）稳定电流 I_Z：指稳压二极管在正常工作时的参考电流值，其值在稳压区域的最大电流 I_{Zmax} 与最小电流 I_{Zmin} 之间。当流过稳压二极管的电流小于 I_{Zmin} 时，稳压二极管不能起稳压作用。

3）最大稳定电流 I_{Zmax}：指稳压二极管的最大工作电流。当流过稳压二极管的电流超过 I_{Zmax} 时，稳压二极管将会因流过的电流过大而发热损坏。

4）最大耗散功率 P_{ZM}：指稳压二极管不致因热击穿而损坏的最大耗散功率。它近似等于稳定电压与最大稳定电流的乘积，即 $P_{ZM} = U_Z \cdot I_{Zmax}$。

5）动态电阻 r_Z：它能反映稳压二极管的稳压性能。动态电阻越小，稳压性能越好。它是稳压二极管稳压范围内电压变化量与相应的电流变化量之比，即 $r_Z = \Delta U_Z / \Delta I_Z$。

6）电压温度系数 C_{TV}：温度系数反映由温度变化引起的稳压二极管稳定电压变化，即指温度每增加 1℃ 时，稳定电压的相应变化量。其计算公式为

$$C_{TV} = \frac{\Delta U_Z / U_Z}{\Delta T} \times 100\%$$

2. 发光二极管

发光二极管（Light Emitting Diode，LED）已被广泛应用在汽车上，如用在仪表板上作为指示信号灯或报警信号灯，以及用在汽车灯光系统中（近光灯、远光灯、日间行车灯、尾灯、转向灯、高位制动灯、车内照明灯等）。

发光二极管是一种把电能变成光能的半导体器件。发光二极管由磷化镓、砷化镓等半导体材料制成，其实物和电气符号如图 5-13 所示。

a) 直插式发光二极管实物　　b) 贴片式发光二极管实物　　c) 电气符号

图 5-13　发光二极管实物和电气符号

当给发光二极管加上正向偏压时，发光二极管中会有一定的电流流过，二极管就会发光，这是由于发光二极管内部 PN 结的自由电子与空穴直接复合时产生光辐射的结果。发光二极管的伏安特性与普通二极管相似，但它的正向导通电压降较大，通常在 1.05~3.5V。它发光的亮度随通过的电流增大而增强。

发光二极管的种类很多，按发光的颜色可分为红色、蓝色、黄色、绿色和眼睛看不见的红外光二极管等；按外形可分为圆形、方形二极管等；按安装方式可分为直插式、贴片式等。

3. 光电二极管

光电二极管是将光信号转换为电信号的半导体器件。光电二极管实物和电气符号如图 5-14 所示。光电二极管与普通二极管类似，也是由一个 PN 结构成，但是它的 PN 结面积较大，其外部管壳上有一个接收光的透光窗口。在实际使用时，要把光电二极管的 PN 结置于反向工作状态，在光的照射下，光电二极管的反向工作电流随着光照强度的增大而

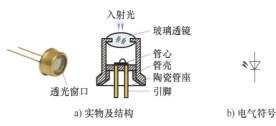

a) 实物及结构　　　　　　b) 电气符号

图 5-14　光电二极管实物和电气符号

上升，这时的反向电流称为光电流；当没有光照射时，光电二极管的反向电阻值很大，反向电流很小，这时的反向电流称为暗电流。

汽车上的许多传感器就是利用光电二极管制成的，如汽车灯光自动控制器中用来检测车辆周围亮、暗程度的光传感器等。

4. 变容二极管

变容二极管又称为可变电抗二极管，是利用 PN 结加反向电压时，其结电容大小随外加电压的变化而变化的特性制成的。其实物、电气符号和电容电压特性曲线如图 5-15 所示。在实际使用时，变容二极管的 PN 结置于反向工作状态，反向工作电压升高，结电容容量减小，反之，增大。变容二极管的容量一般较小，最大值为几十 pF 或几百 pF。

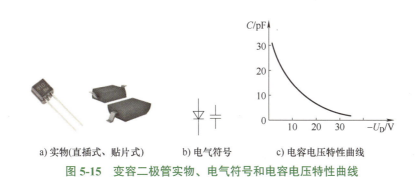

a) 实物(直插式、贴片式)　　b) 电气符号　　c) 电容电压特性曲线

图 5-15　变容二极管实物、电气符号和电容电压特性曲线

七、二极管型号命名及极性判别

1. 二极管型号命名

国产二极管的型号由五部分组成，各组成部分的符号及意义如图 5-16 所示（摘自 GB/T 249—2017）。

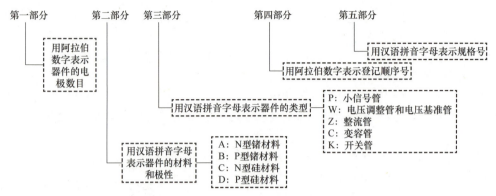

图 5-16　二极管型号各组成部分的符号及意义

示例：2AP1 表示 N 型锗材料小信号普通二极管（规格号省略），具体命名如图 5-17 所示。

2. 二极管极性的识别与检测

（1）识别　在实际使用中，二极管的极性不可接反，否则会造成二极管损坏。二极管极性的识别很简单，通常可以通过外壳上的标志进行判别，如图 5-18 所示。

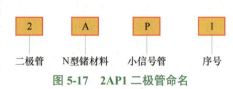

图 5-17　2AP1 二极管命名

a) 二极管极性与外壳上印记的符号对应　　b) 用色环标识极性　　c) 用引脚长短标识极性

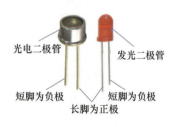

图 5-18　二极管极性识别

（2）检测　二极管的检测见表 5-4。

注意：表 5-4 各步骤中，如果数字万用表在两次测量过程中显示屏都显示超量程"1"，表明所测的元件已开路；如果两次测量数字万用表的显示屏都显示某一数字，表明所测的元件已击穿短路。对于稳压二极管、发光二极管、光电二极管、变容二极管的检测，可参考该方法。

二极管的检测

表 5-4　二极管的检测

步骤	检测方法	实施示意图
1	把红表笔插入数字万用表的 VΩHzC 插孔，黑表笔插入 COM 插孔，旋转档位选择旋钮至旋钮上的指示点指向二极管的位置，打开电源，数字万用表显示屏显示"1"，如右图所示	

（续）

步骤	检测方法	实施示意图
2	用数字万用表红、黑表笔分别触碰普通二极管的 2 个引脚，如右上图所示，数字万用表显示屏显示的数值为 531，表明二极管正向导通电压降为 0.531V；对调红、黑表笔触碰普通二极管 2 个引脚的顺序，如右下图所示，数字万用表显示屏显示的数值为"1"，表明二极管的反向导通电压降很大，超过测量量程	
3	检测完毕，关断数字万用表电源，把档位选择旋钮旋转至交流电压档的最大档位，收好表笔，把万用表及其他的器件放回指定位置	

任务二　连接二极管整流电路

任务目标

◆ 知识目标：
　　1）掌握整流电路的作用和类型。
　　2）掌握半波和桥式整流电路的原理和特点。
　　3）了解整流电路在汽车中的应用。
◆ 核心素养：
　　1）培养团队协作意识，树立精益求精的工匠精神。
　　2）养成勤俭节约的生活习惯。
　　3）培养善于探究、分析和总结实验数据规律的学习习惯。
◆ 技能目标：
　　1）具备利用数字万用表判别整流二极管好坏的能力。
　　2）具备连接半波和桥式整流电路的能力。
◆ 建议课时：3 课时。

任务描述

　　整流电路在汽车上有着广泛的应用，主要体现在将交流电转换为直流电，以满足车辆内部各种电气设备对稳定直流电源的需求，如将外部充电设备提供的交流电转换为适合动力蓄电池系统充电的直流电等。本任务通过连接整流电路及测量其特性，使学生掌握半波整流电路和桥式整流电路的特性。

⊠ 任务实施

一、器材

连接二极管整流电路所需器材见表 5-5。

表 5-5　连接二极管整流电路所需器材

序号	名称	实物图	序号	名称	实物图
1	导线		5	整流二极管	
2	斜口钳		6	灯泡	
3	剥线钳		7	电解电容器	
4	220V/12V 变压器		8	数字万用表	

二、连接二极管整流电路

1）连接二极管整流电路，步骤见表 5-6。

表 5-6　连接二极管整流电路

步骤	任务实施描述	实施示意图
1	半波整流电路：依次按右下示意图①～⑥标号裁剪适合长度的导线、剥离相关导线线头的绝缘皮，并依次连接相关器件	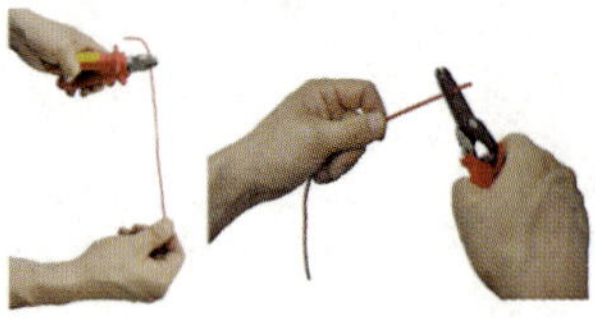 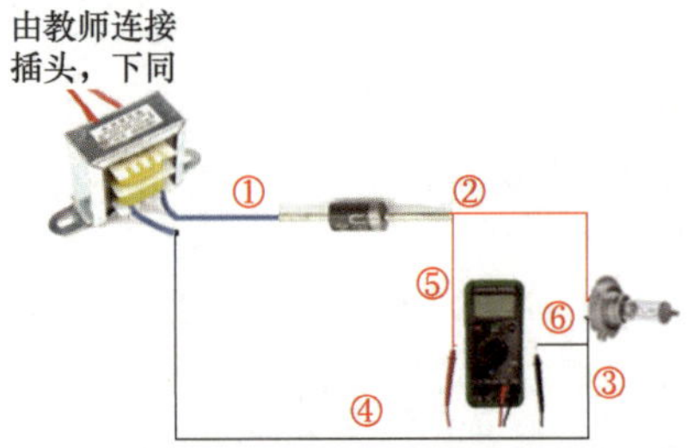 由教师连接插头，下同

（续）

步骤	任务实施描述	实施示意图
2	接通电源，观察数字万用表显示屏显示的数值和灯泡发生的现象并记录	
3	切断变压器输入电压，在步骤2的基础上，依次按右示意图⑦、⑧标号裁剪适合长度的导线、剥离相关导线线头的绝缘皮，并依次连接电解电容器的引脚	
4	接通电源，观察数字万用表显示屏显示的数值和灯泡发生的现象并记录。对比步骤2和4中数字万用表显示屏显示的数值和灯泡发生的现象并记录	
5	单相桥式整流电路：依次按右示意图①～⑥标号裁剪适合长度的导线、剥离相关导线线头的绝缘皮，并依次连接相关器件	
6	接通电源，观察数字万用表显示屏显示的数值和灯泡发生的现象并记录	
7	切断变压器输入电压，在步骤6的基础上，依次按右示意图⑦、⑧标号裁剪适合长度的导线、剥离相关导线线头的绝缘皮，并依次连接电解电容器的引脚	

（续）

步骤	任务实施描述	实施示意图
8	接通电源，观察数字万用表显示屏显示的数值和灯泡发生的现象并记录。对比步骤2和4、6、8中数字万用表显示屏显示的数值和灯泡的现象并记录	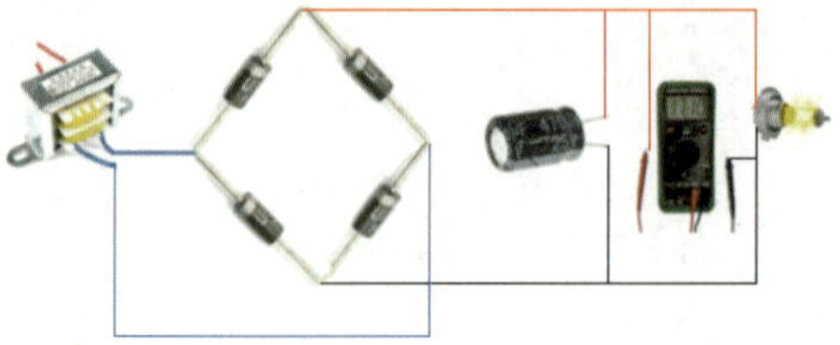
9	实训完毕，关断电源，按要求断开连接导线，收好器件和仪表	

2）记录任务实施产生的数据或现象到表5-7中。

表5-7　任务实施产生的数据或现象记录表

班级：		姓名：	日期：
1. 作业前准备			
1）检查工具、仪表和元件是否齐全			□是　□否
2）检查数字万用表通电是否正常			□是　□否
2. 记录数据或现象			
整流电路类型（输出）	电压/V	灯泡现象	结果分析
半波整流（整流输出不带滤波电容器）			
半波整流（整流输出带滤波电容器）			
桥式整流（整流输出不带滤波电容器）			
桥式整流（整流输出带滤波电容器）			

> **想一想**：在整流电路输出端没加上电容器时，为什么半波整流电路输出的电压约只有桥式整流电路输出电压的一半？加上电容器后，为什么2个电路输出的电压接近，而且值都增大了？

📟 知识链接

外部电网供给用户的是交流电，给新能源汽车动力蓄电池充电需要用直流电，这就需要利用整流电路把交流电转换为直流电后供其使用。整流电路是利用具有单向导电特性的器件（如二极管）把交流电的方向和大小改变后变换为直流电。常见的整流电路主要有半波整流、全波整流和桥式整流电路3种。本任务主要介绍单相半波和桥式整流电路。

一、单相半波整流电路

单相半波整流电路是电源电路中一种最简单的整流电路，主要由变压器、整流二极管和负载组成。由于整流二极管只在变压器二次绕组输出交流电的半个周期内导通，并向负载供电，故称为单相半波整流电路。

1. 工作原理

单相半波整流电路实物图参见表5-6步骤1的示意图，其电路如图5-19a所示（把实物图的灯泡用负载电阻 R_L 代替）。在变压器 T_1 二次绕组输出电压 u_2 的正半波周期，如图5-19b所示，二极管 VD 因加正向电压而导通，电流 i_{VD} 经 a 点、二极管 VD、负载 R_L 到 b，输出电压 $u_o \approx u_2$（忽略二极管 VD 正向导通电压降）；在变压器 T_1 二次绕组输出电压 u_2 的负半波周期，如图5-19b所示，二极管 VD 因加反向电压而截止，流过负载 R_L 的电流 i_{VD} 几乎为零，导致输出电压 $u_o \approx 0$，此时 u_2 电压全部加在二极管 VD 的两端，即二极管 VD 承受反向电压 $u_{VD} \approx u_2$。其整流输出电压 u_o 波形如图5-19b所示，由于负载 R_L 上只得到 u_2 正半周输出的电压，故称为半波整流电路。

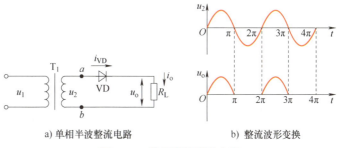

a) 单相半波整流电路　　　b) 整流波形变换

图 5-19　单相半波整流电路

2. 半波整流电路特性

（1）主要参数

1）输出电压的平均值为 $U_o = \dfrac{\sqrt{2}}{\pi} U_2 \approx 0.45 U_2$。

2）通过二极管的平均电流为 $I_{VD} = I_L = 0.45 \dfrac{U_2}{R_L}$。

3）二极管承受的最大反向电压为 $U_{RM} = \sqrt{2} U_2$。

半波整流电路

（2）整流二极管的选择　I_{VD} 和 U_{RM} 是选择半波整流二极管的主要依据。实际选择时，应使二极管的最大整流电流和反向耐压值分别大于上述两个参数的数值。

二、单相桥式整流电路

为了克服半波整流电路的缺点，在实用电路中多采用单相桥式整流电路。它由两个整流器合并而成，一个负责正半周整流，一个负责负半周整流，这两个整流器组成一个整流桥，故称为桥式整流电路，如图5-20所示。

1. 工作原理

单相桥式整流电路实物图参见表5-6步骤5的示意图，4只整流二极管接成电桥形式，故称为桥式整流，其电路如图5-20a所示（把实物图的灯泡用负载电阻 R_L 代替）。在变压器 T_1 二次绕组输出电压 u_2 的正半波周期，如图5-20b所示，二极管 VD_1 和 VD_3 因施加正向电压而导通，二极管 VD_2 和 VD_4 因施加反向电压而截止，电流由 A 端经 VD_1、R_L、VD_3 流向 B 端，此时输出电压 $U_o \approx U_2$（忽略二极管 VD_1 和 VD_3 正向导通电压降）；在变压器二次绕组输出电压 u_2 的负半波周期，如图5-20b所示，二极管 VD_2 和 VD_4 因施加正向电压而导通，二极管 VD_1 和 VD_3 因施加反向电压而截止，电流由 B 端经 VD_2、R_L、VD_4 流向 A 端，负载 R_L 得到的仍然是正方向的半波电压和电流，此时输出电压 $U_o \approx -U_2$（忽略二极管 VD_2 和 VD_4 正向导通电压降）。其输出电压 u_o 的波形如图5-20b所示。由以上分析可知，在交流电 u_2 的整个周期，负载 R_L 上始终有同方向的电流流过，故 R_L 得到的是单方向全波脉动的直流电压。

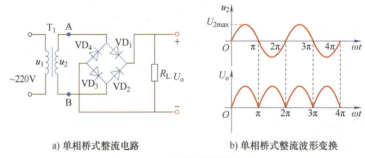

a) 单相桥式整流电路　　　　b) 单相桥式整流波形变换

图 5-20　单相桥式整流电路

2. 单相桥式整流电路特性

（1）主要参数

1）输出电压的平均值为 $U_o = 0.9U_2$。

2）通过二极管的平均电流为 $I_{VD} = I_L = 0.45\dfrac{U_2}{R_L}$。

单相桥式整流
电路

3）二极管承受最大的反向电压。当 VD_1 和 VD_3 导通时，忽略其二极管电压降，VD_2 和 VD_4 是并联的关系，所承受的反向电压的最大值是 u_2 的峰值，即 $U_{RM} = \sqrt{2}\,U_2$。

（2）整流二极管的选择　二极管的最大整流电流和反向耐压值应分别大于上述两个参数的数值。

（3）电路特点　桥式整流电路与半波整流电路相比，在输入同样大小交流电压的情况下，具有输出电压高、脉动小、电源电压利用率高等优点（表 5-6 步骤 6 的灯泡亮度明显比步骤 2 的灯泡亮），所以广泛应用在各种电子设备中。

> **想一想**：为什么桥式整流电路可以把原先被半波整流电路"削掉"的一半波形重新找回来？而且连接在桥式整流电路输出端灯泡的亮度也明显变亮？

（4）整流桥　随着半导体制作工艺和集成电路的快速发展，在实际电路使用中，一般采用整流桥来替代分立的 4 只二极管。常见的整流桥及其电气符号如图 5-21 所示。

> **想一想**：用图 5-21a 所示的整流桥替换表 5-6 步骤 5 中的 4 个整流二极管后，接通电源，再次测量整流输出电压，会出现什么变化？

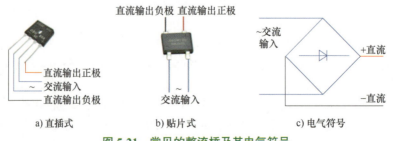

a) 直插式　　　　b) 贴片式　　　　c) 电气符号

图 5-21　常见的整流桥及其电气符号

三、电容滤波电路

整流电路仅将交流电变为脉动的直流电，还含有大量的纹波电压，一般不能直接供给各直流用电电路使用。为了获得平滑的直流电，需要在整流电路的后面加滤波电路，以滤除交流成分。常见的滤波电路有电容滤波电路、电感滤波电路和 π 型 LC 滤波电路。

1. 电容滤波电路

表 5-6 步骤 7 示意图中，在桥式整流电路输出端与负载灯泡之间并联一个 470μF 的电解电容就构成了电容滤波电路。其电路及电压波形变换如图 5-22 所示。

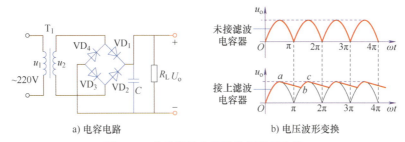

图 5-22　电容滤波电路及电压波形变换

假设电容器 C 两端初始电压为 0V，并在 $t=0$ 时接通电路，那么在交流电 u_2（$u_2=\sqrt{2}\,U_2\sin\omega t$）的正半波周期，$u_2$ 从 0V 开始上升，二极管 VD$_1$ 和 VD$_3$ 导通，C 被充电，电流流经 VD$_1$ 和 VD$_3$ 向负载 R_L 供电。如果忽略二极管 VD$_1$ 和 VD$_3$ 的正向导通电阻和变压器 T$_1$ 二次绕组的内阻，电容器 C 充电时间常数近似为零，因此，$U_o=U_C\approx U_2$，在 u_2 达到最大值时，U_C 也达到最大值，见图 5-22b 中 a 点；然后 U_2 下降，此时 $U_C>u_2$，二极管 VD$_1$ 和 VD$_3$ 截止，电容器 C 向负载 R_L 放电，由于放电时间常数 $\tau=R_L C$，一般较大，电容器上所充的电压 U_C 按指数规律下降。当 U_C 上的电压下降到图 5-22b 中的 b 点时，u_2 的绝对值电压大于 U_C，VD$_2$ 和 VD$_4$ 导通，对电容器 C 再次进行充电，u_C 电压逐步增大，达到接近图 5-22b 图中 c 点电压（与 a 点电压接近）。如此循环反复，得到图 5-22b 所示的波形，它形如一把锯子，称为锯齿波直流电压。

由图 5-22b 图可知，整流电路接入滤波电容器后，不仅使得输出直流电压变得平滑，脉动程度减少，而且也使得整流输出的电压升高（可以通过表 5-6 步骤 4 和步骤 8 的实测结果验证）。整流输出电压 U_o 的高低与滤波电容器 C 及负载 R_L 的值的大小有关。C 的电容量一定时，R_L 越大，C 的放电时间常数 τ 越大，放电速度越慢，滤波效果越好，输出电压越平滑，U_o 越大。当负载 R_L 开路时，$U_o\approx\sqrt{2}\,U_2$。在实际电路应用中，一般取 $R_L C \geqslant (3\sim5)\dfrac{T}{2}$，其中 T 为输入交流电压的周期，此时输出电压 $U_o\approx1.2U_2$。

> **例 5-1：** 单相桥式整流滤波电路见图 5-22a，已知交流电压的频率 $f=50$Hz，负载电阻 $R_L=50\Omega$，假如输出电压 $U_o=16$V。试求变压器二次绕组输出电压的有效值 U_2，并选择滤波电容器的电容量。
>
> **解：**（1）$U_o=1.2U_2$，得 $U_2=16\text{V}/1.2\approx13.3\text{V}$

（2）取

$$R_L C = 5 \times \frac{T}{2}, \quad \because T = \frac{1}{f}, \quad \therefore T = \frac{1}{50}\,\text{s} = 0.02\text{s}$$

$$\therefore C = \frac{5 \times \frac{T}{2}}{R_L} = \frac{5 \times \frac{0.02}{2}\,\text{s}}{50\,\Omega} = 1000\mu\text{F}$$

2. 电感滤波和 π 型 LC 滤波电路

电感滤波电路和 π 型 LC 滤波电路分别如图 5-23、图 5-24 所示。请根据前面介绍的知识，自行分析这两种电路的工作原理。

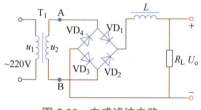

图 5-23　电感滤波电路

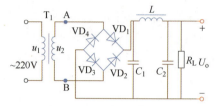

图 5-24　π 型 LC 滤波电路

四、汽车上的整流电路

1. 整流电路

在混合动力汽车发电机内部的整流电路为三相整流电路，如图 5-25a 所示。电路结构及二极管导通原则：VD_1、VD_3、VD_5 组成共阴极连接的三相半波整流电路，VD_2、VD_4、VD_6 组成共阳极连接的三相半波整流电路，负载 R_L 接在共阴极接点和共阳极接点之间。在任一瞬间，共阴极组中电位最高的二极管和共阳极组中电位最低的二极管优先导通，构成电流回路。经分析，负载电压始终为正电压输出，其波形如图 5-25b 所示。

三相整流原理

2. 电路主要参数

1）输出电压的平均值 $U_o = 2.34U_2$。
2）输出电流的平均值 $I_L = U_L/R_L$。
3）通过二极管的平均电流 $I_F = I_L/3$。
4）二极管承受的最大反向电压 $U_{RM} \approx 2.45U_2$。

a）三相整流电路

b）整流输出电压波形变换
（上图为交流波形、下图为直流）

图 5-25　汽车上的三相整流电路

> **动动手：**
>
> 请利用前面所学的知识，判别汽车上所用整流板二极管（实物见图 5-25a）的好坏。

任务三　连接晶体管稳压电路

🎯 任务目标

◆ **知识目标：**

1）掌握晶体管的结构、电路符号。

2）掌握晶体管的引脚识别与性能检测方法。

3）了解晶体管的命名和小、中、大功率晶体管的外形特征。

4）了解晶体管在电子式闪光继电器上的应用。

◆ **核心素养：**

1）培养规范操作、善于观察、积极分析和勇于探索的学习习惯。

2）培养团结协作的团队意识，树立精益求精的工匠精神。

◆ **技能目标：**

1）具备连接串联稳压电路的能力。

2）具备用数字万用表判别晶体管类型、引脚排列的能力。

3）具备用数字万用表测量晶体管直流电流放大系数的能力。

4）具备判断晶体管好坏的能力。

◆ **建议课时：** 6 课时。

📋 任务描述

　　双极型半导体三极管也称为晶体管，单极型半导体三极管也称为场效应晶体管。晶体管在新能源汽车上有着广泛的应用，如汽车转向灯所用的电子闪光器、车载娱乐系统、车身电子系统和电子稳定控制系统等。本任务通过连接串联稳压电路，来介绍晶体管的结构、电气符号、极性判别和单管放大电路工作原理等。

🗒 任务实施

一、器材

连接串联稳压电路所需器材见表 5-8。

二、连接串联稳压电路

1）连接串联稳压电路，步骤见表 5-9。

串联稳压电路

表 5-8　连接串联稳压电路所需器材

序号	名称	实物图	序号	名称	实物图
1	导线		7	晶体管	
2	斜口钳		8	电阻	  
3	剥线钳		9	数字万用表	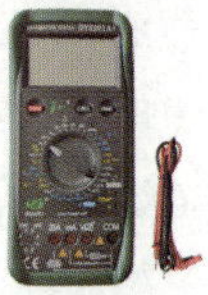
4	开关	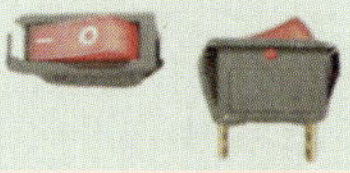	10	辅助蓄电池	
5	发光二极管		11	安装有 Multisim 仿真软件的计算机	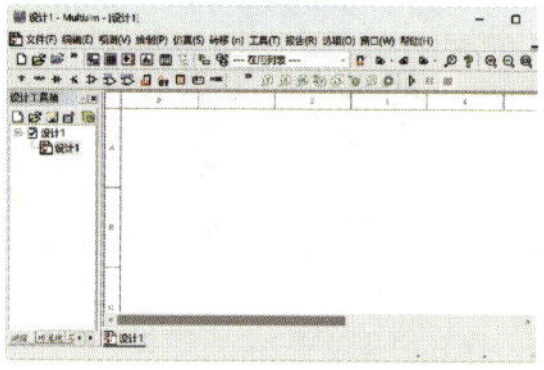
6	稳压二极管				

表 5-9　连接串联稳压电路

步骤	任务实施描述	实施示意图
1	按右下示意图①~⑩标号裁剪适合长度的导线、剥离相关导线线头的绝缘皮，并依次连接相关器件和数字万用表	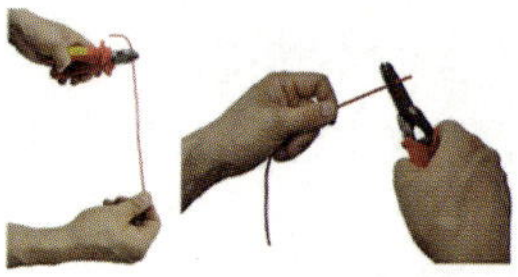 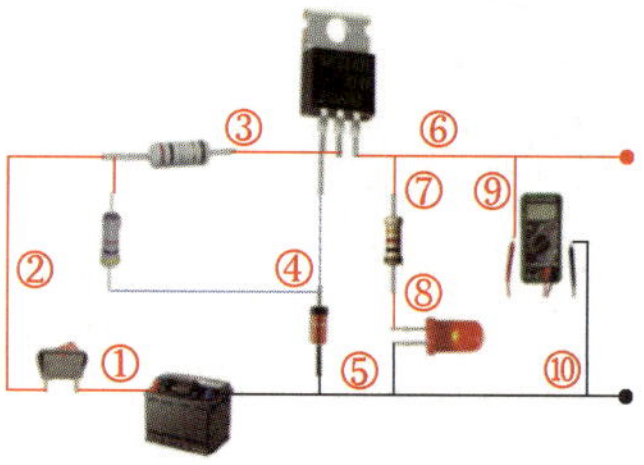

（续）

步骤	任务实施描述	实施示意图
2	接通数字万用表电源和开关，观察数字万用表显示屏显示的数值和发光二极管发生的现象并记录	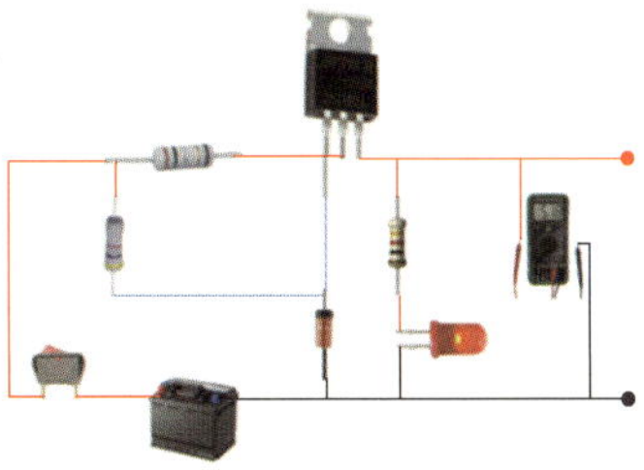
3	实训完毕，关断电源，按要求断开连接导线，收好器件和仪表	
4	借助 Multisim 仿真软件观察串联稳压电路的电压输出、流过晶体管基极和集电极的电流。运行计算机上的 Multisim 仿真软件，出现如右图所示界面	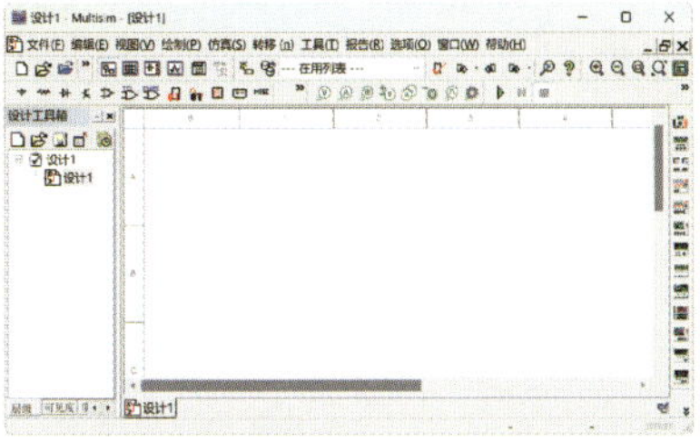
5	单击 Multisim 仿真软件界面上的器件选择菜单，依次选出直流电源、晶体管、稳压二极管、电压表、电流表、电阻等器件，按顺序连接各器件，如右图所示	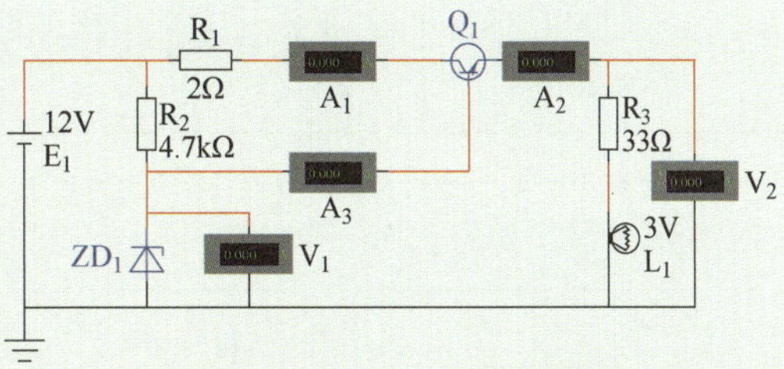
6	在步骤 5 的基础上，把 Multisim 仿真置于运行状态，观察电压表和电流表显示的数值、灯泡发生的现象并记录	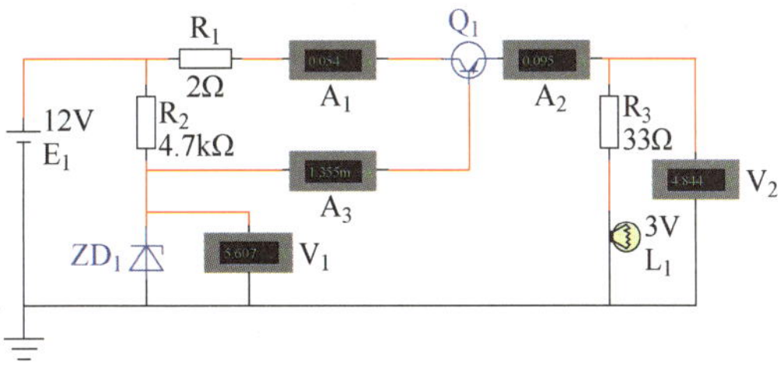
7	实训完毕，保存实训项目，退出 Multisim 仿真软件运行环境	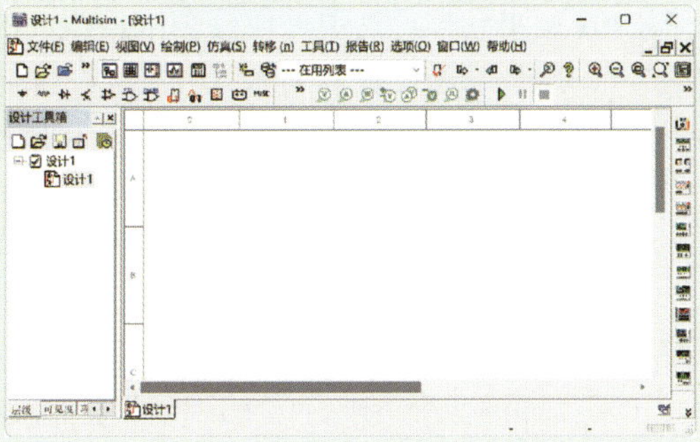

2）记录任务实施产生的数据或现象到表 5-10 中。

表 5-10　任务实施产生的数据或现象记录表

班级：	姓名：	日期：
1. 作业前准备		
1）检查仪表、元件和软件是否齐全		□是　□否
2）检查数字万用表通电是否正常		□是　□否
3）检查发光二极管是否正常		□是　□否
4）检查 Multisim 仿真软件运行是否正常		□是　□否
2. 记录数据或现象		
1）表 5-9 步骤 2 中发光二极管：□亮　□不亮 数字万用表显示屏的数值 $U=$ _____ V		
2）表 5-9 步骤 6 中发光二极管：□亮　□不亮；电流表 $A_1=$ _____ A；电流表 $A_2=$ _____ A； $A_3=$ _____ A；电压表 $V_1=$ _____ V；电压表 $V_2=$ _____ V		
3）比较表 5-9 步骤 6 中电流表 A_1、A_2 和 A_3 显示的数值和电压表 V_1、V_2 显示的数值，你发现了什么？		

想一想：如何制作一个 −5V 的串联稳压电路？请画出相应的电路图。

📖 知识链接

晶体管按照制造材料的不同，分为硅管和锗管；按照结构不同，分为 NPN 型管和 PNP 型管。

一、晶体管的结构与符号

NPN 型晶体管由 2 个 PN 结构成，2 个 PN 结把整个半导体基片分成 3 部分，如图 5-26a 所示，中间是一块很薄且掺杂浓度很低的 P 型半导体，称为基区。基区的两边各有一块掺杂浓度不同的 N 型半导体，其中一块掺杂浓度很高的 N 型半导体为发射区，用于发射载流子（自由电子），另一块掺杂浓度较低的 N 型半导体为集电区，用于收集载流子（自由电子）。从各区引出的电极分别称为基极、发射极和集电极，分别用字母 B、E、C 表示，如图 5-26b 所示。当 P 型半导体和 N 型半导体结合在一起时，其交界处会形成 PN 结，发射区和基区之间的 PN 结称为发射结，集电区和基区之间的 PN 结称为集电结，其面积最大，见图 5-26b。

NPN 型晶体管的电气符号如图 5-26c 所示，图中箭头方向指出了发射极位置及发射结正向偏置时发射极电流的方向。

PNP 型晶体管的结构示意图和电气符号如图 5-27 所示。它与 NPN 型晶体管的结构完全对应，因此其工作原理和特性也与 NPN 型晶体管对应，但各极的电流流向和电压极性正好相反，所以在 PNP 型晶体管的图形符号中，发射极的电流是流入的，即箭头是朝内的。PNP 晶体管发射区发射的载流子是空穴，集电区收集的载流子也是空穴。

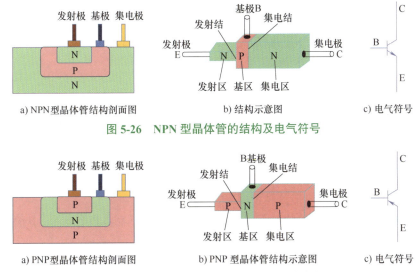

a) NPN型晶体管结构剖面图　　　b) 结构示意图　　　c) 电气符号

图 5-26　**NPN 型晶体管的结构及电气符号**

a) PNP型晶体管结构剖面图　　b) PNP 型晶体管结构示意图　　c) 电气符号

图 5-27　**PNP 型晶体管的结构示意图和电气符号**

二、晶体管的电流放大和开关特性

1. 晶体管的电流放大特性

表 5-9 步骤 6 示意图中与晶体管 Q_1 的 B 极相连的电流表 A_3 的显示的数值为 1.355mA，即 $I_B = 1.355$mA；与晶体管 Q_1 的 C 极相连的电流表 A_1 的显示的数值为 0.094A，即 $I_C = 94$mA；与晶体管 Q_1 的 E 极相连的电流表 A_2 显示的数值为 0.095A，即 $I_E = 95$mA。由上述数值可知，95mA ≈ 94mA+1.3mA，即有 $I_E = I_C + I_B$。那么，为什么晶体管会存在 $I_C \gg I_B$，$I_E = I_C + I_B$ 的现象呢？

借助图 5-28 所示的电路来分析。图 5-28 中，12V 电压经电阻 R_2、稳压二极管 ZD_1（6.2V）向晶体管 Q_1 基极供电，此时基极电压 U_B 约为 6.2V，而晶体管 Q_1 的发射极电压 U_E 约为 5.0V（想一想，为什么 E 极只有 5V），即 $U_B > U_E$，晶体管 Q_1 内部的发射结处于正向偏置而导通。发射区中的多数载流子（自由电子）通过发射结不断向基区运动，并通过电源不断得到补充，形成发射极电流 I_E。因基区很薄，掺杂浓度很小，基区中的载流子（空穴）很少，只有少数进入基区的自由电子与空穴复合，形成基极电流 I_B，故 I_B 很小，而绝大多数的自由电子通过基区汇聚到晶体管 Q_1 内部的集电结边缘。

12V 电压经电阻 R_1、晶体管 Q_1（集电极、内部集电结、发射结、发射极）、电阻 R_3、灯泡 L_1 形成供电回路，此时，晶体管 Q_1 集电极的电压 U_C 大于基极电压 U_B，即 $U_{CB} > 0$，导致晶体管 Q_1

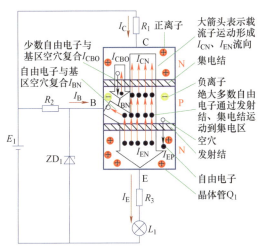

图 5-28　**NPN 型晶体管电流放大示意图**

内部的集电结处于反向偏置状态，使得晶体管 Q_1 内部的集电结的内电场增强，造成汇聚在集电结边缘的自由电子很容易通过集电结运动到集电区，再通过集电极、电阻 R_1，进入 12V 电源正极，形成较大的集电极电流 I_C。

通过上述分析可知，晶体管的基极电流 I_B、集电极电流 I_C 都是由发射极电流 I_E 分配得到的。对于图 5-28，可根据 KCL 列出如下方程。

$$I_C = I_{CN} + I_{CBN}$$
$$I_E = I_{EN} + I_{EP} = I_{CN} + I_{BN} + I_{EP}$$
$$I_B = I_{BN} + I_{EP} - I_{CBO}$$

联立上述 3 个方程，可解得 $I_E = I_B + I_C$，且 $I_C \gg I_B$。这个结论，与表 5-9 步骤 6 的实验结论一致。

当改变晶体管基极供电电压时，晶体管内部发射结的正向偏置电压会随着改变，晶体管的 I_B、I_C 电流也会发生相应的变化，因为 $I_C \gg I_B$，所以对应 I_B 很小的变化，就会造成 I_C 很大的变化。这种由晶体管基极小电流的变化引起集电极大电流的变化，称为晶体管的电流放大特性。根据这个特性，可把晶体管作为小电流控制大电流的器件。

I_C 与 I_B 的比值反映了晶体管的电流放大能力，用 $\bar{\beta}$ 表示（晶体管制成后，$\bar{\beta}$ 值也就确定了，通常情况，$\bar{\beta} \gg 1$）。如果忽略集电区的少数空穴和基区少数电子形成的集电结反向饱和电流 I_{CBO} 的影响，则有 $\bar{\beta} = I_C / I_B$，$I_C = \bar{\beta} I_B$。

根据 $I_E = I_C + I_B$，得 $I_E = (1 + \bar{\beta}) I_B$。

如果考虑 I_{CBO} 的影响，则有 $\bar{\beta} = (I_C - I_{CBO}) / (I_B + I_{CBO})$。

可得 $I_C = \bar{\beta} I_B + (1 + \bar{\beta}) I_{CBO}$，$I_C = \bar{\beta} I_B + I_{CEO}$，其中 $I_{CEO} = (1 + \bar{\beta}) I_{CBO}$，$I_{CEO}$ 称为集电极 - 发射极穿透电流。

晶体管要处于电流放大状态必须满足：一是晶体管的基区很薄，掺杂浓度很低，发射区掺杂浓度很高，有利于发射载流子（NPN 型晶体管发射自由电子，PNP 型晶体管发射空穴），集电区掺杂浓度较低，但集电结面积最大，有利于载流子收集；二是发射结处于正向偏置、集电结处于反向偏置工作状态，即对 NPN 型晶体管，有 $U_C > U_B > U_E$，如果是硅管，则 U_B 比 U_E 高 0.6~0.7V（如果是达林顿管，则 U_B 比 U_E 高 1.2~1.4V，所以图 5-28 中晶体管 B 极电压为 6.2V，E 极电压为 5V），如果是锗管，则 U_B 比 U_E 高 0.2~0.3V；对 PNP 型晶体管，有 $U_E > U_B > U_C$，如果是硅管，则 U_E 比 U_B 高 0.6~0.7V，如果是锗管，则 U_E 比 U_B 高 0.2~0.3V。

试一试：请根据表 5-11 所给的晶体管各引脚电压，判别晶体管的型号和所用材料。

表 5-11　晶体管各引脚电压

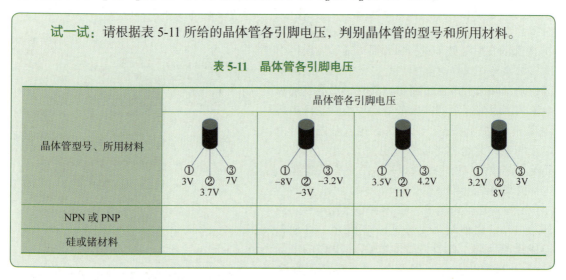

晶体管型号、所用材料	晶体管各引脚电压			
	① 3V　② 3.7V　③ 7V	① −8V　② −3V　③ −3.2V	① 3.5V　② 11V　③ 4.2V	① 3.2V　② 8V　③ 3V
NPN 或 PNP				
硅或锗材料				

2. 晶体管的开关特性

晶体管除了上述分析的具备电流放大特性外，还具备开关特性，即晶体管可以工作在另外两种状态：饱和导通和截止状态。当晶体管工作在饱和导通状态时，集电极与发射极类似短接，相当于开关接通；工作在截止状态时，集电极与发射极类似开路，相当于开关断开。

为便于分析晶体管的开关特性，借助图 5-29 所示的电路来分析（Multisim 软件截图）。

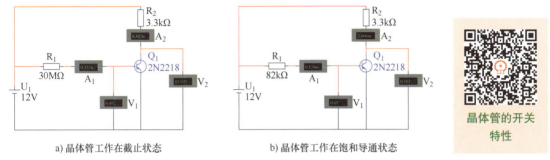

a) 晶体管工作在截止状态　　　　　b) 晶体管工作在饱和导通状态

图 5-29　晶体管开关特性工作示意图

图 5-29a 中，因晶体管 Q_1 的基极偏置电阻 R_1 的电阻值设置过大（30MΩ），发射结得到的电压约为 0.492V，小于晶体管 Q_1 发射结的死区电压（0.6~0.8V），发射结截止，发射区的自由电子无法进入基区。此时，晶体管 Q_1 的基极电流很小，电流表 A_1 显示的数值为 $I_B \approx 0.333\mu A$，集电极电流也很小，电流表 A_2 显示的数值为 $I_C \approx 8.882\mu A$，集电极与发射极之间电压表 V_2 的显示的数值为 $U_{CE} \approx 11.971V$，与电源电压 12V 接近，相当于晶体管的集电极与发射极断路，表明晶体管 Q_1 处于截止工作状态。处于截止工作状态的晶体管相当于开关处于断开状态。

图 5-29b 中，因晶体管 Q_1 的基极偏置电阻 R_1 的电阻值设置过小（为 82kΩ），发射结得到的电压约为 0.67V，发射结因正向偏置而导通，发射区的自由电子通过发射结进入基区。此时，晶体管 Q_1 的基极电流表 A_1 显示的数值为 $I_B \approx 0.138mA$。晶体管集电极与发射极之间的电压表 V_2 显示的数值为 $U_{CE} \approx 0.101V$，接近 0V，集电极电流表 A_2 显示的数值为 $I_C \approx 3.606mA$，约等于 $12V/3.3k\Omega \approx 3.63mA$，相当于晶体管的集电极与发射极跨接，表明晶体管 Q_1 进入饱和导通工作状态。处于饱和导通工作状态的晶体管相当于开关处于接通状态，即 $U_{CE} \approx 0V$，此时 $I_C \approx E_1/R_2$，且集电极电流不受基极电流控制，即 $I_C \neq \bar{\beta}I_B$。

由以上分析可知，晶体管的基极偏置电阻的选择至关重要。它直接影响晶体管的工作状态。在实际应用中，要合理设置晶体管的基极偏置电压，确保晶体管工作在所要求的状态。

在数字电路中，就是利用晶体管的饱和、导通和截止状态工作。

三、晶体管的伏安特性

晶体管的伏安特性是指晶体管的极电流与极间电压之间的函数关系。下面借助图 5-30 所示的 NPN 型晶体管共发射极直流偏置电路来分析晶体管的输入与输出特性。

1. 输入特性曲线

输入特性描述的是 U_{CE} 为某一固定值时，NPN 型晶体管基极输入（如果为 PNP 型，则为基极输出）电流 I_B 和发射结 U_{BE} 之间的函数关系，即 $I_B = f(U_{BE})|U_{CE} = $ 固定值。其输入特性曲线如图 5-31 所示，对应 1 个 U_{CE} 的值，可画出 1 条曲线，因此，晶体管的输入特性由 1 簇曲线组成。

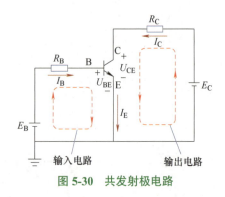

图 5-30　共发射极电路

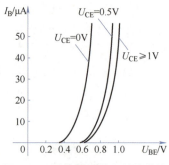

图 5-31　晶体管的输入特性曲线

在晶体管的输入电路中，因发射结与二极管的 PN 结相似，故晶体管的输入特性曲线与二极管的正向伏安特性相似，在 U_{BE} 高于发射结的死区电压（硅管为 0.6~0.8V，通常取 0.7V；锗管为 0.2~0.3V，通常取 0.2V）时才导通，导通后，很小的 U_{BE} 变化，就会引起 I_B 的很大变化，且发射结电压接近常数。

晶体管的输入特性受 U_{CE} 的影响。从图 5-31 可知，当 U_{CE} 从零增大到 1V 时，曲线明显向右偏移，而当 $U_{CE} \geq 1V$ 后，曲线基本上重合为同一根线，一般选用 $U_{CE} \geq 1V$ 的曲线。

> **想一想**：为什么晶体管的输入特性曲线与二极管的正向伏安特性相似？为什么 U_{CE} 增大时，输入特性曲线会向右移，而当 $U_{CE} \geq 1V$，曲线不再右移而是趋于重合？

2. 输出特性曲线

输出特性是指 I_B 为某一固定值时，在晶体管的输出电路中，流入晶体管（PNP 型晶体管为流出）集电极电流 I_C 和晶体管集电极与发射极之间电压 U_{CE} 之间的函数关系，即 $I_C = f(U_{CE})|U_{BE} =$ 固定值。对应 1 个晶体管流入的基极电流 I_B 值，便可以画出 1 条曲线，不同的 I_B 值，曲线不同，故晶体管的输出特性曲线由 1 簇曲线组成，如图 5-32 所示。在图中每 1 条曲线都与 1 个 I_B 值相对应。根据输出特性曲线，晶体管可分为截止、放大和饱和 3 个工作区域，也就是晶体管的 3 种工作状态。

晶体管的输出
特性曲线

（1）截止区　在图 5-32 中，$I_B = 0$ 时的曲线与 U_{CE} 轴之间形成的区域称为截止区。晶体管工作在截止区时，发射结处于零偏或反偏，集电结为反偏，晶体管处于截止工作状态，相当于开关断开，此时，$I_B \approx 0$，$I_C \approx 0$（忽略晶体管反向饱和电流）。在此区域，晶体管失去了电流放大能力。

（2）放大区　在图 5-32 中，$I_B > 0$ 且 $U_{CE} > U_{BE}$ 的区域，为一簇比较平坦（略微上翘）的曲线，其和 U_{CE} 轴之间所形成的区域称为放大区。晶体管工作在放大区时，其发射结正偏，集电结反偏，集电极电流受控

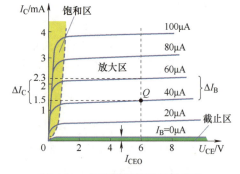

图 5-32　晶体管的输出特性曲线

于基极电流，体现了晶体管的电流放大作用，有 $I_C = \overline{\beta} I_B$。在输出特性曲线中，$I_B$ 的间隔大小反映了晶体管的 $\overline{\beta}$ 值，体现了不同晶体管的电流放大作用；对于一定的 I_B，I_C 基本不受 U_{CE} 的影响，即无论 U_{CE} 怎么变化，I_C 几乎不变，这说明晶体管有恒流特性。

（3）饱和区　在图 5-32 中，$I_B>0$ 且 $U_{CE}<U_{BE}$ 区域，即输出特性曲线族中 I_B 陡直上升且互相重合的曲线与虚线形成的区域称为饱和区。晶体管工作在饱和区时，发射结和集电结都处于正向偏置。在这个区域，各 I_B 值所对应的输出特性曲线几乎重合在一起，I_C 随 U_{CE} 的升高而增大。当 I_B 变化时，I_C 基本不变，此时，I_C 不受 I_B 控制，即 $I_C \neq \overline{\beta}I_B$，$I_C \approx E_1/R_2$。晶体管工作在饱和状态时，失去电流放大作用，相当于一个开关工作在闭合状态。此时，集电极和发射极之间的电压降 U_{CE} 称为饱和电压降，记为 $U_{CE(sat)}$。对于小功率 NPN 型硅管，$U_{CE(sat)} \approx 0.3V$。当 $U_{CE}=U_{BE}$ 时，晶体管工作在放大和饱和的临界点，称为临界饱和状态。临界饱和时，晶体管仍旧具有电流放大作用。

四、晶体管的参数

晶体管的参数是在实际应用时选用晶体管的依据，主要有电流放大系数、反向极间电流和极限参数等。

1. 电流放大系数

电流放大系数是表征晶体管放大作用大小的参数，分为共发射极电流放大系数和共基极电流放大系数。共发射极电路如图 5-30 所示，共基极放大电路如图 5-33 所示，以 NPN 型晶体管为例。

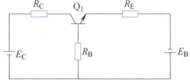

图 5-33　晶体管共基极放大电路

1）共发射极直流电流放大系数 $\overline{\beta}=\dfrac{I_C}{I_B}$。

2）共发射极交流电流放大系数 $\beta=\dfrac{\Delta i_C}{\Delta i_B}$。

$\overline{\beta}$ 和 β 的含义是不同的，但在 I_{CEO} 较小且输出特性曲线近乎等距平行的情况下，两者数值接近，因此在实际使用时，一般可不加区分，都用 β 表示。在晶体管手册中，β 有时用 h_{FE} 表示，$\overline{\beta}$ 有时用 h_{fe} 表示。通常晶体管的电流放大系数 $\overline{\beta}$ 值在 20~280。若 $\overline{\beta}$ 值太小，放大能力差；若 $\overline{\beta}$ 值太大，工作性能不稳定（主要受 I_{CEO} 影响）。

3）共基极直流电流放大系数 $\overline{\alpha}=\dfrac{I_C-I_{CBO}}{I_E} \approx \dfrac{I_C}{I_B}$，$\overline{\alpha}<1$。

4）共基极交流电流放大系数 $\alpha=\dfrac{\Delta i_C}{\Delta i_E}$。

根据 $I_C=\overline{\beta}I_B+I_{CEO}$，$I_C=\overline{\alpha}I_E+I_{CBO}$，因 I_{CEO}、I_{CBO} 很小可忽略，可推导出

$$\overline{\alpha}=\frac{\overline{\beta}}{1+\overline{\beta}} \quad \text{或} \quad \overline{\beta}=\frac{\overline{\alpha}}{1-\overline{\alpha}}$$

2. 反向极间电流

反向极间电流 I_{CEO}、I_{CBO} 是反映晶体管温度稳定性的重要参数。其表示方式如图 5-34 所示。

1）集电极 - 基极反向饱和电流 I_{CBO}。它是发射极开路时流过集电结的反向饱和电流（图 5-34a）。室温下，小功率硅管的 I_{CBO} 为 nA 级，锗管的 I_{CBO} 为几 μA 或几十 μA。

2）集电极 - 发射极穿透电流 I_{CEO}。它是在晶体管基极开路（$I_B=0$）的情况下，在集电极和发射极之间加上正向电压时，从集电极直通

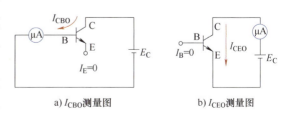

a) I_{CBO} 测量图　　　b) I_{CEO} 测量图

图 5-34　反向极间电流

到发射极的电流，称为穿透电流，用 I_{CEO} 表示（图 5-34b）。

I_{CEO}、I_{CBO} 都是随温度的升高而增大的有害电流，I_{CEO}、I_{CBO} 越小，表明晶体管的性能越稳定，质量越好。硅晶体管的 I_{CEO}、I_{CBO} 比锗晶体管小，因此硅晶体管的稳定性较好。当 β 大时，I_{CEO} 较大，因此在实际使用中 β 不宜过高（一般选用 β 值在 40~120 的晶体管）。

3. 极限参数

极限参数是界定晶体管安全工作的参数，主要有集电极最大允许电流、反向击穿电压和最大耗散功率等。

1）集电极最大允许电流 I_{CM}。集电极最大允许电流 I_{CM} 是指 β 值下降到正常的 2/3 时，集电极的电流值。当 I_C 超过一定值时，电流放大系数 β 会下降，如果超过了 I_{CM}，β 会下降到无法正常工作的程度。

2）反向击穿电压 $U_{(BR)CEO}$、$U_{(BR)CBO}$、$U_{(BR)EBO}$。

① $U_{(BR)CEO}$ 是指在基极开路状态，晶体管所能承受加在集电极和发射极之间的最大反向电压。

② $U_{(BR)CBO}$ 是指在发射极开路状态，晶体管所能承受加在集电极和基极之间的最大反向电压。

③ $U_{(BR)EBO}$ 是指在集电极开路状态，晶体管所能承受加在发射极和基极之间的最大反向电压。存在 $U_{(BR)EBO} < U_{(BR)CEO} < U_{(BR)CBO}$ 的关系。

3）最大耗散功率 P_{CM}。晶体管的耗散功率主要为集电结功率损耗，通常用 P_C 表示，$P_C = i_C \times u_{CE}$。耗散功率会使集电结温度升高，而使晶体管发热。集电结所允许的最大耗散功率称为最大耗散功率，用 P_{CM} 表示。当 $P_C > P_{CM}$ 时，晶体管性能会变坏，甚至损坏。$P_{CM} < 1W$ 的称为小功率管，$P_{CM} > 1W$ 的称为大功率管。

当晶体管的工作点位于 $i_C < I_{CM}$、$u_{CE} < U_{(BR)CEO}$、$P_C < P_{CM}$ 的区域内时，晶体管能安全工作。这个区域称为晶体管的安全工作区，如图 5-35 所示。

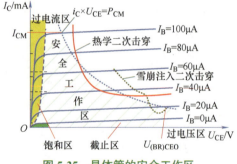

图 5-35　晶体管的安全工作区

4. 温度对晶体管特性的影响

温度对晶体管的特性有着显著的影响，主要影响晶体管的导通电压降、电流放大系数 $\bar{\beta}$ 和 I_{CBO}。当温度升高时，晶体管的导通电压降减小，电流放大系数 $\bar{\beta}$ 和 I_{CBO} 增大。其变化规律一般为温度每升高 $1℃$，导通电压降下降 2~2.5mV，电流放大系数 $\bar{\beta}$ 增大 0.5%~1%；温度每升高 $10℃$，I_{CBO} 约增加 1 倍。

PNP 型晶体管的工作特性与 NPN 型晶体管相似，但偏压极性与 NPN 型相反。

五、晶体管分类

晶体管是一种固体半导体器件，根据不同的分类方式，可以分为多种类型。

1）按制作材料及极性分类，分为 NPN 和 PNP 型硅材料晶体管、NPN 和 PNP 型锗材料晶体管等。

2）按工作频率分类，分为低频、高频和超高频晶体管等。

3）按电流容量分类，分为小功率、中功率和大功率晶体管等。

4）按制造工艺分类，分为扩散型、合金型和平面型晶体管等。

5）按封装结构分类，分为金属封装（简称金封）、塑料封装（简称塑封）、玻璃壳封装（简称玻封）、表面封装（片状）和陶瓷封装晶体管等。

6）按功能和用途分类，分为低噪声放大、中高频放大、低频放大、开关、达林顿、高反压、带阻、带阻尼、微波、光电晶体管和磁敏晶体管等多种类型。

7）按集成度分类，分为分立式和复合晶体管。复合晶体管包括集成多个晶体管的阵列和单元。

8）按形状分类，分为引脚型和贴片安装型晶体管。

常见的晶体管如图 5-36 所示。

a) 直插、贴片式小型晶体管　　b) 直插、贴片式小功率晶体管　　c) 光电晶体管　　d) 塑料、金属封装大功率晶体管

图 5-36　常见的晶体管

六、晶体管的识别与检测

目前市面流行的塑封晶体管引脚排列一般分为两类，一类是晶体管的基极在中间；另一类是基极在旁边，C 极在中间。本任务仅介绍用数字万用表识别硅材料普通晶体管基极在中间（锗材料类似，仅仅是集电结和发射结的正向电压降相对较小，可参考）的引脚和管型方法，见表 5-12。其他的晶体管管型和引脚判别可参考该方法。

晶体管的极性及管型判别

表 5-12　用数字万用表识别硅材料普通晶体管的引脚和管型

步骤	识别方法	识别示意图
1	准备工作：准备 1 只待测晶体管和 1 个数字万用表。待测晶体管有字一面朝向眼睛，将数字万用表置于测量二极管档位，打开电源，如右图所示	测二极管档位　待测晶体管
2	判断 B 极及管型：先用数字万用表红表笔触碰晶体管某一引脚，黑表笔顺序触碰另外 2 个引脚，如右图所示，发现数字万用表黑表笔与晶体管中间引脚触碰时，显示屏显示 0.710V，见右图②	①　②

（续）

步骤	识别方法	识别示意图
2	黑表笔与晶体管右边引脚触碰时，显示屏显示"1"，见右图③ 若在两次测量过程中，数字万用表显示屏都有 0.5~0.7V 的数值，表明红表笔所搭接的引脚为 NPN 型晶体管的 B 极	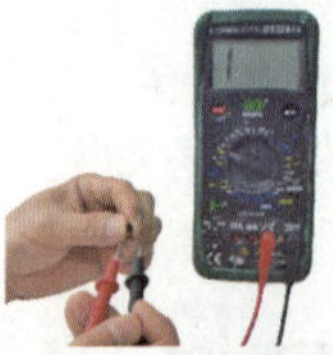 ③
3	判断 B 极及管型：在步骤 2 的基础上用数字万用表黑表笔触碰原先有显示数值的引脚（晶体管中间引脚），红表笔依次触碰晶体管另外 2 个引脚（即左、右 2 个引脚）如右图①②所示，发现数字万用表红表笔触碰晶体管左边引脚时，显示屏显示 0.710V，见右图①；红表笔触碰晶体管右边引脚时，显示屏显示 0.708V，见右图②，表明此时黑表笔触碰的引脚为 PNP 型晶体管的 B 极	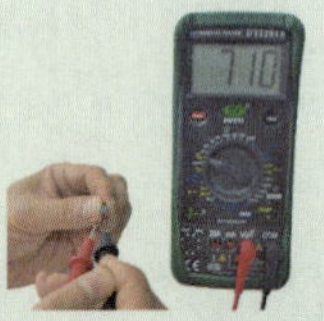 ①  ②
4	判断 B 极及管型：若步骤 2 的 2 次测量过程中，发现数字万用表显示屏显示的数值都为"1"，则用红表笔触碰晶体管中间引脚，黑表笔依次触碰晶体管左、右 2 个引脚，如右图所示，发现数字万用表红表笔触碰晶体管左边引脚时，显示屏显示 0.686V，见右图①；红表笔触碰晶体管右边引脚时，显示屏显示 0.684V，见右图②，表明红表笔所触碰的引脚为 NPN 型晶体管的 B 极	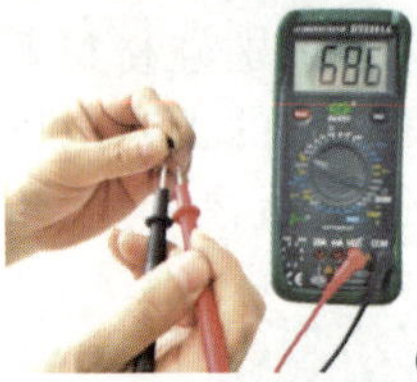 ①  ②
5	识别晶体管的 C、E 极及性能：把数字万用表置于测量晶体管的直流电流放大系数档位，接着根据判别出的晶体管 B 极、型号和步骤 3，判定晶体管是 PNP 管，故把它插入对应的 PNP 型晶体管放大倍数测试座插孔，B 极要对准插孔上的 B 位置，C、E 极先任意插入，如右图①所示，发现数字万用表的显示屏显示的数值为 49；接着固定 B 极插入位置不变，改变 C、E 极插入位置，如右图②③所示，发现数字万用显示屏的数值为 391，比较两次测量显示的数值，显示数值较大（391）所对应引脚的插法，即为晶体管 B、C、E 极的正确排列，数字万用表上标识的"C、E"分别对应晶体管的 C 极、E 极，且该数值（391）就是晶体管的直流放大倍数	 ① 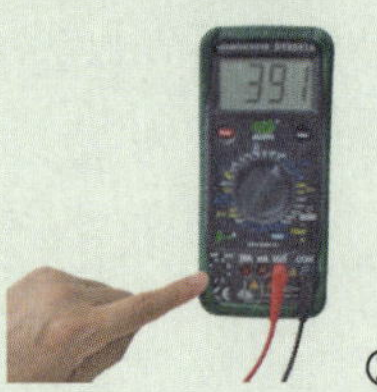 ②

（续）

步骤	识别方法	识别示意图
5		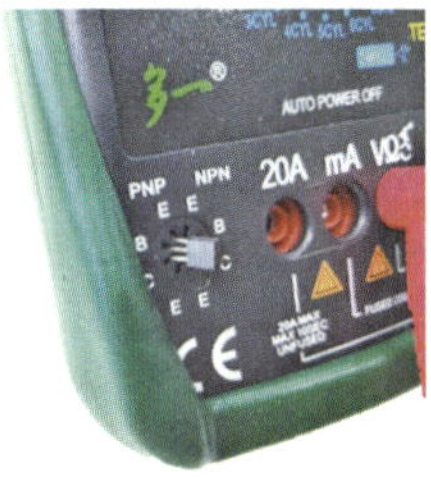 ③
6	识别晶体管的 C、E 极：根据数字万用表测量出的集电结和发射结的正向电压降来判别，如右图①②所示，电压降稍大的为发射结，即红表笔对应的引脚为 E 极；电压降稍小的为集电结，即红表笔对应的引脚为 C 极	 ① 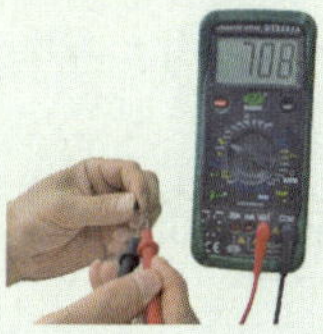 ②

注意：若是测量过程中数字万用表显示屏显示的数字接近 0，表明晶体管已击穿损坏；若测量过程中数字万用表显示屏都显示 1，表明晶体管已开路损坏（已排除数字万用表异常）。

想一想：根据表 5-12 步骤 4 的检测结果和步骤 6 的判别方法，你能判断出所测晶体管哪个引脚是 C 极、哪个引脚是 E 极吗？

任务四　连接场效应晶体管开关控制电路

任务目标

◆ **知识目标**：
1）掌握场效应晶体管的结构、分类和电路符号。
2）掌握场效应晶体管的引脚识别与性能检测。
3）了解场效应晶体管的命名方法和使用注意事项。
4）了解斩波电路的基本知识及其在汽车上的应用。

◆ **核心素养**：
1）培养规范操作、善于观察、学会分析和勇于探索的学习习惯。

2）培养团结协作意识，树立精益求精的工匠精神。

◆ 技能目标：

1）具备连接场效应晶体管开关控制电路的能力。

2）具备用数字万用表判别场效应晶体管类型、引脚排列的能力。

3）具备判断场效应晶体管好坏的能力。

◆ 建议课时：6课时。

 任务描述

　　场效应晶体管即单极型半导体三极管，简称FET。与晶体管相比，场效应晶体管不仅具有噪声低、热稳定性好、输入阻抗高等优点，而且制造工艺简单、占用芯片面积小、器件特性便于控制、功耗小，在大规模和超大规模集成电路中得到广泛应用。特别是MOSFET具有耐冲击性好、故障率低、可扩展性好、支持高频等特点，常用于低压大电流的领域，新能源汽车中的电动座椅调节、动力蓄电池电路、刮水器的直流电动机驱动、LED照明系统、车载充电机（OBC）控制电路等都用到MOSFET。本任务通过连接场效应晶体管开关控制电路，来介绍场效应晶体管的结构、分类、符号、工作原理及相关应用等。

任务实施

一、器材

连接场效应晶体管开关控制电路所需器材见表5-13。

表 5-13　连接场效应晶体管开关控制电路所需器材

序号	名称	实物图	序号	名称	实物图
1	导线		6	场效应晶体管	
2	斜口钳		7	电阻	
3	剥线钳		8	数字万用表	
4	开关		9	蓄电池	
5	发光二极管				

二、连接场效应晶体管开关控制电路

1）连接场效应晶体管开关控制电路，步骤见表 5-14。

表 5-14　连接场效应晶体管开关控制电路

步骤	任务实施描述	实施示意图
1	依次按右下示意图①～⑨标号裁剪适合长度的导线、剥离相关导线线头的绝缘皮，并依次连接相关器件和数字万用表	
2	接通数字万用表电源和开关 K_1，观察数字万用表显示屏显示的数值和发光二极管发生的现象并记录	
3	接通开关 K_2，观察数字万用表显示屏显示的数值和发光二极管发生的现象并记录	

（续）

步骤	任务实施描述	实施示意图
4	在步骤 3 的基础上，断开开关 K_2，观察数字万用表显示屏显示的数值和发光二极管发生的现象并记录	
5	实训完毕，关断开关 K_1，按要求断开导线连接，收好器件和仪表	

2）记录任务实施产生的数据或现象到表 5-15 中。

表 5-15　任务实施产生的数据或现象记录表

班级：		姓名：		日期：	
1. 作业前准备					
1）检查仪表和元件是否齐全				□是　□否	
2）检查数字万用表通电是否正常				□是　□否	
3）检查发光二极管是否正常				□是　□否	
2. 记录数据或现象					
1）表 5-14 步骤 2 中发光二极管：□亮　□不亮；数字万用表显示屏显示的数值 =＿＿＿＿＿＿A					
2）表 5-14 步骤 3 中发光二极管：□亮　□不亮；数字万用表显示屏显示的数值 =＿＿＿＿＿＿A					
3）表 5-14 步骤 4 中发光二极管：□亮　□不亮；数字万用表显示屏显示的数值 =＿＿＿＿＿＿A					
4）观察表 5-14 步骤 3、4 的现象，你发现了什么？					
＿＿＿＿＿＿＿＿＿＿＿＿＿＿＿＿＿＿＿＿＿＿＿＿＿＿＿＿＿＿＿＿＿＿＿＿					

📋 知识链接

场效应晶体管根据结构的不同分为两大类：结型场效应晶体管（Junction type Field Effect Transistor，JFET）和金属 - 氧化物 - 半导体场效应晶体管（Metal-Oxide-Semiconductor type Field Effect Transistor，MOSFET）。JFET 分为 N 沟道和 P 沟道两类。MOSFET 分为 N 沟道增强型、N 沟道耗尽型、P 沟道增强型和 P 沟道耗尽型 4 类。本任务重点介绍 N 沟道 MOSFET。

一、N 沟道增强型 MOSFET

1. 结构与图形符号

N 沟道增强型 MOSFET 简称为 NEMOS 管（E 即 Enhancement 的首字母），其结构如图 5-37a 所示。它以一块掺杂浓度很低的 P 型硅片作为衬底，在衬底上面的左、右两侧利用扩散的方法形成 2 个高掺杂的 N^+ 区，并分别用金属铝作为引出电极，称为源极 S 和漏极 D；然后在硅片表面生成一层很薄的二氧化硅（SiO_2）绝缘层，并在漏极和源极之间的绝缘层上喷一层金属铝作为栅极 G；另外，在衬底引出衬底引线 B，其通常与管内的源极相连。由结构可知，这种场效应晶体管由金属、氧化物和半导体组成，故称为金属 - 氧化物 - 半导体场效应晶体管。由于栅极、源极、漏极均通过绝缘体接触，故称为绝缘栅，其栅极电流为零。

N 沟道增强型 MOSFET 的图形符号如图 5-37b 所示。图形符号中，衬底极 B 的箭头方向是区别 MOSFET 沟道类别的标志。场效应晶体管符号中箭头的方向总是由 P 型半导体指向 N 型半导体，故 N 沟道衬底极 B 的箭头方向是由外向内，如图 5-37b 所示；P 沟道衬底极 B 的箭头方向是由内向外。

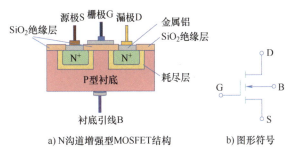

a) N 沟道增强型 MOSFET 结构   b) 图形符号

图 5-37　N 沟道增强型 MOSFET 结构与图形符号

2. 工作原理

由图 5-37a 可知 N 沟道增强型 MOSFET 的漏区（N^+ 型）、衬底（P 型）和源区（N^+ 型）之间存在两个背靠背的 PN 结，当栅极 G 与源极 S 之间无外加电压时（即 $U_{GS}=0$），无论在漏极 D、源极 S 之间加任何极性的电压，都有一个 PN 结处于反偏状态而截止，阻断漏极 D 和源极 S 之间的电流流过，此时漏极电流 $I_D=0$。

若在栅极 G、源极 S 之间加上正向电压 $U_{GS}>0$，如图 5-38a 所示，因衬底极 B 与源极相连，则在 U_{GS} 的作用下，栅极下的 SiO_2 绝缘层中就会产生一个方向由栅极指向 P 型衬底的垂直电场，如图 5-38a 所示。该电场具有排斥空穴而吸引电子的能力，当 U_{GS} 足够大，大到产生的电场可吸引足够的电子时，便会在 P 型衬底表面形成一个电子层，称为 N 型薄层，也称为反型层。这个反型层（电子层）把源极 S（N^+ 型）、漏极 D（N^+ 型）区连通，构成了源极 S 与漏极 D 之间的 N 型导电沟道。这时，只要在漏极 D、源极 S 之间加上正向电压，电子就会沿着反型层由源极 S 向漏极 D 移动，形成漏极电流 I_D，如图 5-38b 所示。这也解释了表 5-14 步骤 2 中发光二极管为什么不发光而步骤 3 中发光二极管会发光的原因。

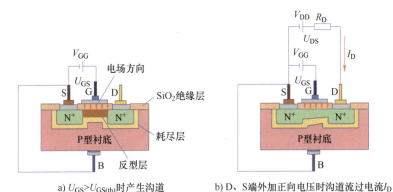

a) $U_{GS}>U_{GS(th)}$ 时产生沟道   b) D、S 端外加正向电压时沟道流过电流 I_D

图 5-38　N 沟道增强型场效应晶体管外加电压示意图

开始形成反型层所需的 U_{GS} 称为开启电压，用 $U_{GS(th)}$ 表示，其大小由 MOSFET 的工艺参数确定。由于这种沟道只有在栅极 G 与源极 S 之间加上正电压以后才产生，故称为增强型 MOSFET。产生导电沟道后，若继续增大 U_{GS}，则导电沟道增厚，沟道内电阻值减小，漏极电流 I_D 增大。由此可知，MOSFET 具有电压控制电流作用，通过控制加在栅极 G 与源极 S 之间的电压 U_{GS}，可以控制漏极电流 I_D 的大小。

3. 伏安特性

NEMOS 管的伏安特性是指其漏极电流与极间（栅源极、漏源极）电压之间的函数关系，分为输入转移特性和输出特性。

（1）输入转移特性　输入转移特性是用来描述 NEMOS 管的漏源极之间电压 U_{DS} 为某一常数时，NEMOS 管漏极电流 I_D 与栅源极电压 U_{GS} 之间的函数关系，即 $I_D=f(U_{GS})|U_{DS}=$ 固定值。该函数关系反映栅源极输入电压 U_{GS} 对漏极电流 I_D 的控制作用。输入转移特性曲线，如图 5-39 所示。

NEMOS 管放大工作时的转移特性曲线近似地具有平方律特性，可表示为

$$I_D = I_{DO}\left(\frac{U_{GS}}{U_{GS(th)}}-1\right)^2$$

式中，I_{DO} 是 $U_{GS}=2U_{GS(th)}$ 时的值。

（2）输出特性　输出特性是用来描述 NEMOS 管的栅源极之间电压 U_{GS} 为某一常数时，其漏极电流 I_D 与漏源极电压 U_{DS} 之间的函数关系，即

$$I_D=f(U_{DS})|U_{GS}=\text{固定值}$$

根据该函数关系可知，取不同的 U_{GS} 值，可得到不同的函数关系式，因此对应一个 NEMOS 管的输入电压 U_{GS}，便可以画出一条曲线，不同的 U_{GS} 值，曲线不同，故其输出特性曲线由一簇曲线组成，如图 5-40 所示，图中每 1 条曲线都与 1 个 U_{GS} 值相对应。根据输出特性曲线，NEMOS 管可分为截止、饱和（恒流、放大）和可变电阻 3 个工作区域。

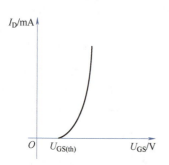

图 5-39　输入转移特性曲线

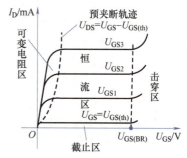

图 5-40　输出特性曲线

1）截止区，指 $U_{GS}<U_{GS(th)}$ 的区域，这时因为无导通沟道，所以 $I_D=0$，NEMOS 管截止。

2）饱和区，指 NEMOS 管导通且 U_{GS} 较大，满足 $U_{DS}>U_{GS}-U_{GS(th)}$ 的区域。在此区域特性曲线为一簇基本平行于 U_{DS} 轴的略微上翘的直线，表明在该区域内，I_D 基本仅受 U_{GS} 控制而与 U_{DS} 的值无关。I_D 不随 U_{DS} 而变化的现象，在场效应晶体管中称为饱和，所以这个区域也称为饱和区。在这个区域内，NEMOS 管的漏源极之间相当于一个受栅源极电压 U_{GS} 控制的电流源，故又称为恒流区。NEMOS 管用于放大电路时，一般工作在该区域，该区域又称为放大区。

3）可变电阻区，指 NEMOS 管导通但 U_{DS} 较小的区域。在此区域伏安曲线为一簇直线，说

明当 U_{GS} 一定时，I_D 与 U_{DS} 呈线性关系，其漏极与源极之间等效为电阻；改变 U_{GS} 可以改变直线的斜率，也就控制了漏极与源极之间的电阻值。因此，在该区域，漏极与源极之间相当于一个受栅源极电压 U_{GS} 控制的可变电阻，所以称为可变电阻区。

图 5-40 中的虚线是根据 $U_{DS} = U_{GS} - U_{GS(th)}$ 画出的，称为预夹断轨迹。它是饱和区和可变电阻区的分界线。当 $U_{DS} > U_{GS} - U_{GS(th)}$ 时，NEMOS 管工作在饱和区；当 $U_{DS} < U_{GS} - U_{GS(th)}$ 时，NEMOS 管工作在可变电阻区，故该区域又称为非饱和区。

二、N 沟道耗尽型 MOSFET

1. 结构与符号

N 沟道耗尽型 MOSFET 简称 NDMOS 管（D 即 Depletion 的首字母），其结构基本与增强型相似，如图 5-41a 所示。不同的是，在制造耗尽型 MOSFET 管时，通常在二氧化硅（SiO_2）绝缘层中掺入大量的正离子，由于正离子的作用，使漏源极间的 P 型衬底表面在 $U_{GS} = 0$ 时就已感应出 N 反型层，形成导电沟道，如图 5-41a 所示。N 沟道耗尽型 MOSFET 管的电气符号如图 5-41b 所示。

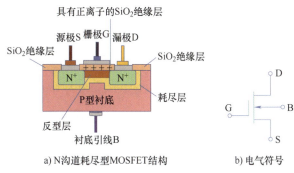

a) N沟道耗尽型MOSFET结构　　b) 电气符号

图 5-41　N 沟道耗尽型 MOSFET 结构和电气符号

2. 工作原理

N 沟道耗尽型 MOSFET 的工作原理与增强型相似，具有电压控制电流的作用。只是由于存在原始导电沟道，只要在漏源极之间加上正向电压 U_{DS}，则在 $U_{GS} = 0$ 时会产生漏极电流 I_D；当 U_{GS} 由零值正向增大时，反型层增厚，内阻值减小，I_D 增大；反之，当 U_{GS} 由零值减小为负值时，反型层变薄，内阻值增大，I_D 减小。当 U_{GS} 下降到某一负值时，反型层消失，N 沟道耗尽型 MOSFET 截止，$I_D = 0$。使反型层消失所需的栅源极电压 U_{GS} 称为夹断电压，用 $U_{GS(off)}$ 表示。

3. 伏安特性

N 沟道耗尽型 MOSFET 的伏安特性如图 5-42 所示。图 5-42a 所示为转移特性，参数 I_{DSS} 称为漏极饱和电流，它是指 $U_{GS} = 0$ 且 N 沟道耗尽型 MOSFET 工作于饱和区的漏极电流。N 沟道耗尽型 MOSFET 在 U_{GS} 为正值、负值、零时，都会导通。

$$I_D = I_{DSS}\left(1 - \frac{U_{GS}}{U_{GS(off)}}\right)^2$$

N 沟道耗尽型 MOSFET 的输出特性与增强型相似，也分为截止、饱和（恒流、放大）和可变电阻区，如图 5-42b 所示。

三、P 沟道 MOSFET

P 沟道 MOSFET 也分为增强型和耗尽型两类，其工作原理与 N 沟道 MOSFET 基本相似。使用时，

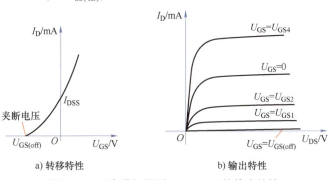

a) 转移特性　　b) 输出特性

图 5-42　N 沟道耗尽型 MOSFET 的伏安特性

U_{GS}、U_{DS} 的极性与 N 沟道 MOSFET 相反，漏极电流 I_D 的方向也与 N 沟道 MOSFET 的漏极电流相反，由源极流向漏极。P 沟道 MOSFET 以 N 型半导体为衬底，两个 P^+ 区分别作为源极和漏极，导电沟道为 P 型反型层，其结构和电气符号如图 5-43 所示。改变栅压可以改变沟道中的空穴密度，从而改变沟道的电阻值。这种 MOSFET 称为 P 沟道增强型 MOSFET。如果 N 型硅衬底表面不加栅压就已存在 P 型反型层沟道，加上适当的偏压，可使沟道的电阻值增大或减小，这样的 MOSFET 称为 P 沟道耗尽型 MOSFET。

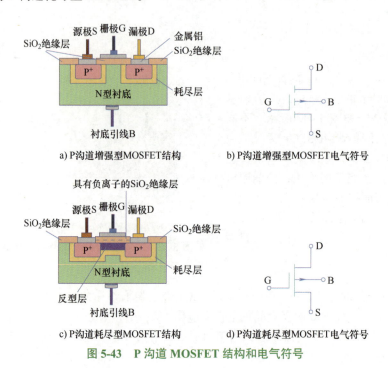

图 5-43　P 沟道 MOSFET 结构和电气符号

四、场效应晶体管的主要参数

场效应晶体管的参数是在实际应用时选择的依据，主要有开启电压 $U_{GS(th)}$、夹断电压 $U_{GS(off)}$、饱和漏极电流 I_{DSS}、直流输入电阻 R_{GS}、低频跨导 g_m、最大漏极电流 I_{DM}、栅源极击穿电压 $U_{(BR)GS}$、漏源极击穿电压 $U_{(BR)DS}$、最大耗散功率 P_{DM} 等。

1. 开启电压 $U_{GS(th)}$ 和夹断电压 $U_{GS(off)}$

开启电压 $U_{GS(th)}$ 是增强型场效应晶体管产生导电沟道所需的栅源极间电压，夹断电压 $U_{GS(off)}$ 是耗尽型场效应晶体管夹断导电沟道所需的栅源极间电压。它们都是决定沟道有否的"门槛电压"。通常，令 U_{DS} 等于某一固定电压值（一般为 10V），调节 U_{GS} 使 I_D 等于某一微小电流，这时的 U_{GS} 值对于增强型场效应晶体管为开启电压，对于耗尽型场效应晶体管则为夹断电压。

2. 饱和漏极电流 I_{DSS}

饱和漏极电流 I_{DSS} 是耗尽型场效应晶体管的参数，是指工作于饱和区的耗尽型场效应晶体管在 $U_{GS}=0$ 时的漏极电流。

3. 直流输入电阻 R_{GS}

它是指在漏源极之间短路的条件下，栅源极间加一定电压时的栅源极直流电阻，一般大于 $10^8\Omega$。

4. 低频跨导 g_m

它是指 U_{DS} 为常数时，漏极电流的微变量和引起这个变化的栅源极电压微变量之比，即

$$g_m = \frac{\Delta I_D}{\Delta U_{GS}} \Big|_{U_{DS}=常数}$$

g_m 与场效应晶体管的工作点有关，是表征场效应晶体管放大能力的重要参数，反映了 U_{GS} 对 I_D 的控制能力，单位为西门子（简称西，符号为 S），其值一般为零点几 S 或几毫 S。

5. 最大漏极电流 I_{DM}

它是指场效应晶体管正常工作时，允许流过的最大漏极电流。

6. 栅源极击穿电压 $U_{(BR)GS}$

它是指栅源极间所能承受的最大反向电压。当 U_{GS} 超过此值时，会击穿栅源极。

7. 漏源极击穿电压 $U_{(BR)DS}$

它是指漏源极间所能承受的最大电压。当 U_{DS} 超过 $U_{(BR)DS}$ 值时，会击穿漏源极，漏极电流 I_D 开始急剧增加。

8. 最大耗散功率 P_{DM}

它是指允许耗散在场效应晶体管上的最大功率，其大小受场效应晶体管最高工作温度的限制。

五、场效应晶体管的使用注意事项、引脚判别与检测

1. 使用注意事项

1）为防止外电场对 MOSFET 的作用而导致损坏，MOSFET 在未应用到实际电路时，栅极不得悬空，应该置于防静电环境或 3 个引脚跨接保存。在安装时，应该先跨接 3 个引脚，待电路焊装完毕并确认栅源极间有直流通路后，再去掉跨接线。在焊接 MOSFET 时，要切断电烙铁电源，利用电烙铁余温进行焊接。

2）JFET 栅源极电压的极性不能接反，否则容易损坏 JFET 内部的 PN 结。

场效应晶体管
性能检测

2. 场效应晶体管极性判别与检测

场效应晶体管极性判别与检测见表 5-16。

表 5-16　场效应晶体管极性判别与检测

步骤	实施项目	实施示意图
1	场效应晶体管极性判别：直插式场效应晶体管有字符标记的朝向眼睛，其极性从左到右排列：左边的为栅极 G、中间的为漏极 D、右边的为源极 S，见右上图所示；贴片式场效应晶体管类似，其极性排列如右下图所示	

（续）

步骤	实施项目	实施示意图
2	把数字万用表调到测二极管档位，打开电源，用跨接线跨接场效应晶体管的 G、S 极（目的是防止静电），如右图所示	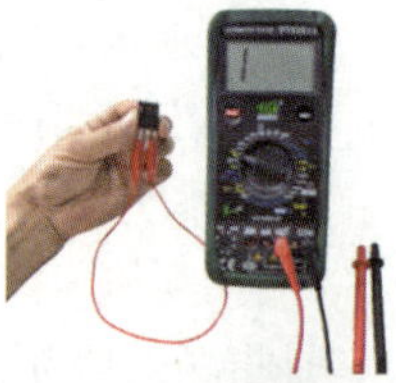
3	用数字万用表的红表笔触碰场效应晶体管 D 极，黑表笔触碰场效应晶体管 S 极，见右上图，发现数字万用表显示屏显示 "1"；接着用数字万用表的红表笔触碰场效应晶体管 S 极，黑表笔触碰场效应晶体管 D 极，见右下图，发现数字万用表显示屏显示 0.480V，表明所测场效应晶体管的 D、S 极间存在续流二极管（如果没有续流二极管，则数字万用表显示屏应该显示 "1"，如果显示屏显示的数值不为 "1"，表明场效应晶体管损坏） 若发现两次测量过程中，数字万用表显示屏显示的数值很小，表明场效应晶体管已击穿损坏	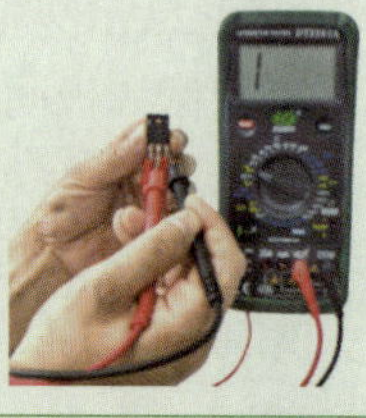 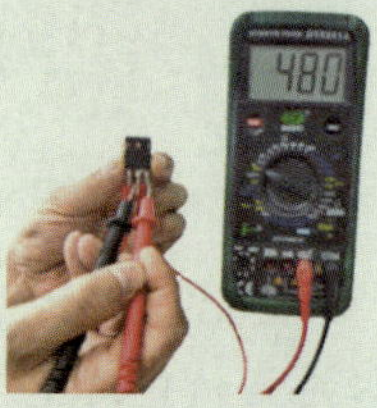
	用数字万用表的红表笔触碰场效应晶体管 G 极、黑表笔触碰 S 极，再去掉 G、S 极之间的跨接线，如右上图所示，并固定两表笔 3s 左右，黑表笔保持不动，把数字万用表档位调至电阻 200k 档，用红表笔触碰场效应晶体管 D 极，见右下图，发现数字万用表显示屏显示的数值为 0.6，表明场效应晶体管 D、S 极导通，导通后的电阻值很小。如果显示屏显示的数值为 "1"，表明场效应晶体管损坏（排除数字万用表电池电压不足的情况）	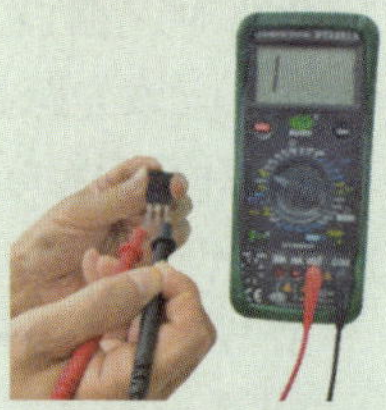 
	检测完毕后，用跨接线跨接场效应晶体管 G、S 极，收好数字万用表和场效应晶体管	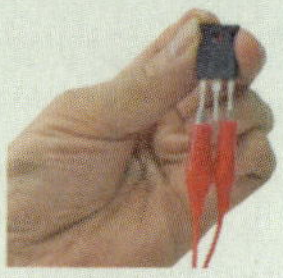

说明：可根据表 5-16 的判别方法自行检测其他类型场效应晶体管的极性和性能。

六、NMOSFET 在斩波电路（DC/DC 变换器）的应用

1. 斩波电路

斩波电路是指通过控制电力电子开关器件（如晶体管、场效应晶体管、IGBT 等）的快速通、断，把恒定的直流电压或电流斩切成一系列的脉冲电压或电流。脉冲电压或电流经滤波（一般采

用 LC 滤波电路），便可在负载上获得平均值小于或大于输入的直流电压或电流，这个过程也称为直流 / 直流变换（DC/DC 变换器），其变换框图如图 5-44 所示（以 NMOSFET 的应用为例）。

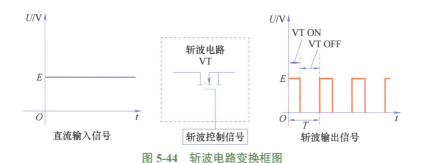

图 5-44　斩波电路变换框图

当图 5-44 中的 VT 导通时，加到负载 R_L 上的电压 $U_L = E$；VT 关断时，则为零。如果令周期 $T = T_e$，则负载上的平均电压为

$$U_L = \frac{t_e}{T_e} E$$

式中，t_e 为 VT（NMOSFET）的导通持续时间。

从上式可知，欲改变负载 R_L 上的直流平均电压 U_L，有以下两种方法。

1）若周期 T_e 为常数，则改变 t_e，称为脉冲宽度调制（PWM），即定频调宽，如图 5-45a 所示。

2）若 t_e 为常数，则改变周期 T_e 的大小，称为脉冲频率调制（PFM），即定宽调频，如图 5-45b 所示。

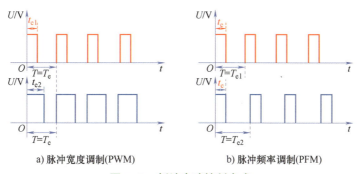

a) 脉冲宽度调制(PWM)　　　　　b) 脉冲频率调制(PFM)

图 5-45　斩波电路控制方式

2. 斩波电路的分类

斩波电路的种类较多，根据其电路结构及功能分类，主要有以下 4 种基本类型：降压（Buck）斩波电路、升压（Boost）斩波电路、升降压（Buck-Boost）斩波电路和丘克（Cuk）斩波电路。本任务仅介绍降压斩波电路和升压斩波电路。

（1）降压斩波电路　降压斩波电路的输出平均电压 U_o 小于输入电压 U_i，输出电压与输入电压极性相同，如图 5-46 所示。图中，电容 C 为滤波电容；缓冲电感 L 用于限制 VT 导通时的瞬间电流突变，以保护 NMOSFET 开关管 VT，并与电容 C 组成 LC 滤波电路；VT 内部的阻尼二极管为缓存电感 L 产生的反向感应电动势提供释放通路，当 VT 关断时，缓冲电感 L 因流过的电流突变，会产生过高的感应电动势，加在 VT 的源漏极之间，如果此感应电势不加以释放，就有可能造成 VT 因所加的反向电压过高而击穿；VD 为续流二极管，为电容 C 提供放电通路；R_L 为负载电阻。

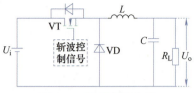

图 5-46　降压斩波电路

　　VT 漏极输出的波形如图 5-47 所示，经 LC 滤波输出的平均电压如 U_{o1}、U_{o2} 所示。改变 VT 导通的时间（t_e），即脉冲宽度，即可改变输出电压，在时间 t_1 前，t_{e1} 脉冲较宽、间隔窄，平均电压（U_{o1}）较高；在时间 t_1 后，t_{e2} 脉冲变窄，平均电压（U_{o2}）降低。固定方波周期 T 不变，改变占空比调节输出电压称为脉冲宽度调制（PWM）法，也称为定频调宽法。由于输出电压比输入电压低，故称为降压斩波电路。

　　由斩波电路输出的方波脉冲属于脉动信号，经 LC 组成的滤波电路滤波后，输出脉动的直流电压 U_o，如图 5-48 所示。在图中，当 VT 导通时，向负载 R_L 输电，L 与 C 蓄能；当 VT 关断时，C 向负载 R_L 输电，L 通过 VD 向负载 R_L 输电。由于控制 VT 通断信号的频率较高，输出的方波频率一般可达数千赫兹或几十千赫兹，故选用的电感 L 的电感量可以较小，电容 C 的容量也可以不大，就可以达到很好的滤波效果。电路输出电压 $U_o = DU_i$，D 是占空比，值为 0~1。

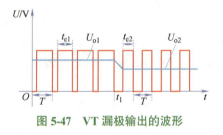

图 5-47　VT 漏极输出的波形

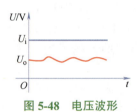

图 5-48　电压波形

　　（2）升压斩波电路　升压斩波电路的输出平均电压 U_o 大于输入电压 U_i，输出电压与输入电压极性相同，如图 5-49 所示。升压斩波电路由功率开关管 VT、二极管 VD、储能电感 L、滤波电容 C 等组成。

　　当图 5-49 中开关管 VT 导通时，产生源极电流，引起流过储能电感 L 的电流瞬间增大，L 会产生阻碍电流增大的感应电动势，方向为左正、右负，如图 5-49a 所示，此时 L 开始存储能量，负载上的电压由 C 提供。当开关管 VT 关断时，会引起流过储能电感 L 的电流瞬间减小，L 会产生阻碍电流减小的感应电动势，方向为右正、左负，如图 5-49b 所示，此时 L 开始释放能量，电源电压 U_i 与电感 L 产生的感应电势 U_l 相加后经二极管 VD（肖特基二极管）为电容 C 充电和为负载 R_L 供电，产生的 U_o 大于 U_i，如图 5-49c 所示。故此电路称为升压斩波电路，输出电压 $U_o = U_i / (1-D)$，D 是占空比，值必须小于 1。

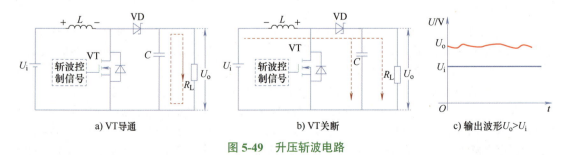

a) VT 导通　　　　　　　　b) VT 关断　　　　　　　　c) 输出波形 $U_o > U_i$

图 5-49　升压斩波电路

综上总结如下。

1）VT 断开时：$U_o = U_i + U_L$；$U_C = U_i + U_L$（电源和电感给负载供电并给电容充电）。

2）VT 闭合时：$U_o = U_C$；$U_L = U_i$（电源给电感充电，电容给负载供电）。

任务五　连接驱动电机控制电路

任务目标

◆ 知识目标：

1）掌握绝缘栅双极晶体管（IGBT）的结构和主要参数。

2）理解绝缘栅双极晶体管的工作原理。

3）熟悉绝缘栅双极晶体管的特性。

4）了解逆变电路，区分电压型逆变电路和电流型逆变电路的应用。

5）了解变频电路，理解 SPWM 变频电路的工作原理。

6）了解驱动电机的工作过程。

◆ 核心素养：

1）培养规范操作、善于观察、积极分析和勇于探索的学习习惯。

2）养成安全生产的劳动意识和勤俭节约的生活习惯。

3）培养团结协作意识，树立精益求精的工匠精神。

◆ 技能目标：

1）具备连接驱动电机控制电路的能力。

2）具有检测绝缘栅双极晶体管性能的能力。

3）具备判断驱动电机电路故障的能力。

◆ 建议课时：6 课时。

任务描述

绝缘栅双极晶体管（Insulated Gate Bipolar Transistor，IGBT）在新能源汽车中的应用非常广泛，主要用于高效控制驱动电机、能量回收系统、蓄电池管理系统以及电源转换，提升能效和驾驶性能等。本任务通过连接新能源汽车驱动电机控制电路，来介绍 IGBT 的结构、电气符号、工作原理及相关应用等。

任务实施

一、器材

连接驱动电机控制电路所需器材见表 5-17。

表 5-17　连接驱动电机控制电路所需器材

序号	名称	实物图	序号	名称	实物图
1	导线		6	电位器	
2	斜口钳		7	辅助蓄电池	
3	剥线钳		8	电机控制器（IGBT 模块）	
4	电源开关		9	三相交流电机	
5	档位开关（Ⅰ前进、Ⅱ倒车）		10	开关电源	

二、连接驱动电机控制电路

1）连接驱动电机控制电路，步骤见表 5-18。

连接驱动电机控制电路

表 5-18　连接驱动电机控制电路

步骤	任务实施描述	实施示意图
1	依次按下页示意图①～⑨标号，裁剪适合长度的导线、剥离相关导线线头的绝缘皮，并依次连接相关器件和电机控制器	

（续）

步骤	任务实施描述	实施示意图
1	依次按右示意图①～⑨标号，裁剪适合长度的导线、剥离相关导线线头的绝缘皮，并依次连接相关器件和电机控制器	
2	依次按右示意图①②标号裁剪适合长度的导线、剥离相关导线线头的绝缘皮，并依次连接开关电源80V直流电压输出的正极至电机控制器的正极，80V直流电压输出的负极至电机控制器的负极	
3	依次按右示意图①②标号，裁剪适合长度的导线、剥离相关导线线头的绝缘皮，并依次连接电机控制器三相交流电压输出至电机的三相接线端子，见右示意图①标号；温度信号接口至电机控制器的控制端，见右示意图②标号	
4	按右示意图①标号，裁剪适合长度的导线、剥离相关导线线头的绝缘皮，并依次连接开关电源至交流220V输入接线端子。注意：务必在交流电切断的情况下接线	
5	在步骤4的基础上，接通交流电源和开关，并把档位开关置于Ⅰ档位置，观察驱动电机发生的现象并记录；接着调节调速电位器，观察驱动电机发生的现象	

（续）

步骤	任务实施描述	实施示意图
6	在步骤 5 的基础上，把档位开关置于Ⅱ档位置，观察驱动电机发生的现象并记录；接着调节调速电位器，观察驱动电机发生的现象	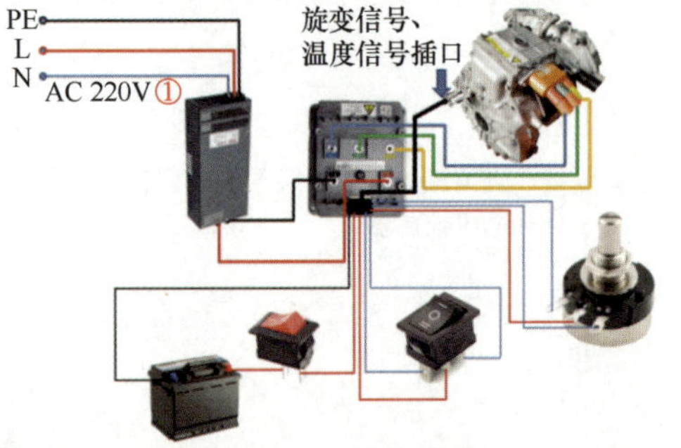
7	实训完毕，切断交流电源，关断开关，按要求断开连接导线，收好器件，并放在指定位置	

注意：

① 在进行电路连接之前，要穿戴绝缘手套、绝缘胶鞋，以避免触电风险。

② 所有的电路连接和通电测试都必须按规范动作进行。

③ 记录任务实施产生的数据或现象。

2）记录任务实施产生的数据或现象到表 5-19 中。

表 5-19　任务实施产生的数据或现象记录表

班级：	姓名：	日期：
1. 作业前准备		
1）检查元件、设备是否齐全		□是　□否
2）检查辅助蓄电池是否正常		□是　□否
3）检查开关、档位开关是否正常		□是　□否
2. 记录数据或现象		
1）表 5-18 步骤 5 中驱动电机：□转动　□不转；调整调速电位器，驱动电机转速：□变化　□不变		
2）表 5-18 步骤 6 中驱动电机：□转动　□不转；调整调速电位器，驱动电机转速：□变化　□不变		
3）表 5-18 观察步骤 5、6 的现象，你发现了什么？		

📖 **知识链接**

　　IGBT 具有输入阻抗高、开关速度快、即使在高电压条件下也能实现低导通电阻的特点。它有 N 沟道型和 P 沟道型两种，本任务主要介绍 N 沟道型 IGBT。

一、N 沟道型 IGBT

1. 结构与电气符号

N 沟道型 IGBT 是通过组合 PNP 型和 NPN 型晶体管来构成 PNPN 排列的 4 层半导体功率器件，其结构如图 5-50a 所示。最靠近集电极区的层是衬底，即注入区（P+）；在它上面是漂移区（N–），包括轻掺杂的 N 型缓冲层。注入区（P+）将大部分载流子（空穴）注入漂移区（N–）。漂移区的厚度决定了 IGBT 的电压阻断能力。漂移区的上面是主体区，它由基板组成，靠近发射极，在主体区内部，有 N+ 层。

注入区（P+）和漂移区（N–）之间的连接点构成 PN 结（J1）。类似的，漂移区（N–）和主体区（P）之间构成 PN 结（J2），主体区（P）与 N+ 之间构成 PN 结（J3），形成 PNPN 排列的 4 层半导体结构，其内部等效电路如图 5-50b 所示。IGBT 外部有 3 个引脚，N+ 区域引出的电极称为源极，即发射极 E；IGBT 的控制电极称为栅极，即门极 G；注入区域（P+）也称为漏区，附于注入区上的电极称为漏极，即集电极 C。其电气符号如图 5-50c 所示，实物图如图 5-50d 所示。单个 IGBT 可采用直插式或贴片式封装。

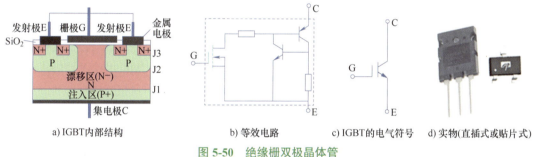

a) IGBT内部结构　　　　　b) 等效电路　　　c) IGBT的电气符号　　d) 实物(直插式或贴片式)

图 5-50　绝缘栅双极晶体管

2. IGBT 工作原理

IGBT 是一种场控器件，它的导通与关断由 G 极和 E 极之间的门极电压 U_{GE} 决定。当栅极电压小于开启电压时，IGBT 关断。此时，发射极电压远小于集电极电压，IGBT 内部的 PN 结 J2 阻断，而 PN 结 J1 和 J3 正偏。为了获得足够的阻断能力，漂移区（N–）需足够宽，掺杂浓度应尽量低。当 IGBT 的集电极 C 与发射极 E 之间加一个正向的集射极电压 U_{CE}，同时，栅极 G 与发射极 E 之间也施加一正向的栅射极电压 U_{GE}（通常为 15V 左右）时，如图 5-51 所示，在栅极 G 正下方便形成反型层，从而形成沟道，为电子从发射极到漂移区（N–）提供导电路径，这与 NMOSFET 导通的原理基本相同。因此，从 IGBT 的发射极供给的电子沿 N+ 层、沟道、漂移区 N–、注入区（P+）、集电极层的方向移动。而空穴由注入区（P+）流向漂移区（N–）。N– 之所以被称为"漂移区"，是因为电子和空穴两者的载流子都会在此移动。电子从发射极向集电极的移动意味着电流（I_C）从集电极流向发射极。

IGBT 的工作过程可以利用图 5-50b 的等效电路来分析。如果给 IGBT 的门极 G 和发射极 E 之间施加的电压小于或等于 0V，那么 NMOSFET 处于截止状态，则内部等效的 PNP

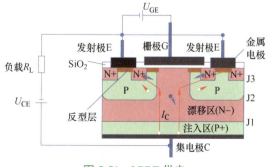

图 5-51　IGBT 供电

晶体管基极电流 I_B 也为 0，PNP 晶体管截止，此时 IGBT 关断，相当于开关断开。如果在 IGBT 的门极和发射极之间加上一个足够大的正向驱动电压 U_{GE}，那么 NMOSFET 处于导通状态，产生漏极电流 I_D，即为内部等效 PNP 晶体管的基极电流 I_B，内部的 PNP 晶体管饱和导通，NPN 晶体管也饱和导通，产生集电极电流 I_C，此时 IGBT 相当于开关闭合。

若加在 IGBT 栅极的电压太小，那么形成的反型层较弱，流入漂移区的电子数相对较少，IGBT 的电压降增大，会使 IGBT 进入特性曲线的线性放大区。当 IGBT 工作在线性放大区时，损耗加剧，严重时会损坏器件，故 IGBT 应避免进入线性放大区。

二、N 沟道型 IGBT 电路特性

1. 静态特性

1）IGBT 的转移特性。IGBT 的转移特性是指集电极电流 I_C 与栅射电压 U_{GE} 之间的关系，如图 5-52 所示。其与 NMOSFET 的转移特性相似。当 $U_{CE} < U_T$（开启电压）时，IGBT 处于截止状态；当 $U_{CE} > U_T$ 时，IGBT 导通，且在大部分集电极电流范围内，I_C 与 U_{CE} 是线性关系。只有当 U_{CE} 接近 U_T 时才呈非线性关系。

2）IGBT 的输出特性。IGBT 的输出特性也称为伏安特性。它描述以栅射极间电压 U_{GE} 为参变量时，集电极电流 I_C 与集射极间电压 U_{CE} 之间的关系。IGBT 的输出特性如图 5-53 所示。该特性与 NMOSFET 的输出特性相似，只是控制量不同。由图 5-53 可知，输出特性分为正向输出特性（第 1 象限）和反向输出特性（第 3 象限）。正向输出特性分为可调电阻区 I、恒流饱和区（放大区）II 和雪崩区 III。在可调电阻区 I，U_{CE} 增大，I_C 随着增大；在恒流饱和区 II，对于一定的 U_{GE}，U_{CE} 增大，I_C 不再随着 U_{CE} 的增大而增大。图 5-69 中的 BV_{SS} 表示 IGBT 集射极所能承担的反向击穿电压的临界值，当 $U_{CE} \geq BV_{SS}$ 时，IGBT 会发生反向击穿进入雪崩区。该参数反映了 IGBT 承受反向电压的能力，是衡量其反向阻断性能的关键指标。

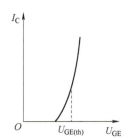

图 5-52　N 沟道型 IGBT 的转移特性

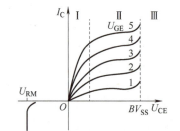

图 5-53　N 沟道型 IGBT 的输出特性

2. 动态特性

IGBT 的动态特性包括开通过程和关断过程两个方面，如图 5-54 所示。

开通延迟时间 $t_{d(on)}$：指从栅射电压 U_{GE} 的前沿上升到其幅值的 10% 时刻起，到集电极电流 I_C 上升至其稳态电流 I_{CM} 的 10% 的时刻为止。

电流上升时间 t_{ri}：指 I_C 由 $0.1I_{CM}$ 上升到 $0.9I_{CM}$ 所需时间。

集射电压 U_{CE} 的下降时间 t_{fv1} 和 t_{fv2}：t_{fv1} 为 IGBT 中 MOSFET 单独工作的电压下降过程，该过程中 U_{CE} 基本保持不变；t_{fv2} 为 MOSFET 和 PNP 晶体管同时工作的电压下降过程，t_{fv2} 段电压下降过程变缓。当 t_{fv2} 段完全结束后，IGBT 完全进入饱和导通状态。

关断延迟时间 $t_{d(off)}$：指从 U_{CE} 下降到其稳态值的 90% 时刻起，到 U_{CE} 上升到其稳态值的

10% 为止。

U_{CE} 的上升时间 t_{rv}：由于 IGBT 中 MOSFET 的密勒效应，U_{CE} 近似保持不变。

电流下降时间 t_{fi}：指 I_C 由 $0.9I_{CM}$ 下降到 $0.1I_{CM}$ 所需时间，可分为两段：t_{fi1} 和 t_{fi2}。其中，t_{fi1} 对应 IGBT 中 MOSFET 的关断过程，I_C 下降较快；t_{fi2} 对应 IGBT 内部 PNP 晶体管的关断过程。当 IGBT 栅极电压下降导致内部 MOSFET 沟道关闭时，电子随沟道迅速消失，但由于 N– 区（漂移区）注入大量空穴，其内部 PNP 晶体管仍有部分空穴滞留在 N– 区，这些空穴无法通过 P+ 区流出而只能在 N– 区靠自身复合来逐渐消失，从而产生拖尾电流，导致 IGBT 关断时间加长，引起关断损耗增加。

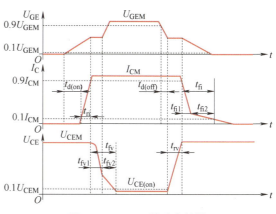

图 5-54　IGBT 的动态特性

三、IGBT 主要参数

1. 集射极击穿电压 BU_{CES}

IGBT 的最高工作电压取决于 IGBT 内部 PNP 型晶体管所能承受的击穿电压值。击穿电压 BU_{CES} 的大小与结温成正温度系数关系。

2. 开启电压 U_T 和最大栅射极电压 BU_{GES}

开启电压 U_T 是 IGBT 导通所需的最低栅射极电压，即转移特性与横坐标的交点电压。U_T 具有负温度系数，约为 –5mV/℃。在 25℃条件下，U_T 一般为 2~6V。由于 IGBT 的驱动为 MOSFET，应将最大栅射极电压限制在 ±20V 以内，最佳值一般取 15V 左右。

3. 通态电压降 $U_{CE（on）}$

它是指 IGBT 处于导通状态时集射极间的导通电压降。它决定了 IGBT 的通态损耗，此值越小，IGBT 的功率损耗越小。一般 $U_{CE（on）}$ 为 2.5~3.5V。

4. 集电极连续电流 I_C 和峰值电流 I_{CP}

集电极连续电流 I_C 是指器件在持续工作（恒定负载）下的最大允许电流。集电极峰值电流 I_{CP} 是指短时间内（如几毫秒）可承受的瞬时最大电流。一般情况下，峰值电流 I_{CP} 为连续电流 I_C 的 2 倍。

四、N 沟道型 IGBT 极性判别和判断

IGBT 极性判别和判断检测见表 5-20。

IGBT 性能检测

五、IGBT 在逆变电路（DC/AC 变换器）的应用

1. 逆变电路

把直流电变成交流电的电路称为逆变电路，也称为 DC/AC 变换器。逆变的基本作用是在电路的控制下将直流电转换为频率和电压都任意可调的交流电。当逆变输出的交流电接在电网上时称为有源逆变；当逆变输出的交流电直接和负载连接时称为无源逆变。UPS 电源、新能源汽车的驱动电机电路等均用到逆变电路。

表 5-20　IGBT 极性判别和判断检测

步骤	实施项目	实施示意图
1	IGBT 极性判别：直插式 IGBT 有字符标记的朝向眼睛，其极性从左到右排列：左边的为栅极 G、中间的为集电极 C、右边的为发射极 E，见右上图所示；贴片式 IGBT 类似，其极性排列如右下图所示	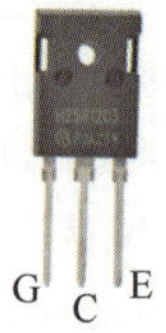 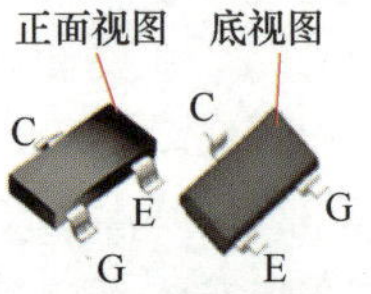
2	准备一个待测 IGBT 器件，把数字万用表调到测二极管档位，如右图所示	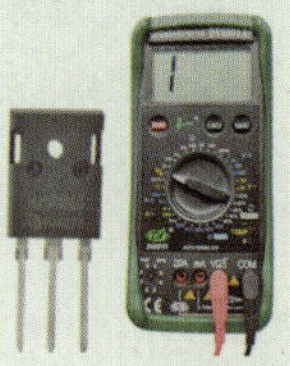
3	数字万用表的红表笔触碰 C 极，黑表笔触碰 E 极，数字万用表显示屏显示"1"，如右图所示	
4	数字万用表的红表笔触碰 E 极，黑表笔触碰 C 极，数字万用表显示屏的数值为 0.462V（说明 IGBT 的 C 极与 E 极内含续流二极管），如右图所示	
5	利用 12V 辅助蓄电池给 IGBT 的 G 极提供触发电压（因 IGBT 要求的驱动电压较高，一般超过 10V，不能直接用万用表对栅极进行充电），如右上示意图所示。最后，把数字万用表调至电阻 200K 档，红表笔触碰 IGBT 的 C 极，黑表笔触碰 IGBT 的 E 极，如右下图所示，数字万用表显示屏显示的数值为 0	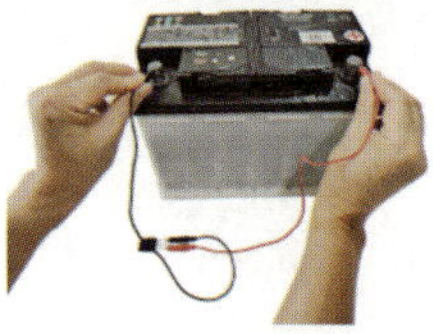 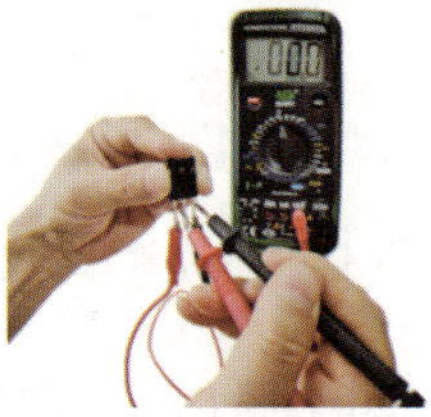

（续）

步骤	实施项目	实施示意图
5	对调红、黑表笔位置，如右图所示，数字万用表显示屏显示的数值仍然为 0，表明 IGBT 饱和导通，C 极与 E 极相当于开关短路，IGBT 器件正常。如果数字万用表显示屏显示数字为 1，表明 IGBT 已损坏	
6	检测完毕，用导线跨接 G、E 极后，取下导线，收好器件和数字万用表并放回指定位置	

2. 逆变电路的分类

1）按输出电能的去向分可分为有源逆变电路和无源逆变电路。前者输出的电能返回公共交流电网，后者输出的电能直接输用电设备。

2）按电流波形分可分为正弦逆变电路和非正弦逆变电路。前者开关器件中的电流为正弦波，其开关损耗较小，宜工作于较高频率。后者开关器件电流为非正弦波，因其开关损耗较大，故工作频率较正弦逆变电路低。

3）按输出相数可分为单相逆变电路和三相逆变电路。

4）按直流电源性质可分为由电压型直流电源供电的电压型逆变电路和由电流型直流电源供电的电流型逆变电路。

3. 电压型逆变电路

电压型逆变电路分为单相电压型逆变电路和三相电压型逆变电路。单相电压型逆变电路可分为半桥逆变电路、全桥逆变电路和带中心抽头变压器的逆变电路。本任务仅介绍三相电压型逆变电路的三相桥式逆变电路。

三相电压型逆变电路由 3 个单相逆变电路组合而成，应用最广的是三相桥式逆变电路，如图 5-55 所示。其工作方式：每桥臂导电 180°，同一相上、下两臂交替导电，各相开始导电的角度差 120°。电路中，任一瞬间有 3 个桥臂同时导通。每次换流都是在同一相上、下两臂之间进行，也称为纵向换流。

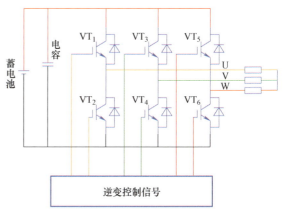

图 5-55　三相电压型逆变电路

4. 电流型逆变电路

电源为电流源的逆变电路称为电流型逆变电路。电流型逆变电路的主要特点：直流侧串大电感，电流基本无脉动，相当于电流源。交流输出电流为矩形波，与负载阻抗角无关。输出电压波形和相位因负载不同而不同。电流侧电感起缓冲无功能量的作用，不必给开关管并联个能量吸收二极管。

电流型逆变电路可分为单相电流型逆变电路和三相电流型逆变电路。本任务仅介绍三相电流型逆变电路。

三相电流型逆变电路如图 5-56 所示。三相电流型逆变电路的基本导电方式是 120° 导通、横向换流方式，任意瞬间只有 2 个桥臂导通。导通顺序为 $VT_1 \rightarrow VT_2 \rightarrow VT_3 \rightarrow VT_4 \rightarrow VT_5 \rightarrow VT_6$，依次间隔 60°，每个桥臂导通 120°，这样每个时刻上、下桥臂组中各有 1 个臂导通。其输出电流波形与负载性质无关，输出电压波形由负载的性质决定。

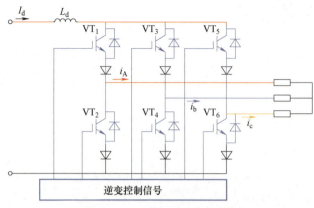

图 5-56　三相电流型逆变电路

六、IGBT 在变频电路的应用

1. 变频器的组成及分类

1）组成。变频器可分为交流 - 交流变频器和交流 - 直流 - 交流变频器两类。交流 - 交流变频器是将频率固定的交流电直接变换成频率连续可调的交流电。交流 - 交流变频器连续可调的频率范围窄，采用器件多，在应用上受到很大限制。交流 - 直流 - 交流变频器先将频率固定的交流电整流变成直流电，再经过逆变、变频电路把直流电变成频率连续可调的三相交流电，其组成框图如图 5-57 所示。

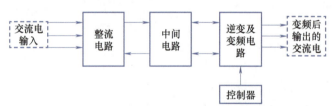

图 5-57　交流 - 直流 - 交流变频器组成框图

2）分类。交流 - 直流 - 交流变频器根据储能方式可分为电压型和电流型两种。整流后靠电容滤波的交流 - 直流 - 交流变频器称为电压型变频器；整流后靠电感滤波的交流 - 直流 - 交流变频器称为电流型变频器（应用较少）。

交流 - 直流 - 交流变频器根据调压方式的不同可分为脉幅调制（PAM）和脉宽调制（PWM）两种。变频器输出电压值的大小通过改变直流电压来实现的，称为脉幅调制（PAM），实际应用少；变频器输出电压值的大小通过改变输出脉冲的占空比来实现的，称为脉宽调制（PWM），目前应用较多的是占空比按正弦波规律变化的正弦波脉宽调制，即 SPWM 方式。本任务仅介绍电压型正弦波脉宽调制（SPWM）变频电路。

2. SPWM 变频电路

SPWM 变频电路工作的基本原理是控制变频电路开关器件 IGBT 的导通和关断时间比来控制交流电压的大小和频率。下面介绍单相 SPWM 变频电路工作原理（三相 SPWM 变频电路可参考之），其电路如图 5-58 所示。

图 5-58 中 VD$_1$~VD$_6$ 组成三相桥式整流电路，对输入的三相交流电压进行整流，电容 C 滤波后输出脉动的直流电压。VT$_1$~VT$_4$ 为大功率 IGBT 开关器件，各自内含的二极管为续流二极管，为无功能量反馈回直流电源提供通路，保护大功率 IGBT 开关器件。

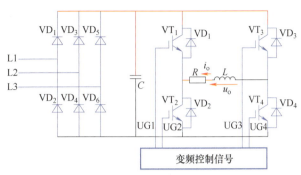

图 5-58　单相 SPWM 变频电路

控制 VT$_1$~VT$_4$ 的通断时间长度和通断的顺序，可以得出图 5-59 所示输出的波形。图 5-59a 波形为 VT$_1$、VT$_4$ 组和 VT$_2$、VT$_3$ 组各导通二分之一周期。若在正半周期内，控制 VT$_1$、VT$_4$ 组和 VT$_2$、VT$_3$ 组轮流导通，在 VT$_1$、VT$_4$ 分别导通时，负载上获得正电压；在 VT$_2$、VT$_3$ 分别导通时，负载上获得负电压；在 VT$_1$、VT$_3$ 导通和 VT$_2$、VT$_4$ 导通时，负载电压为 0，同理，负半周与此类似。图 5-59c 波形表示在正半周期内，多次控制 VT$_1$、VT$_4$ 通断（每次导通和关断时间相同，同样，负半周内多次控制 VT$_2$、VT$_3$ 通断），该波形为一组脉冲串。当改变 VT$_1$~VT$_4$ 的通断时间，便会产生如图 5-59d 所示的波形，这个波形称为脉宽调制波形（PWM）。每个输出正、负半周矩形波的面积之和接近于所对应的正弦波的面积，见图中虚线所示，故该波形接近于按正弦规律变化，故又称为正弦 PWM 波形，即 SPWM 波形。

由图 5-59 可知，在输出波形的正半周期，VT$_1$、VT$_4$ 导通时有输出电压，VT$_1$、VT$_3$ 导通时输出电压为零，因此只要改变半个周期内 VT$_1$、VT$_3$、VT$_4$ 通断的时间比（即脉冲宽度），就可以实现对输出电压幅值的调节（负半周为改变 VT$_2$、VT$_3$、VT$_4$ 通断的时间比），从而实现对输出电压和频率的调节。

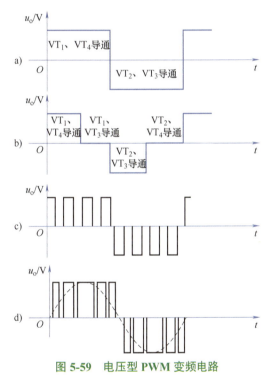

图 5-59　电压型 PWM 变频电路

七、IGBT 模块在新能源汽车驱动电机控制电路上的应用

在新能源汽车的驱动电机系统中，是由 IGBT 模块来控制驱动电机的。IGBT 模块如图 5-60 所示。IGBT 模块在电机控制器和调速器输出信号的控制下，输出电压和频率可变的三相交流电来精确控制驱动电机的速度和转矩，使纯电动汽车能够平稳加速、减速，并实现高效能量的使用。电机控制器内部功能框图如图 5-61 所示，驱动电机控制电路如图 5-62 所示。

其控制过程：只要电机控制器内部的 SVPWM 输出间隔 60° 的开关控制信号施加到 IGBT 模块内部 VT$_1$~VT$_6$ 的栅极，VT$_1$~VT$_6$ 就会按顺序导通和截止，从而输出三相交流电（图 5-63），供驱动电机内部线圈使用，驱动电机内部线圈便会建立旋转磁场，带动转子转动。

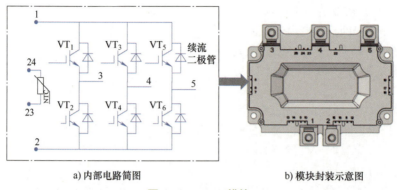

a) 内部电路简图　　　　　　　　b) 模块封装示意图

图 5-60　IGBT 模块

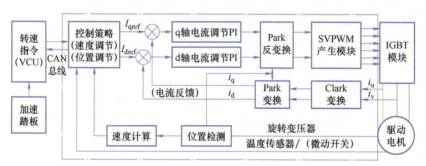

图 5-61　电机控制器内部功能框图

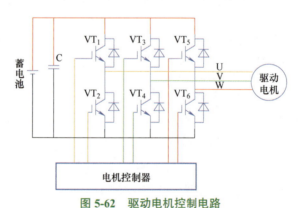

图 5-62　驱动电机控制电路

当车辆制动减速时，驱动电机定子线圈会产生三相交流电。三相交流电经并接在 $VT_1 \sim VT_6$ 集射极的 6 个续流二极管（也称阻尼二极管）整流以及电容滤波后，给动力蓄电池充电，起到能量回收作用。续流二极管既有制动时的整流功能，实现能量回收，又起到保护 IGBT 功率器件的作用。当驱动电机制动时，会产生较高的反向电压加在 IGBT 上，如果此电压不加以释放，IGBT 会承受过高的反向电压，有被击穿损坏的危险。

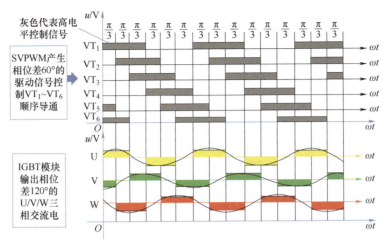

图 5-63　VT₁~VT₆ 导通和截止时序及三相交流电输出波形

 课后测评

一、选择题

1. 新能源汽车驱动电机系统控制电路的核心部件是（　　）。

A. 动力蓄电池　　　　　B. 电机控制器　　　　　C. 驱动电机　　　　　D. IGBT 模块

2. 在新能源汽车上，（　　）不涉及应用二极管。

A. DC/DC 变换器　　　　　　　　　　　B. DC/AC 变换器

C. 汽车仪表电源　　　　　　　　　　　D. 轮胎压力监测

3. PN 结的单向导电性表现在（　　）。

A. 允许电流双向流动　　　　　　　　　B. 只允许电流单向流动

C. 电流方向随电压极性变化　　　　　　D. 电流大小随温度变化

4. 稳压二极管的稳压特性主要应用在汽车的（　　）。

A. 动力系统　　　　　B. 照明系统　　　　　C. 仪表供电电路　　　　　D. 转向系统

5. 硅二极管的正向导通电压降一般取值为（　　）。

A. 0.1V　　　　　B. 0.2V　　　　　C. 0.7V　　　　　D. 1.0V

6. 整流电路的作用是将（　　）。

A. 直流电转换为交流电　　　　　　　　B. 交流电转换为直流电

C. 高频交流电转换为低频交流电　　　　D. 直流电转换为高频交流电

7. 单相半波整流电路的输出电压波形是（　　）。

A. 正弦波形　　　　　B. 矩形波形　　　　　C. 锯齿波形　　　　　D. 脉冲波形

8. 晶体管的电流放大系数通常用（　　）表示。

A. α　　　　　B. β　　　　　C. γ　　　　　D. δ

9. 场效应晶体管的开关特性主要取决于（　　）。

A. 栅极电压　　　　　B. 漏极电流　　　　　C. 源极电压　　　　　D. 衬底电流

10. 斩波电路中的"斩波"是指（　　）。

A. 降低电压　　　　　　　　　　　　　B. 提升电压

C. 将直流电转换为脉冲电压　　　　　　　D. 将脉冲电压转换为直流电

11. 对半导体材料硅的描述正确的是（　　　）。

A. 随着温度的上升，硅的阻抗呈线性增加

B. 硅的阻抗与温度无关

C. 随着温度的上升，硅的阻抗会下降

D. 硅晶体在被光照射时阻抗会增加

12. 以下关于二极管的描述，正确的是（　　　）。

A. 在整流电路中，负电位被接在阴极上

B. 电子的运动方向与二极管符号的箭头方向相同

C. 如果二极管连接在交流电路中，则只有在一个半波期间才能测到电流

D. 如果希望二极管阻断电路，正电位必须接在阳极上

13. 下图中（　　　）的灯泡会发亮。

A.　　　　　　　　B.　　　　　　　　C.　　　　　　　　D.

14. MOSFET 是理想的（　　　）控制器件。

A. 电压　　　　　　　B. 电阻　　　　　　　C. 功率　　　　　　　D. 电流

15. 关于场效应管的作用说法正确的是（　　　）。

A. 场效应晶体管是通过栅源电压来控制漏极电流

B. 场效应晶体管有很低的输入阻抗，适合用于阻抗变换

C. 场效应晶体管不可以用作可变电阻

D. 场效应晶体管可以用作电子开关

16. 关于场效应晶体管的特点说法不正确的是（　　　）。

A. 场效应晶体管的输入端电流极小，因此它的输入电阻很小

B. 场效应晶体管的抗辐射能力强

C. 利用多数载流子导电，因此它的温度稳定性较好

D. 由于不存在杂乱运动的少子扩散引起的散粒噪声，所以噪声低

17. MOSFET 的输出特性分为（　　　）。

A. 截止区、非饱和区和饱和区　　　　　　B. 截止区、非饱和区以及放大区

C. 截止区、放大区和非饱和区　　　　　　D. 截止区、放大区和饱和区

18. 下面的描述不属于 MOSFET 特性的是（　　　）。

A. 驱动电路简单，需要的驱动功率小，开关速度快

B. 耐压高，电流容量大

C. 反型层形成沟道导电

D. 通态电阻具有正温度系数，对器件并联时的均流有利

19. 在 IGBT 模块中，续流二极管（FWD）的主要作用是（　　　）。

A. 提高电流容量　　　　　　　　　　　　B. 实现驱动电机的快速起动

C. 防止驱动电机反转　　　　　　　　　　D. 在驱动电机制动时整流并保护 IGBT

20. 晶体管在截止状态下，其集电极与发射极之间的电压 U_{CE} 与电源电压 E_1 的关系是（　　　）。

A. $U_{CE} \approx E_1$　　　　B. $U_{CE} \ll E_1$　　　　C. $U_{CE} \approx 0$　　　　D. $U_{CE} \approx 0.5E_1$

二、填空题

1. 杂质半导体可分为 N 型和 P 型两种半导体。其中_____将一个五价元素作为杂质掺入到一个硅本征半导体内时，磷原子可以顺利地加入硅晶格结构内。_____将一个三价元素作为杂质掺入到一个硅本征半导体内时，硼原子可以顺利地加入硅晶格结构内。

2. PN 结的单向导电性：PN 结外加_____电压，形成较大的正向电流，处于导通状态；PN 结外加_____电压，呈现的反向电阻很大，因此处于截止状态。

3. 二极管按半导体材料不同可分为硅管和锗管。_____的反向电流小，PN 结正向电压降较大；_____的 PN 结正向电压降小，反向电流较大，受温度影响明显。

4. 二极管类型按结构不同可分为点接触型二极管、面接触型二极管和平面型二极管。其中_____二极管 PN 结面积较大的用于低频电路，PN 结面积小的用于高频或开关电路。

5. 二极管伏安特性曲线，具有正向特性、反向特性、反向击穿特性。其中_____指的是二极管反向击穿后，流过二极管的反向电流将随输入电压的增加而急剧增大。

6. 整流电路是把_____转换为_____的电路。

7. 在硅材料本征半导体中掺入微量_____价元素，可形成_____型半导体；掺入微量_____价元素，就形成了_____型半导体；在 P 型半导体和 N 型半导体结合后，在它们的交界处就形成了_____。

8. 二极管按结构分有_____、_____和_____3 类。

9. 画出二极管的符号：_____。

10. 由二极管伏安特性图可知，在二极管导通后，正向电流与正向电压成_____关系，正向电流变化较大时，二极管两端正向电压降近似于_____V，硅管的正向电压降为_____V，锗管约为_____V。

11. 正向导通时，认为二极管电压降为零，相当于开关_____；反向截止时，认为反向电流为零，相当于开关_____。

12. 基本的整流电路可分为_____整流电路和_____整流电路。

13. 电子器件中的特殊二极管有_____、_____、_____、变容二极管等。

14. 二极管加一定的_____电压时导通，加_____电压时截止，这一导电特性称为二极管的_____特性。

15. 晶体管又称为_____，除了具有开关作用外，还具有_____放大作用。

16. 晶体管根据组成结构的不同，分为_____和_____两种类型。晶体管的3 个电极分别称为基极 B、_____和_____。

17. 晶体管特性曲线分成 3 个区域：_____、_____和_____。

18. 场效应晶体管简称 FET，根据结构的不同分为两大类：结型场效应晶体管，简称_____；金属 - 氧化物 - 半导体场效应晶体管，简称_____。

19. 场效应晶体管可分为_____和_____，而 MOSFET 分为_____、_____、_____和_____4 类。

三、计算题

1. 如果一个硅二极管在室温下的正向导通电压降为 0.7V，计算在正向偏置下，通过二极管的电流为 40mA 时，二极管两端的电压降是多少？

2. 在桥式整流电路中，如果交流输入电压的有效值为 12V，计算整流后输出的直流电压平均值（不考虑滤波电容的影响）。

3. 一个晶体管的 β 值为 100，当基极电流 I_B 为 2mA 时，计算集电极电流 I_C。

4. 已知稳压二极管的稳定电压 U_Z 为 15V，稳定电流 I_Z 在 1mA~50mA 变化，若电路中流过稳压二极管的电流为 25mA，计算此时稳压二极管消耗的功率 P。

5. 如果一个 PNP 型晶体管的发射结和集电结的正向偏置电压分别为 0.2V 和 0.6V，计算在共发射极配置下，基极 - 发射极和集电极 - 发射极之间的电压分别是多少？

6. 在串联稳压电路中，如果负载电阻 R_L 为 1kΩ，通过负载的电流 I_L 为 10mA，计算负载上消耗的功率 P。

7. 已知一个 N 沟道 MOSFET 的开启电压 $U_{GS(th)}$ 为 5V，现在栅源极之间加的电压为 7V，计算超出开启电压的电压 ΔU_{GS}。

8. 在三相桥式逆变电路中，如果直流电源电压为 300V，计算输出交流电压的有效值（不考虑任何电压降）。

模块六

新能源汽车车门控制电路

模块描述

　　随着数字技术的不断发展，数字通信技术在新能源汽车上得到越来越广泛的应用，如各种电子控制模块（ECM），无钥匙进入（图6-1）等。本模块主要介绍新能源汽车车门控制电路，通过两个任务让学习者在真实的任务实践或仿真工作情境中进行操作与感知，从而掌握数字基本门电路、CAN总线、数字电路在汽车车门控制电路中的应用及其工作原理等。

图6-1　新能源汽车无钥匙进入

任务一　测试基本数字门电路逻辑功能

任务目标

◆ 知识目标：
1）了解数字信号和数字电路。
2）掌握数制和码制的概念和二进制数、十进制数之间的转换。
3）掌握与门、或门、非门、与非门和或非门输入与输出之间的逻辑关系。
4）了解TTL门电路的使用规则和特点。
5）了解门电路在汽车车门控制上的应用。
◆ 核心素养：
1）培养乐于探究的学习态度和勤于思考的学习习惯。
2）养成团结协作意识，树立精益求精的工匠精神。
◆ 技能目标：
1）具备连接二极管和晶体管门电路的能力。
2）具备测试二极管或晶体管组成的门电路功能的能力。
3）具备判断车门控制电路故障的能力。
◆ 建议课时：6课时。

任务描述

新能源汽车的智能化和网联化都离不开数字电子技术。本任务分别通过测试二极管组成的与门、或门电路，晶体管组成的非门电路，二极管和晶体管组成的与非门、或非门电路逻辑功能，帮助学生建立起数字逻辑思维，并学会利用所学知识，分析汽车车门锁控制过程。

任务实施

一、器材

测试基本数字门电路逻辑功能所需器材见表6-1。

表 6-1　测试基本数字门电路逻辑功能所需器材

序号	名称	实物图	序号	名称	实物图
1	导线		6	发光二极管	
2	斜口钳		7	晶体管	
3	剥线钳		8	电阻	
4	开关		9	数字万用表	
5	普通二极管		10	辅助蓄电池	

二、测试基本数字门电路逻辑功能

1）测试基本数字门电路逻辑功能，步骤见表6-2（本表各步骤中的数字万用表、发光二极管都处于初态，任务实施产生的相关数据或现象，请记录后，填入表6-3）。

表 6-2　测试基本数字门电路逻辑功能

步骤	任务实施描述	实施示意图
1	依次按右下示意图①～⑨标号裁剪适合长度的导线、剥离相关导线线头的绝缘皮，并依次连接相关器件，其中数字万用表档位置于测量直流电压 20V 档，导线连接完毕，观察发光二极管发生的现象并记录 　　接通数字万用表开关，再依次切换开关 K_1、K_2 的通、断状态，分别观察数字万用表显示屏显示的数值和发光二极管发生的现象并记录	
2	依右示意图依次连接相关器件，其中数字万用表档位置于测量直流电压 20V 档，导线连接完毕，观察发光二极管发生的现象并记录 　　接通数字万用表开关，再依次切换开关 K_1、K_2 的通、断状态，分别观察数字万用表显示屏显示的数值和发光二极管发生的现象并记录	
3	依右示意图依次连接相关器件，导线连接完毕，观察发光二极管发生的现象并记录 　　切换 K_1 的通、断状态，再次观察发光二极管发生的现象并记录	

（续）

步骤	任务实施描述	实施示意图
4	依右示意图依次连接相关器件，连接完毕，观察发光二极管发生的现象并记录 　　依次切换开关 K_1、K_1 的通、断状态，分别观察发光二极管发生的现象并记录	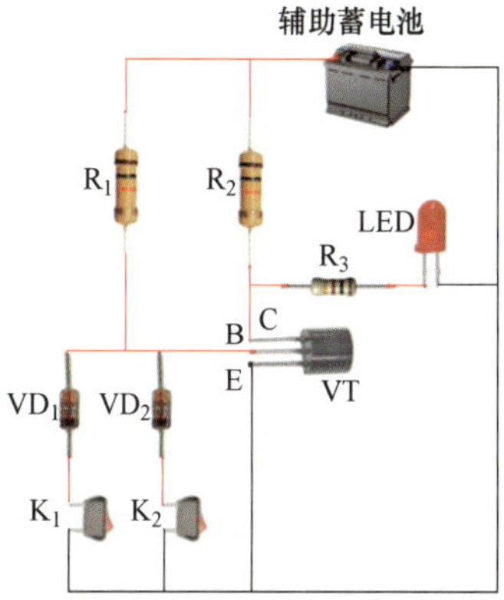
5	依右示意图依次连接相关器件，连接完毕，观察发光二极管发生的现象并记录 　　依次切换开关 K_1、K_1 的通、断状态，分别观察发光二极管发生的现象并记录	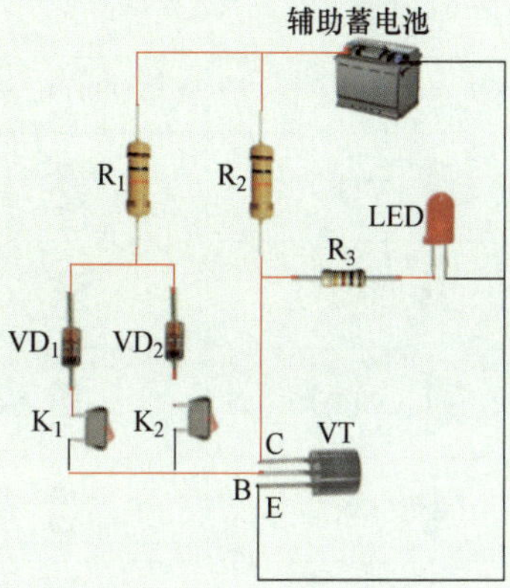
6	实训完毕，关断电源，按要求断开连接导线，收好器件和仪表	

2）记录任务实施产生的数据或现象。记录任务实施产生的数据或现象见表6-3。

表6-3　记录任务实施产生的数据或现象

班级：	姓名：	日期：
1. 作业前准备		
1）检查仪表和元件是否齐全		□是　□否
2）检查数字万用表通电是否正常		□是　□否
3）检查发光二极管是否正常		□是　□否
4）检查二极管是否正常		□是　□否
5）检查晶体管是否正常		□是　□否

（续）

| 2. 记录数据或现象 |

1）表 6-2 步骤 1

开关 K_1（状态）	开关 K_2（状态）	数字万用表显示的数值 /V	LED 现象（亮、灭）
（OFF）	（OFF）		
（ON）	（OFF）		
（OFF）	（ON）		
（ON）	（ON）		

2）表 6-2 步骤 2

开关 K_1（状态）	开关 K_2（状态）	数字万用表显示的数值 /V	LED 现象（亮、灭）
（OFF）	（OFF）		
（ON）	（OFF）		
（OFF）	（ON）		
（ON）	（ON）		

3）表 6-2 步骤 3

开关 K_1（状态）	LED 现象（亮、灭）
（OFF）	
（ON）	

4）表 6-2 步骤 4

开关 K_1（状态）	开关 K_2（状态）	LED 现象（亮、灭）
（OFF）	（OFF）	
（ON）	（OFF）	
（OFF）	（ON）	
（ON）	（ON）	

（续）

5）表 6-2 步骤 5

开关 K₁（状态）	开关 K₂（状态）	LED 现象（亮、灭）
（OFF）	（OFF）	
（ON）	（OFF）	
（OFF）	（ON）	
（ON）	（ON）	

📖 知识链接

一、模拟信号和数字信号

电子电路所传递和处理的电信号有两类：一类是模拟信号，另一类是数字信号。处理模拟信号的电路是模拟电路，处理数字信号的电路是数字电路。数字电路具有抗干扰能力强、能耗低、便于集成等优点，因此发展迅猛，在新能源汽车电子电路中，电信号主要在传感器、ECU 及执行器之间传递。

1. 模拟信号

模拟信号的特点是在时间上和幅值上都是连续变化的，如图 6-2 所示。例如，广播电视中或汽车上导航系统、音响系统传送的各种语音信号或图像信号都属于模拟信号。用于传递、加工和处理模拟信号的电子电路，称为模拟电路。

2. 数字信号

数字信号的特点是在时间和幅值上都是断续变化的离散信号，如图 6-3 所示。其高电平和低电平通常用二进制数"1"和"0"表示。用于传递、加工和处理数字信号的电子电路，称为数字电路。

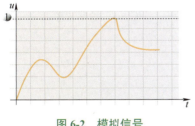

图 6-2　模拟信号

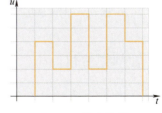

图 6-3　数字信号

3. 数字电路的优点

与模拟电路相比，数字电路具有以下优点。

1）结构简单，易于集成和制造。由于数字电路采用二进制"0"和"1"表示，因此电路的结构相对简单，便于大规模生产和集成化。

2）高可靠性和抗干扰性。数字电路的组件参数允许有较大的变化范围，因此对电源电压的小波动、温度和工艺偏差的敏感性较低，提高了工作的可靠性。

3）可编程性。数字电路可以通过编程实现各种算法，具有很大的灵活性，使得设计和功能实现更加方便。

4）处理功能强。数字电路不仅能进行数值运算，还能进行逻辑判断和逻辑运算，适用于多种应用场景。

5）便于存储和处理。数字信号更易于存储、加密、压缩、传输和再现，且适合计算机处理。

6）成本低廉。随着技术的进步和集成电路的发展，数字电路的集成度提高，使得其生产成本逐渐降低。

二、时序波形和数字波形

1. 时序波形

通常将只有两个离散值的波形称为脉冲波形、时钟波形或时钟脉冲。它是用于控制和协调整个数字系统工作所必需的时钟节拍，常用 CP 表示。时序波形具有一定的周期、频率、宽度和幅度，如图 6-4 所示。

1）脉冲幅度（U_m）：脉冲电压波形变化的最大值，单位为伏（V）。

2）脉冲周期（T）：相邻 2 个相同脉冲波形重复出现所需的时间，单位为秒（s）。

3）脉冲频率（f）：每秒时间内，脉冲波形出现的次数，单位为赫兹（Hz）。

4）脉冲宽度（t_w）：单个脉冲持续的时间，单位为秒（s）。

5）脉冲占空比（q）：脉冲宽度 t_w 与脉冲周期 T 的比值，即 $q = t_w/T$，它用来描述脉冲波形的疏密。

2. 数字波形

数字波形是逻辑电平（"0" 或 "1"）对时间的图形表示，没有具体的脉冲周期和宽度。数字波形为非周期性波形，如图 6-5 所示。

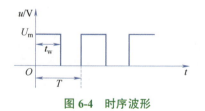

图 6-4　时序波形

图 6-5　数字波形

三、数制和码制

1. 数制

数制是计数进位制的简称，它是一种计数的方法。在数字电路中常用的计数进制有十进制、二进制、八进制和十六进制等。

（1）十进制　十进制是以 10 为基数的计数体制。十进制数采用 0、1、2、…、9 共 10 个基本数码，按照一定规律排列来表示数值大小，数码的个数称为数基，所以十进制运算规则是"逢十进一，借一当十"，故称十进制。

例如：十进制数 56 的位权展开式为 $(56)_{10} = 5 \times 10^1 + 6 \times 10^0$。

（2）二进制　二进制是以 2 为基数的计数体制。二进制数仅有 0 和 1 两个不同的数码。以新能源汽车的 ECU 为例，任何传感器所传送来的信号，无论是模拟信号还是数字信号，都经过 ECU 内部转换成二进制数据后（例如 10010110），再做处理。其运算规则为"逢二进一，借一当二"。

例如：二进制数 110.01 的位权展开式为 $(110.01)_2 = 1 \times 2^2 + 1 \times 2^1 + 0 \times 2^0 + 0 \times 2^{-1} + 1 \times 2^{-2}$。

二进制的每一位数字只有"0"或"1"两种可能，容易用电路状态来表达。例如晶体管截止时，其输出为"0"；饱和导通时，其输出为"1"；输入脉冲的低电平为"0"；高电平为"1"；车灯亮起为"1"；继电器已断开为"0"；供电为"1"等。若用 0 表示高电平，用 1 表示低电平，则成为负逻辑，本书均采用正逻辑。二进制的高电平和低电平如图 6-6 所示。

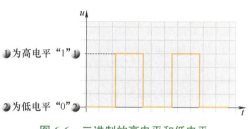

图 6-6　二进制的高电平和低电平

（3）八进制　八进制是以 8 为基数的计数体制。八进制数采用 0、1、2、3、4、5、6、7 共 8 个不同的数码。它的运算规则是"逢八进一，借一当八"，故称八进制，各位的权为 8 的幂。例如八进制 $(312.5)_8$ 转换为十进制数为

$$(312.5)_8 = 3 \times 8^2 + 1 \times 8^1 + 2 \times 8^0 + 5 \times 8^{-1} = (202.625)_{10}$$

式中，整数部分权为 8^2、8^1、8^0，小数部分为 8^{-1}，各位加权系数的和就是对应的十进制数。

（4）十六进制　十六进制是以 16 为基数的计数体制。十六进制数采用 0、1、2、3、4、5、6、7、8、9、A、B、C、D、E、F 共 16 个不同的数码。它的运算规则是"逢十六进一，借一当十六"，故称十六进制，各位的权为 16 的幂。例如十六进制 $(12F.5)_{16}$ 转换为十进制数为

$$(12F.5)_{16} = 1 \times 16^2 + 2 \times 16^1 + 15 \times 16^0 + 5 \times 16^{-1} = (303.3125)_{10}$$

式中，整数部分权为 16^2、16^1、16^0，小数部分为 16^{-1}，各位加权系数的和就是对应的十进制数。

2. 不同数制之间的转换

（1）十进制数转换为二进制数　十进制数分为整数部分和小数部分，需要对整数部分和小数部分分别进行转换，再将转换结果按从低至高的顺序排列起来，就得到转换后的二进制数。

整数部分转换采用"除 2 取余法"。它是将整数部分数值依次除 2，并记下余数，直到商为 0。第 1 个余数为二进制的最低位，最后 1 个余数为二进制的最高位。

小数部分转换采用"乘 2 取整法"。它是将小数部分数值连续乘以 2，取乘数的整数部分作为二进制数的小数，乘数的第 1 个整数为二进制小数位的最高位，最后 1 个整数为二进制小数的最低位。

例 6-1　把十进制数 $(113.625)_{10}$ 转换为二进制数。

解： 整数部分 113 根据除 2 取余法，计算如下：

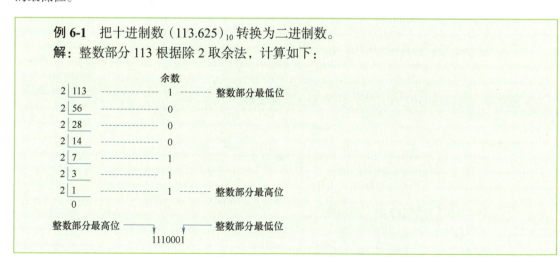

小数部分 0.625 根据乘 2 取整法，计算如下：

取乘数整数

0.625×2=1.25 --------------- 1 ------- 小数部分最高位

0.25×2=0.5 --------------- 0

0.5×2=1.0 --------------- 1 ------- 小数部分最低位

小数部分最高位 ——→ ↓ ↓ ←—— 小数部分最低位

101

所以 $(113.625)_{10}=(1110001.101)_2$

综上：十进制数转换为其他进制的方法采取整数部分除基数取余数法，小数部分采取乘基数取乘数整数法。

（2）二进制数与八进制数、十六进制数相互转换　由于八进制数的基数 $8=2^3$，十六进制数的基数 $16=2^4$，故每位八进制数可以用 3 位二进制数组成，每位十六进制数可以用 4 位二进制数组成。所以，二进制数转换为八进制或十六进制数的方法是整数部分从最低位开始，每 3 位（八进制）或 4 位（十六进制）二进制数为一组，最后 1 组不足 3 位或 4 位时，在高位补 0，补齐 3 位或 4 位为止；小数点后的二进制数则从高位开始，每 3 位或 4 位二进制数为 1 组，最后 1 组不足 3 位或 4 位时，在低位补 0，补齐 3 位或 4 位为止，然后按顺序写出对应的八进制数。

例 6-2　把 $(1101101.11)_2$ 转换为八进制数。

整数部分高位补0 ——→　　　　　　　　　 ——小数部分低位补0

1　101　101　.　11

001　101　101　.　110

1　5　5　6

所以 $(1101101.11)_2=(155.6)_8$。

例 6-3　把 $(36.65)_8$ 转换为二进制数。

3　6　.　6　5

011　110　.　110　101

所以 $(36.65)_8=(11110.110101)_2$。

例 6-4　把 $(1001101.110111)_2$ 转换为十六进制数。

100　1101　.　1101　11

整数部分高位补0 ——→　　　　　　　　　 ——小数部分低位补0

0100　1101　.　1101　1100

4　D　D　C

所以 $(1001101.110111)_2=(4D.DC)_{16}$。

例 6-5 把 (3F.1A)$_{16}$ 转换为二进制数。

```
3      F   .   1      A
↓      ↓       ↓      ↓
0011   1111    0001   1010
```

所以 (3F.1A)$_{16}$ = (111111.00011010)$_2$。

3. 码制

在数字电路中的二进制数码不仅用来表示数量的大小，还可表示各种文字、符号、图形等非数值信息。通常把表示文字、符号等信息的多位二进制数码称为代码，如运动场上运动员的编号，它仅表示和运动员之间的对应关系，而无数值大小的含义。建立这种代码与文字、符号或其他特定对象之间一一对应关系的过程，称为编码。

由于在数字电路中经常使用的是二进制数据，而人们习惯使用十进制数码，所以就产生了用 4 位二进制数表示 1 位十进制数的计数方法。这种用于表示十进制数的二进制代码称为二 - 十进制编码（简称 BCD 码）。其中，8421 BCD 码使用最为广泛，其含义见表 6-4。从表 6-4 中可以看出，十进制数转换为 4 位二进制数时，其位权从高到低，依次是 8、4、2、1，因此称其为8421 BCD 码。

表 6-4 8421 BCD 码含义

十进制数码	二进制数码			
	位权 8	位权 4	位权 2	位权 1
0	0	0	0	0
1	0	0	0	1
2	0	0	1	0
3	0	0	1	1
4	0	1	0	0
5	0	1	0	1
6	0	1	1	0
7	0	1	1	1
8	1	0	0	0
9	1	0	0	1

四、基本逻辑门

数字电路也称为逻辑电路。门电路是数字电路中最基本的逻辑门电路。它指的是能实现一定因果关系的单元电路。在数字电路中，有 3 种最基本的逻辑关系：与逻辑、或逻辑和非逻辑。对应的逻辑门为与门、或门和非门。这 3 种逻辑门是构成各种复合逻辑门及复杂逻辑电路的基础。

1. 与门

实现与逻辑关系的电路称为与门。

与逻辑控制电路见表 6-2 步骤 1 的示意图，分别用 2 个开关、2 个二极管控制 1 个 LED 灯。假设用 A 和 B 代表两个开关，开关断开为 1，闭合为 0，Y 代表 LED 灯状态，LED 灯亮为 1，不亮为 0，根据表 6-2 步骤 1 的实验可知，只有 A 与 B 两个开关都断开时，LED 灯才会亮。其逻辑关系见表 6-5。这种表征逻辑事件输入和输出之间全部可能状态的表格，称为真值表。与逻辑符号如图 6-7 所示。

表 6-5　与逻辑真值表

A	B	Y
0	0	0
0	1	0
1	0	0
1	1	1

图 6-7　与逻辑符号

与门逻辑功能

逻辑表达式：$Y=A \cdot B=AB$，读作 Y 等于 A 与 B。与逻辑关系可总结为"全 1 出 1，有 0 出 0"。

2. 或门

实现或逻辑关系的电路称为或门。

或逻辑控制电路见表 6-2 步骤 2 的示意图，分别用 2 个开关、2 个二极管控制 1 个 LED 灯。假设用 A 和 B 代表两个开关，开关闭合为 1，断开为 0，Y 代表 LED 状态，LED 灯亮为 1，不亮为 0，根据表 6-2 步骤 2 的实验可知，A 或 B 开关其中 1 个闭合，LED 灯就会亮。或逻辑的真值表见表 6-6，或逻辑符号如图 6-8 所示。

表 6-6　或逻辑真值表

A	B	Y
0	0	0
0	1	1
1	0	1
1	1	1

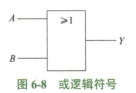

图 6-8　或逻辑符号

或门逻辑功能

逻辑表达式：$Y=A+B$，读作 Y 等于 A 或 B。或逻辑关系可总结为"全 0 出 0，有 1 出 1"。

3. 非门

实现非逻辑关系的电路称为非门。

非逻辑控制电路见表 6-2 步骤 3 的示意图，分别用 1 个开关、1 个晶体管控制 1 个 LED 灯。假设用 A 代表开关，开关断开为 1，闭合为 0，Y 代表 LED 状态，LED 灯亮为 1，不亮为 0，根据表 6-2 步骤 3 的实验可知，开关闭合，LED 灯亮，开关断开，LED 灯不亮，开关和 LED 灯的状态正好相反。非逻辑的真值表见表 6-7，非逻辑符号如图 6-9 所示。

表 6-7　非逻辑真值表

A	Y
0	1
1	0

图 6-9　非逻辑符号

逻辑表达式：$Y=\overline{A}$，读作 Y 等于 A 非（或 A 反）。

非逻辑关系可总结为"输入为 1，输出为 0；输入为 0，输出为 1"。

五、复合逻辑门电路

基本逻辑门经过简单组合可构成复合逻辑门。常见的复合逻辑门有与非门、或非门，异或门、与或非门等。

1. 与非门

与非逻辑控制电路见表 6-2 步骤 4 的示意图，实际上它是在与门电路的后面再加上 1 个非门，使得输出和与门的输出反相。假设用 A 和 B 代表 2 个开关 K_1、K_2，开关断开为 1，闭合为 0，Y 代表 LED 状态，LED 灯亮为 1，不亮为 0，根据表 6-2 步骤 4 的实验可知，只要 A 与 B 两个开关有 1 个闭合，LED 灯就会亮。只有 A 与 B 两个开关都断开，LED 灯才不亮。与非逻辑关系的真值表见表 6-8，与非逻辑符号如图 6-10 所示。

表 6-8　与非逻辑真值表

A	B	Y
0	0	1
0	1	1
1	0	1
1	1	0

图 6-10　与非逻辑符号

与非门逻辑功能

逻辑表达式：$Y = \overline{A \cdot B} = \overline{AB}$，读作 Y 等于 A 与 B 的非。

与非逻辑关系可总结为"全 1 出 0，有 0 出 1"。

2. 或非门

或非逻辑控制电路见表 6-2 步骤 5 的示意图，实际上它是在或门电路的后面再加上 1 个非门，使得输出和或门的输出反相。假设用 A 和 B 代表 2 个开关 K_1、K_2，开关 K 闭合为 1，断开为 0，Y 代表 LED 状态，LED 灯亮为 1，不亮为 0，根据表 6-2 步骤 5 的实验可知，只要 A 与 B 两个开关有 1 个闭合，LED 灯就不亮，只有 A 与 B 两个开关都断开，LED 灯才会亮。或非逻辑关系的真值表见表 6-9，或非逻辑符号如图 6-11 所示。

表 6-9　或非逻辑真值表

A	B	Y
0	0	1
0	1	0
1	0	0
1	1	0

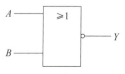

图 6-11　或非逻辑符号

或非门逻辑功能

逻辑表达式：$Y = \overline{A+B}$ ，读作 Y 等于 A 或 B 的非。

或非逻辑关系可总结为"全 0 出 1，有 1 出 0"。

3. 异或门

异或门逻辑关系是指当两个逻辑自变量取值相异时，函数为 1；反之，当自变量取值相同时，函数为 0。或者表示为当两个输入信号相异时，输出为 1，而两个输入信号相同时，输出为 0。其真值表见表 6-10，逻辑符号如图 6-12 所示。

表 6-10　异或逻辑真值表

A	B	Y
0	0	0
0	1	1
1	0	1
1	1	0

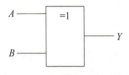

图 6-12　异或门逻辑符号

异或门逻辑功能

逻辑表达式：$Y = A \oplus B$，读作 Y 等于 A 异或 B。

异或逻辑关系可总结为"两个输入相同输出 0，两个输入相异输出 1"。

4. 与或非门

与或非门的逻辑符号如图 6-13 所示。逻辑表达式：$Y = \overline{AB + CD}$。

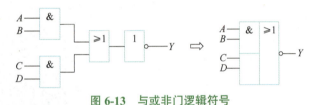

图 6-13　与或非门逻辑符号

与或非门逻辑功能

> **想一想**：试根据与或非门逻辑表达式，列出与或非门的真值表。

六、集成逻辑门电路

1. TTL 集成门电路

晶体管 - 晶体管逻辑（Transistor-Transistor Logic，TTL）门电路以双极型晶体管、电阻、电容等为基本元件，集成在一块硅片上，可以实现与、或、异或、与非等各种逻辑功能。TTL 集成门电路具有开关速度快，稳定性和可靠性较高的优点，广泛应用于一些稳定性和可靠性要求较高的电路场合。

2. CMOS 集成门电路

互补金属氧化物半导体（Complementary Metal Oxide Semiconductor，CMOS）集成门电路以单极型 NMOS 场效应晶体管、电阻、电容等为基本元件，集成在一块硅片上，可以实现与、或、异或、与非等各种逻辑功能。随着技术的发展，CMOS 集成门电路正逐步取代 TTL 集成门电路。

3. TTL 集成门电路与 CMOS 集成门电路比较

1）TTL 集成门电路属于电流控制器件，而 CMOS 集成门电路属于电压控制器件。

2）TTL 集成门电路的速度快，传输延迟时间短（5~10ns），但是功耗大；CMOS 集成门电路的速度慢，传输延迟时间长（25~50ns），功耗低。

七、门电路在新能源汽车门锁控制上的应用

汽车主要门锁开关布置如图 6-14 所示（仅代表某一款式），这些开关的作用是产生控制电路所需要的输入信号。汽车门锁控制电路（部分）如图 6-15 所示。

由图 6-15 可知，该电路由非门、与门、与非门和或门电路组成。输入信号包括：点火检测开关，电动机起动点火为闭合，关闭为断开（采用无钥匙起动，见图 6-14；采用钥匙起动时，钥匙插入为闭合，钥匙拔出为断开）；车门状态检测开关，车门打开为闭合，车门关闭为断开。解锁位置检测开关，处于解锁位置为闭合，处于锁止位置为断开；车门锁开关的锁止位置和解锁位置（有钥匙起动）；车内门锁控制开关的锁止位置和解锁位置。

图 6-14　汽车主要门锁开关布置

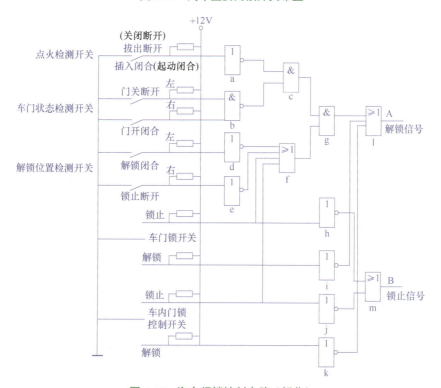

图 6-15　汽车门锁控制电路（部分）

1. 正常开、关车门

在正常情况下，当驾驶人锁车时，点火检测开关断开，图 6-15 非门 a 输入高电平，输出低电平。与门 c、g 均输出低电平，送到或门 l 的输入端。车门锁开关或车内门锁控制开关的信号经非门 i 和 k 判别后，分别送到或门 l 的输入端。或门 l 的状态由与门 g、非门 i 和 k 的输出状态决定，只要其中一个输出高电平，则或门 l 输出高电平，发出解锁信号 A。

当车门锁开关锁止时，非门 h 输入低电平，输出高电平，送到或门 m，或门 m 输出高电平，发出锁止信号 B。

反之，当车门锁开关解锁时，非门 i 输入低电平，输出高电平，送到或门 l，或门 l 输出高电平，发出解锁信号 A。与此相似，当车内门锁控制开关被扳向锁止或解锁位置时，或门 m 或 l 也会发出相应的锁止信号 B 和解锁信号 A。

2. 异常告知

1）如果出现锁车时，车门未关闭好的情况，由于车门未关上，其状态检测开关处于闭合状态，图 6-15 与非门 b 有一个输入为低电平，所以输出为高电平，使与门 c、g 均输出高电平，送到或门 l，或门 l 输出高电平，发出解锁信号 A，使得车门无法锁止，提醒驾驶人车门未关好。车门未关好的提示如图 6-16 所示。

图 6-16　车门未关好的提示

2）在车内对车门解锁时，如果车门解锁装置未完全按到位，则解锁位置检测开关处于闭合状态，非门 h 或 j 输入低电平，输出高电平，送到或门 m 输入端，或门 m 输出高电平，发出锁止信号 B，提醒驾驶人或乘客，车门未解锁，需要重新解锁。

3）当驾驶人将点火钥匙遗忘在车内，准备锁车时，点火检测开关闭合，非门 a 输入低电平，输出高电平，使与门 c、g 均输出高电平（其他开关均正常），或门 l 输出高电平，发出解锁信号 A，车门不能锁止。

> **想一想**：当某一个车门未关好时，汽车会发出警告信号，你知道警告原理吗？

任务二　探究无钥匙便捷上车电路控制过程

任务目标

◆ 知识目标：

1）了解新能源汽车电子控制系统的组成和功能。

2）掌握总线系统的基本概念和 CAN 总线技术。

3）理解新能源汽车无钥匙便捷上车车门控制电路的工作原理。

◆ 核心素养：

1）养成爱护车辆的工作习惯，培养提高客户满意度的意识。

2）树立严谨细致、精益求精的工匠精神，培养勤俭节约的工作作风。

◆ 技能目标：

1）具备使用遥控钥匙操作汽车车门的能力。

2）具备使用遥控钥匙操作汽车车窗的能力。

◆ 建议课时：2课时。

任务描述

　　无钥匙便捷上车及起动系统是随着技术发展而诞生的新兴的汽车安全认证工具，不仅大大提高了使用的便捷性和安全性，而且极大丰富了个性化设置。本任务通过实际操作新能源汽车无钥匙便捷上车电路控制过程，了解无钥匙便捷上车及起动系统等的工作原理，并进一步分析电子控制系统的组成和功能。

任务实施

一、器材

探究新能源汽车无钥匙便捷上车电路控制过程所需器材见表6-11。

表 6-11　探究新能源汽车无钥匙便捷上车电路控制过程所需器材

序号	名称	实物图	序号	名称	实物图
1	实训车辆		2	车辆钥匙	

二、探究新能源汽车无钥匙便捷上车电路控制过程

1）探究新能源汽车无钥匙便捷上车电路控制过程，步骤见表6-12。

表 6-12　探究新能源汽车无钥匙便捷上车电路控制过程

步骤	任务实施描述	实施示意图
1	未随身携带遥控钥匙，用手拉动外车门把手，如右图所示，观察车门发生的现象并记录	

（续）

步骤	任务实施描述	实施示意图
2	携带遥控钥匙，用手拉动外车门把手，如右图所示，观察车门发生的现象并记录	
3	打开车窗，携带钥匙离开车辆，短按和长按门把手上的锁止按钮或区域，如右图所示，观察车辆发生的现象并记录	
4	携带钥匙靠近行李舱中间区域，将脚伸入行李舱底部并前后移动，如右图所示，观察行李舱发生的现象并记录	
5	在行李舱打开状态，再次将脚伸入行李舱底部并前后移动，如右图所示，观察行李舱发生的现象并记录	
6	操作完毕，车辆归位，遥控钥匙放在指定位置	

2）记录任务实施产生的数据或现象到表 6-13 中。

表 6-13　任务实施产生的数据或现象记录表

班级：		姓名：		日期：	
1. 作业前准备					
1）车辆是否停稳，车轮挡块是否安装到位				□是　□否	
2）钥匙是否准备到位				□是　□否	

（续）

2. 记录数据或现象
1）表 6-12 步骤 1 中未带遥控钥匙拉动车门把手，车门现象为＿＿＿＿＿＿＿＿＿＿＿＿＿＿＿＿
2）表 6-12 步骤 2 中携带遥控钥匙拉动车门把手，车门现象为＿＿＿＿＿＿＿＿＿＿＿＿＿＿＿＿
3）表 6-12 步骤 3 中短按门把手上的锁止按钮或区域，车辆现象为＿＿＿＿＿＿＿＿＿＿＿＿＿＿ 长按门把手上的锁止按钮或区域，车辆现象为＿＿＿＿＿＿＿＿＿＿＿＿＿＿＿＿＿＿＿＿＿＿
4）表 6-12 步骤 4、5 中行李舱关闭时，脚踢功能的作用是＿＿＿＿＿＿＿＿＿＿＿＿＿＿＿＿＿ 行李舱打开时，脚踢功能的作用是＿＿＿＿＿＿＿＿＿＿＿＿＿＿＿＿＿＿＿＿＿＿＿＿＿＿＿

📠 知识链接

一、新能源汽车电控系统

新能源汽车电控系统有硬件和软件两部分，基本组成如图 6-17 所示，硬件有电控单元（Electronic Control Unit，ECU）及其接口、执行器、传感器等。

软件存储在 ECU 中，支配电控系统完成数据采集、计算处理、输出控制、系统监控与自诊断等。

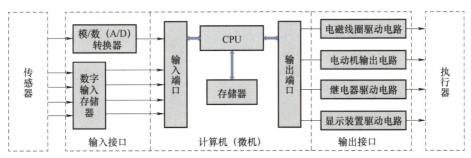

图 6-17　汽车电控系统基本组成

1. 电控单元

电控单元是电控系统的核心。它是一个微型计算机，内有集成电路及其他精密的电子元件，主要有如下功能。

1）接收传感器或其他装置的输入信号，并将输入信号处理成电控单元能够处理的信号，如将模拟信号转换成数字信号。

2）给传感器提供参考电压，如 5V 或 12V。

3）存储、计算、分析处理信息，主要包括存储运行信息和故障信息，分析输入信息并进行相应的计算处理。

4）输出执行命令，把弱信号变为强信号的执行命令。

5）输出故障信息。

6）完成多种控制功能，如在发动机控制中，电控单元可完成点火控制、燃油喷射控制、怠速控制、排放控制、进气控制、增压控制等多种控制。

2. 传感器

汽车传感器布置在汽车的不同位置，主要作用是向汽车电控系统提供汽车运行的各种工况信息，如驱动电机转速、动力蓄电池温度、加速踏板位置等。为完成不同的功能，汽车上设置有不同功能的传感器，即使相同功能的传感器在不同车上也有不同的结构形式。传感器向汽车电控单元提供的电信号主要有两种：模拟信号和数字信号。

3. 执行器

执行器是根据电控单元输出的电信号执行相应动作的装置。如车上的各种继电器、电磁阀等都是执行器。执行器在结构上或机构上应与机械系统的零件融为一体并协调发挥机能。它必须能承受汽车工作过程中遇到的各种恶劣的工作条件，且要长期发挥机能。

二、CAN 总线系统

汽车总线系统
介绍

1. CAN 总线系统概述

控制器局域网总线（Controller Area Network-BUS）简称 CAN 总线。它能够以最少的线路连接所有的装置。新能源汽车上的控制系统、信息系统、驾驶系统和传感执行系统等，通过 CAN 总线进行互联并实现数据共享。CAN 总线示意图如图 6-18 所示。

2. CAN 总线的数据传输

CAN 总线网络上任意一个节点可在任何时候向网络上的其他节点发送信息而不分主从。

当两个节点（即子系统）同时向网络上传递信息时，优先级低的停止数据发送，而优先级高的节点可不受影响地继续传送数据。CAN 总线具有点对点、一点对多点及全局广播接收传送数据的功能。

3. CAN 总线的构成

CAN 总线由 1 个控制器、1 个收发器、2 个数据传输终止控制脚和 2 条数据传输线构成。

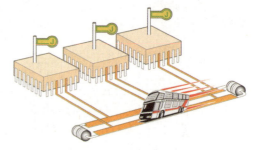

图 6-18　CAN 总线示意图

1）CAN 控制器的功能：接收在 ECU 微处理器中的数据；处理数据并传送给 CAN 收发器；接收 CAN 收发器的数据，处理并传送给微处理器。

2）CAN 收发器的功能：CAN 收发器是一个发送器和接收器的组合。它可以将 CAN 控制器提供的数据转化为电信号并通过数据线发送出去，它也可以接收数据，并将数据传送到 CAN 控制器。

3）数据传输终止控制脚的功能：数据传输终止控制脚是一个电阻器。它阻止数据在传输终了被反射回来并产生反射波，因为反射波会破坏其他的传输数据。

4）数据传递线的功能：数据传递线是用以传输数据的双向数据线。它分为 CAN 高位数据线（CAN-HIGH）和 CAN 低位数据线（CAN-LOW）。数据总线没有指定接收器，数据通过数据总线发送并由各 ECU 接收和计算。

4. CAN 总线的数据传递过程

CAN 总线的数据传递过程如图 6-19 所示。

提供数据：ECU 向 CAN 控制器提供需要发送的数据。

发送数据：CAN 收发器接收由 CAN 控制器传来的数据，转为电信号并发送。

接收数据：CAN 总线系统中，所有 ECU 转为接收器。

检查数据：ECU 检查判断所接收的数据是否是需要的数据。

接受数据：如接收的数据重要，它将被接受并进行处理，否则忽略。

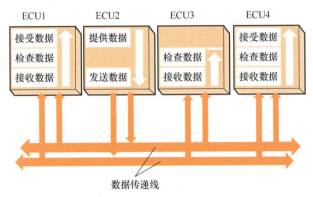

图 6-19　CAN 总线的数据传递过程

5. CAN 总线传递数据的构成

CAN 总线在极短的时间里，在各 ECU 间传递数据，可将其分为 7 个部分。

CAN 总线传递的数据由多位构成。在数据中，位数的多少由数据域的大小决定。

三、数字电子技术在无钥匙便捷上车及起动系统上的应用

随着数字技术的发展，目前多数的新能源汽车采用无钥匙便捷上车及起动系统。该系统的所有控制都在车身域控制器（BDC）内进行。车身域控制器（BDC）作为中控锁的主控制单元全面负责无钥匙便捷上车及起动功能的控制。无钥匙点火开关和无钥匙便捷上车及起动系统分别如图 6-20 和图 6-21 所示。无钥匙便捷上车及起动系统控制电路如图 6-22 所示。

图 6-20　无钥匙点火开关（按钮式）

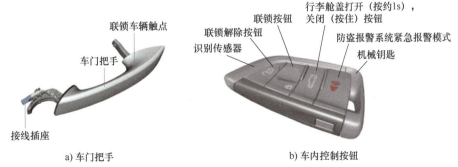

a) 车门把手　　　　　　b) 车内控制按钮

图 6-21　无钥匙便捷上车及起动系统组成

无钥匙便捷上车及起动工作过程如下。

1）驾驶人接近车辆：当驾驶人携带智能钥匙靠近车辆并拉动门把手时，门把手上的电容传感器识别到手伸入门把手的动作，把信号传给电控单元（ECU），智能钥匙会开始周期性地发送包含其识别码的无线信号。

2）天线接收信号：车辆上的天线会接收到这些信号，并将其传输给 ECU。

3）ECU 验证信号：ECU 验证接收到的信号是否与存储在车辆内存中的有效钥匙识别码相匹配。如果匹配成功，ECU 会向门锁执行器发送解锁指令。

4）门锁执行器动作：门锁执行器接收到解锁指令后，执行相应的动作，如打开车门锁。

5）驾驶人进入车辆并起动车辆：驾驶人打开车门并进入车辆后，只需踩住制动踏板后按下起动按钮（如果车辆配备了无钥匙起动系统），ECU 会再次验证智能钥匙的有效性，并允许发动机起动（电动汽车为进入行驶就绪状态）。

6）驾驶人离开车辆并锁定：当驾驶人离开车辆并按下车门把手上的锁定按钮（或执行其他锁定操作）时，ECU 会向门锁执行器发送锁定指令，车门会被锁定。

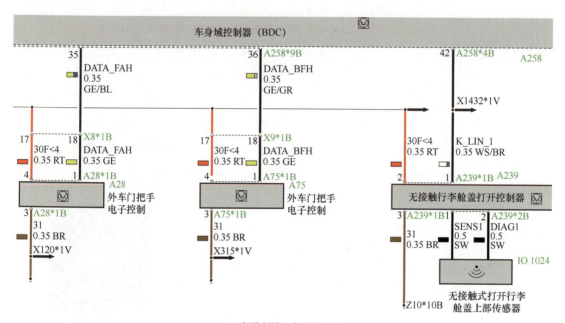

a) 无钥匙便捷上车控制电路

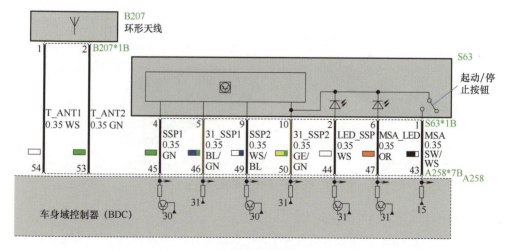

b) 无钥匙起动电路

图 6-22　无钥匙便捷上车及起动系统控制电路

课后测评

一、选择题

1. 数字信号在时间上和幅值上的特点是（   ）。

A. 连续变化　　　　B. 断续变化　　　　C. 先连续后断续　　　D. 先断续后连续

2. TTL 门电路属于（   ）。

A. 电流控制逻辑　　B. 电压控制逻辑　　C. 脉冲逻辑　　　　　D. 模拟逻辑

3. CAN 总线技术允许（   ）节点同时向网络上传递信息。

A. 仅 1 个　　　　　B. 2 个　　　　　　C. 多个　　　　　　　D. 所有节点

4. 汽车点火开关的 ACC 状态允许使用（   ）。

A. 发动机　　　　　B. 空调、音响　　　C. 导航系统　　　　　D. 所有上述设备

5. 无钥匙便捷上车系统的主要控制单元是（   ）。

A. ECU　　　　　　B. BDC　　　　　　C. CAN 控制器　　　　D. 数字钥匙

6. 汽车门锁控制电路中，与门电路的逻辑表达式是（   ）。

A. $Y=A+B$　　　　B. $Y=A-B$　　　　C. $Y=AB$　　　　　D. $Y=A/B$

7. 数字钥匙解锁车辆的工作过程包括（   ）。

A. 使用钥匙插入点火开关　　　　　　　B. 踩住制动踏板后按下起动按钮

C. 通过智能设备发送解锁指令　　　　　D. 使用数字万用表测量电压

8. （   ）不是新能源汽车电子控制系统的组成部分。

A. 传感器　　　　　　　　　　　　　　B. 执行器

C. 点火开关　　　　　　　　　　　　　D. 电子控制单元（ECU）

9. 汽车数字钥匙的特点不包括（   ）。

A. 方便快捷　　　　B. 容易复制　　　　C. 安全可靠　　　　　D. 个性化设置

10. 无钥匙便捷上车及起动系统的工作原理中，第 1 步是（   ）。

A. 驾驶人离开车辆并锁定　　　　　　　B. 驾驶人进入车辆并起动车辆

C. 驾驶人接近车辆　　　　　　　　　　D. 门锁执行器动作

11. 在新能源汽车车门控制电路中，点火钥匙检测开关的作用是（   ）。

A. 控制车门锁的开锁和上锁　　　　　　B. 检测点火钥匙是否在车内

C. 起动发动机　　　　　　　　　　　　D. 打开车内照明

12. （   ）不是 CAN 总线的构成部分。

A. 控制器　　　　　　　　　　　　　　B. 收发器

C. 数据传输终止脚　　　　　　　　　　D. 点火开关

二、填空题

1. 在数字电路中，数字信号在时间上和幅值上都是_____变化的。

2. TTL 门电路属于_____控制逻辑，CMOS 门电路属于_____控制逻辑。

3. CAN 总线技术允许网络上的_____个节点在任何时候向网络上的其他节点发送信息。

4. 汽车点火开关的 ACC 状态允许使用的设备包括空调和_____。

5. 无钥匙便捷上车系统的主要控制单元是_____。

6. 与门电路的逻辑表达式为 $Y=$_____。

7. 数字钥匙解锁车辆的工作过程包括身份认证、通信传输和_____指令。

8. 汽车数字钥匙的特点包括_____。

9. 无钥匙便捷上车及起动系统的工作过程的第 1 步是_____。

10. 点火钥匙检测开关的主要作用是_____。

11. CAN 总线的构成部分包括控制器、收发器、数据传输终脚和_____。

12. 或非门的逻辑表达式为 $Y=$_____。

13. 新能源汽车电控系统的硬件部分包括电控单元（ECU）、_____、执行器等。

三、计算题

1. 给定一个二进制数"1011"，将其转换为十进制数。

2. 给定一个十进制数"13"，将其转换为二进制数。

3. 有一个 8421BCD 码表示的数字"1001"，计算它所代表的十进制数。

4. 给定逻辑表达式"$Y=A \cdot (B+C)$"，当 $A=1$、$B=0$、$C=1$ 时，求 Y 的值。

5. 有一个简单的数字电路，包含 1 个非门和 1 个由两个输入端组成的与门。非门输出和与门的一端相连，与门的另一个输入端接高电平（1），如果非门的输入是低电平（0），计算与门的输出。

参考文献

［1］吴书龙，黄维娜.新能源汽车电力电子技术［M］.北京：机械工业出版社，2022.

［2］马骏杰，王旭东.电力电子技术在汽车中的应用［M］.2版.北京：机械工业出版社，2020.

［3］张燕宾.变频器应用教程［M］.3版.北京：机械工业出版社，2019.

［4］王瑜.新能源汽车电力电子技术［M］.北京：高等教育出版社，2020.

［5］陈开考，庞志康.汽车电工电子技术基础［M］.2版.北京：机械工业出版社，2017.

［6］林俊标，盛国超.汽车电工电子基础［M］.2版.北京：机械工业出版社，2023.

［7］杨志忠.数字电子技术［M］.6版.北京：高等教育出版社，2019.

［8］周良权，方向乔.数字电子技术基础［M］.5版.北京：高等教育出版社，2021.

［9］胡宴如.模拟电子技术［M］.6版.北京：高等教育出版社，2021.

［10］黄培根.Multisim 10 计算机虚拟仿真实验室［M］.北京：电子工业出版社，2008.